Erich Fromm
Haben oder Sein

Erich Fromm

Haben oder Sein

Die seelischen Grundlagen einer neuen Gesellschaft

Büchergilde Gutenberg

Ins Deutsche übertragen von Brigitte Stein
Die Originalausgabe erschien unter dem Titel
»To Have or to Be« bei Harper & Row, Publishers,
New York, Hagerstown, San Francisco, London
Lizenzausgabe für die Mitglieder der Büchergilde Gutenberg
Frankfurt am Main Wien Zürich
mit freundlicher Genehmigung der Deutschen Verlags-Anstalt GmbH, Stuttgart
Schutzumschlag Wolfgang Rudelius, Ursel Frank, Frankfurt
Gesamtherstellung Druck- und Buchbinderei-Werkstätten
May & Co Nachf., Darmstadt
Printed in Germany 1978 ISBN 3 7632 2250 2

Der Weg zum Tun ist zu sein.

Lao-tse

Die Menschen sollten nicht so sehr bedenken was sie *tun* sollen,
sondern was sie *sind.*

Meister Eckhart

Je weniger du *bist*, je weniger du dein Leben äußerst,
um so mehr *hast* du, um so größer ist dein entäußertes Leben.

Karl Marx

INHALT

VORWORT

Dieses Buch setzt zwei Richtungen meines früheren Werkes fort. Es ist eine Erweiterung meiner Arbeiten auf dem Gebiet der radikal-humanistischen Psychoanalyse und konzentriert sich auf die Analyse von Selbstsucht und Altruismus als zwei grundlegenden Charakterorientierungen. Im letzten Drittel des Buches, in Teil III, führe ich ein Thema weiter aus, mit dem ich mich schon in *Der moderne Mensch und seine Zukunft* und *Die Revolution der Hoffnung* beschäftigt hatte: der Krise der heutigen Gesellschaft und der Möglichkeiten, sie zu lösen. Wiederholungen schon früher geäußerter Überlegungen waren unvermeidlich, aber ich hoffe, daß der neue Ansatz, von dem aus diese kleinere Arbeit geschrieben ist, und der weitere Rahmen auch Lesern Gewinn bringen wird, die mit meinen früheren Schriften vertraut sind.

Der Titel dieses Buches ist fast identisch mit zwei Titeln anderer Werke: mit dem Titel von Gabriel Marcels Buch, *Sein und Haben* und mit dem Titel des Buches von Balthasar Staehelin *Haben und Sein.* Alle drei Bücher sind in humanistischem Geist geschrieben, aber ihr Zugang zum Thema ist verschieden. Marcels Standpunkt ist ein theologischer und philosophischer; Staehelins Buch ist eine konstruktive Diskussion des Materialismus in der modernen Wissenschaft und ein Beitrag zur *Wirklichkeitsanalyse;* Thema dieses Buches ist die empirische psychologische und soziale Analyse der beiden Existenzweisen. Lesern, deren Interesse an diesem Thema groß genug ist, empfehle ich die Bücher von Marcel und Staehelin. (Daß eine englische Übersetzung von Marcels Buch existierte und publiziert war, wußte ich bis vor kurzem nicht und las es statt dessen in einer sehr guten privaten englischen Übersetzung, die Beverley Hughes für mich gemacht hatte. In der Bibliographie ist die publizierte Version zitiert.)

Aus dem Wunsch, dieses Buch leicht lesbar zu machen, habe ich Fußnoten auf ein äußerstes Minimum reduziert – sowohl was die Zahl wie die Länge betrifft. Einige Literaturhinweise erscheinen im Text in Klammern, die genauen Angaben stehen in der Bibliographie.

Es bleibt mir nun noch die angenehme Pflicht, denjenigen zu danken, die zum Inhalt und Stil dieses Buches beigetragen haben. Als erstem möchte ich Rainer Funk danken, der mir auf vielen Gebieten eine große Hilfe war: In langen Gesprächen half er mir, komplizierte Punkte der christlichen Theologie besser zu verstehen; er war unermüdlich, mich auf theologische Literatur hinzuweisen; er las das Manuskript mehrere Male, und seine ausgezeichneten konstruktiven Vorschläge wie auch seine Kritik halfen sehr, das Manuskript zu bereichern und einige Irrtümer zu beseitigen. Sehr zu Dank verpflichtet bin ich Marion Odomirok, deren feinfühlige Redaktion das Buch sehr gefördert hat. Mein Dank gilt auch Joan Hughes, die gewissenhaft und geduldig die zahlreichen Versionen des Manuskripts getippt hat und mir viele gute Anregungen gab, was Stil und sprachlichen Ausdruck betrifft. Endlich danke ich Annis Fromm, die das Manuskript in seinen verschiedenen Versionen gelesen hat, immer mit vielen wertvollen Anregungen und Einsichten.

Was die deutsche Ausgabe betrifft, so danke ich Brigitte Stein für ihre Übersetzung und Ursula Locke, die das Buch als Lektorin betreute.

EINFÜHRUNG:

DIE GROSSE VERHEISSUNG, IHR FEHLSCHLAG UND NEUE ALTERNATIVEN

Das Ende einer Illusion

Die große Verheißung unbegrenzten Fortschritts – die Aussicht auf Unterwerfung der Natur und auf materiellen Überfluß, auf das größtmögliche Glück der größtmöglichen Zahl und auf uneingeschränkte persönliche Freiheit – das war es, was die Hoffnung und die Zuversicht von Generationen seit Beginn des Industriezeitalters aufrechterhielt. Zwar hatte die menschliche Zivilisation mit der aktiven Beherrschung der Natur durch den Menschen begonnen, aber dieser Herrschaft waren bis zum Beginn des Industriezeitalters Grenzen gesetzt. Von der Ersetzung der menschlichen und tierischen Körperkraft durch mechanische und später nukleare Energie bis zur Ablösung des menschlichen Verstandes durch den Computer bestärkte uns der industrielle Fortschritt in dem Glauben, auf dem Wege zu unbegrenzter Produktion und damit auch zu unbegrenztem Konsum zu sein; durch die Technik allmächtig und durch die Wissenschaft allwissend zu werden. Wir waren im Begriff, Götter zu werden, mächtige Wesen, die eine zweite Welt erschaffen konnten, wobei uns die Natur nur die Bausteine für unsere neue Schöpfung zu liefern brauchte.

Die Männer und in zunehmendem Maß auch die Frauen erlebten ein neues Gefühl der Freiheit; sie waren Herren ihres Lebens; die Ketten der Feudalherrschaft waren zerbrochen, sie waren aller Fesseln ledig und konnten tun, was sie wollten. So empfanden sie es wenigstens. Und obwohl dies nur für die Mittel- und Oberschicht galt, verleiteten deren Errungenschaften andere zu dem Glauben, die neue Freiheit werde schließlich allen Mitgliedern der Gesellschaft zugute kommen, wenn die Industrialisierung nur im gleichen Tempo voranschreite. Sozialismus und Kommunismus wandelten sich rasch von einer Bewegung, die eine *neue* Gesellschaft und einen *neuen* Menschen anstrebte, zu einer Kraft, die das Ideal eines bürgerlichen Lebens für alle aufrichtete: *der universelle Bourgeois* als Mann und Frau der Zukunft. Leben erst alle in Wohlhabenheit und Komfort, dann, so nahm man an, werde jedermann schrankenlos glücklich sein. Diese Dreieinigkeit von unbegrenzter Produktion, absoluter Freiheit und uneingeschränktem Glück bildete den Kern der neuen *Fortschrittsreligion,* und eine neue irdische Stadt des Fortschritts ersetzte die »Stadt Gottes«. Ist es verwunderlich, daß dieser neue Glaube seine Anhänger mit Energie, Vitalität und Hoffnung erfüllte?

Man muß sich die Tragweite der Großen Verheißung und die phantastischen materiellen und geistigen Leistungen des Industriezeitalters vor Augen halten, um das Trauma zu verstehen, das die beginnende Einsicht in ihr Fehlschlag heute auslöst. Denn das Industriezeitalter ist in der Tat nicht imstande gewesen, seine Große Verheißung einzulösen, und immer mehr Menschen werden sich der Tatsache bewußt:

daß Glück und größtmögliches Vergnügen nicht aus der uneingeschränkten Befriedigung aller Wünsche resultieren und nicht zu *Wohlbefinden* führen;

daß der Traum, unabhängige Herren über unser Leben zu sein, mit unserer Erkenntnis endete, daß wir alle zu Rädern in der bürokratischen Maschine geworden sind;

daß unsere Gedanken, Gefühle und Vorlieben durch den Industrie- und Staatsapparat manipuliert werden, der die Massenmedien beherrscht;

daß der wachsende wirtschaftliche Fortschritt auf die reichen Nationen beschränkt blieb und der Abstand zwischen ihnen und den armen Nationen immer größer geworden ist;

daß der technische Fortschritt sowohl ökologische Belastungen als auch die Gefahr eines Atomkrieges mit sich brachte, die jede für sich oder beide zusammen jeglicher Zivilisation und vielleicht sogar jedem Leben ein Ende bereiten können.

Als Albert Schweitzer 1952 zur Entgegennahme des Friedensnobelpreises nach Oslo kam, forderte er die ganze Welt auf: »Wagen wir die Dinge zu sehen wie sie sind. Es hat sich ereignet, daß der Mensch ein Übermensch geworden ist ... Er bringt die übermenschliche Vernünftigkeit, die dem Besitz übermenschlicher Macht entsprechen sollte, nicht auf ... Damit wird nun vollends offenbar, was man sich vorher nicht recht eingestehen wollte, daß der Übermensch mit dem Zunehmen seiner Macht zugleich immer mehr zum armseligen Menschen wird . . . Was uns aber eigentlich zu Bewußtsein kommen sollte und schon lange vorher hätte kommen sollen, ist dies, daß wir als Übermenschen Unmenschen geworden sind.«

Warum hat sich die Große Verheißung nicht erfüllt?

Daß sich die Große Verheißung nicht erfüllt hat, liegt, neben den systemimmanenten ökonomischen Widersprüchen innerhalb des Industrialismus an den zwei wichtigsten *psychologischen* Prämissen des Systems selbst:
1. daß das Ziel des Lebens Glück, d. h. ein Maximum an Lustempfindungen sei, auch definiert als die Befriedigung aller Wünsche oder subjektiven Bedürfnisse, die ein Mensch haben kann *(radikaler Hedonismus);*
2. daß Egoismus, Selbstsucht und Habgier – Eigenschaften, die das System fördern muß, um existieren zu können – zu Harmonie und Frieden führen.
Radikaler Hedonismus wurde bekanntlich in verschiedenen Epochen der Geschichte von den Reichen praktiziert. Wer über unbegrenzte Mittel verfügte wie beispielsweise die Elite Roms und die der italienischen Städte in der Renaissance sowie die Englands und Frankreichs im 18. und 19. Jahrhundert, der versuchte seinem Leben durch unbegrenztes Vergnügen einen Sinn zu geben. Doch obwohl dies in bestimmten Kreisen zu bestimmten Zeiten die gängige Praxis war, entsprang sie mit einer Ausnahme nie der *Theorie* vom glücklichen Leben, die von den großen Meistern des Lebens in China, Indien, dem Nahen Osten und Europa formuliert worden war.
Die Ausnahme ist der griechische Philosoph Aristippus, ein Schüler des Sokrates (1. Hälfte des 4. Jh. v. Chr.), der lehrte, daß das Ziel des Lebens der Genuß eines Optimums an körperlichen Freuden sei und daß Glück die Summe des genossenen Vergnügens sei. Das Wenige, was wir über seine Philosophie wissen, verdanken wir Diogenes Laertius, doch es reicht aus um zu belegen, daß Aristippus der einzige radikale Hedonist war, für den die Existenz eines Verlangens die Basis für das Recht auf seine Befriedigung und damit für die Verwirklichung des Lebenszieles, die Lust, ist.
Epikur kann kaum als Vertreter dieser Art von Hedonismus, wie Aristip-

pus sie vertrat, gesehen werden. Obwohl Epikur die »reine« Lust als das höchste Ziel ansieht, bedeutet dies für ihn die »Abwesenheit von Schmerz« *(aponia)* und »Seelenruhe« *(ataraxia)*. Laut Epikur kann Vergnügen im Sinne der Befriedigung von Begierden nicht das Ziel des Lebens sein, denn auf solche Lust folge zwangsläufig Unlust, und dadurch entferne sich der Mensch von seinem wahren Ziel, der Abwesenheit von Schmerz. (Epikurs Theorie weist viele Parallelen zu jener Freuds auf.) Dennoch scheint Epikur im Gegensatz zur Position Aristoteles' einen gewissen Subjektivismus vertreten zu haben, soweit die widersprüchlichen Darstellungen der Epikuräischen Philosophie eine endgültige Interpretation zulassen.

Keiner der anderen großen Meister lehrte, daß die *faktische Existenz eines Wunsches eine ethische Norm darstelle*. Ihnen ging es um das optimale Wohl *(vivere bene)* der Menschheit. Das wichtigste Element ihres Denkens ist die Unterscheidung zwischen Bedürfnissen (Wünschen), die nur subjektiv wahrgenommen werden und deren Befriedigung zu momentanem Vergnügen führt, und Bedürfnissen, die in der menschlichen Natur wurzeln und deren Erfüllung Wachstum und Wohlbefinden *(eudaimonia)* fördert. Mit anderen Worten, es ging ihnen um die *Unterscheidung zwischen rein subjektiv empfundenen und objektiv gültigen Bedürfnissen* – wobei ein Teil der ersteren das menschliche Wachstum behindert, während letztere in Einklang mit den Erfordernissen der menschlichen Natur stehen.

Die Theorie, daß das Ziel des Lebens die Erfüllung eines jeden menschlichen Wunsches sei, wurde nach Aristippus unmißverständlich erstmals wieder von den Philosophen des 17. und 18. Jahrhunderts ausgesprochen. Es war dies ein Konzept, das nahelag, sobald Gewinn aufhörte, »Gewinn für die Seele« zu bedeuten (wie in der Bibel und auch noch bei Spinoza) und statt dessen materiellen, finanziellen Gewinn meinte – in jener Epoche, als das Bürgertum nicht nur seine politischen Fesseln abwarf, sondern auch alle Bande der Liebe und Solidarität, und zu glauben begann, wer *nur* für sich selbst sei, sei mehr er selbst, nicht weniger. Für Hobbes ist Glück das ständige Weiterschreiten von einer Begierde *(cupiditas)* zur nächsten; La Mettrie empfiehlt sogar Drogen, da diese wenigstens die Illusion von Glück vermittelten; für de Sade ist die Befriedigung grausamer Impulse einfach deshalb legitim, weil sie existieren und nach Befriedigung verlangen. Dies waren Denker, die im Zeitalter des endgültigen Sieges der bürgerlichen Klasse lebten. Was einst die nicht philosophischen Praktiken der Aristokratie gewesen waren, wurde nun zur Praxis und Theorie der Bourgeoisie.

Viele ethische Theorien sind seit dem 18. Jahrhundert entwickelt worden – teils respektablere Formen des Hedonismus, wie der Utilitarismus, teils strikt antihedonistische Systeme wie jene von Kant, Marx, Thoreau und Schweitzer. Dennoch ist unsere heutige Zeit seit Ende des Ersten Weltkriegs weitgehend zur Theorie und Praxis des radikalen Hedonismus zurückgekehrt. Das Konzept des unbegrenzten Vergnügens steht in merkwürdigem Gegensatz zu dem Ideal disziplinierter Arbeit, ebenso wie das zwanghafte Arbeitsethos dem Ideal völliger Faulheit in den freien Stunden des Tages und im Urlaub widerspricht. Fließband und bürokratische Routine auf der einen Seite, Fernsehen, Auto und Sex auf der anderen ermöglichen diese widerspruchsvolle Kombination. Zwanghaftes Arbeiten allein würde die Menschen ebenso verrückt machen wie absolutes Nichtstun. Erst durch die Kombination beider Komponenten wird das Leben erträglich. Außerdem entsprechen die beiden gegensätzlichen Haltungen einer ökonomischen Notwendigkeit: der Kapitalismus des 20. Jahrhunderts setzt ebenso den maximalen Konsum der produzierten Güter und Dienstleistungen wie die Routine-Teamarbeit voraus.

Theoretische Überlegungen ergeben, daß der radikale Hedonismus in Anbetracht der menschlichen Natur nicht der richtige Weg zum »guten Leben« ist, und warum er es nicht sein kann. Doch selbst ohne diese theoretische Analyse geht aus den verfügbaren Daten ganz klar hervor, daß unsere »Jagd nach dem Glück« nicht zu echtem Wohlbefinden führt. Wir sind eine Gesellschaft notorisch unglücklicher Menschen: einsam, von Ängsten gequält, deprimiert, destruktiv, abhängig – Menschen, die froh sind, wenn es ihnen gelingt, die Zeit »totzuschlagen«, die sie ständig zu sparen versuchen.

Wir führen gegenwärtig das größte je unternommene gesellschaftliche Experiment zur Beantwortung der Frage durch, ob Vergnügen (als passiver Affekt im Gegensatz zu den aktiven Affekten Wohlbefinden und Freude) eine befriedigende Lösung des menschlichen Existenzproblems sein kann. Zum erstenmal in der Geschichte ist die Befriedigung des Luststrebens nicht bloß das Privileg einer Minorität, sondern mindestens für die Hälfte der Bevölkerung der Industrieländer real möglich. Das Experiment hat die Frage bereits mit nein beantwortet.

Die zweite psychologische Prämisse des industriellen Zeitalters, daß das Ausleben des individuellen Egoismus Harmonie, Friede und das allgemeine Wohl fördere, ist vom theoretischen Ansatz her ebenso irrig, und auch diese Täuschung wird durch die vorhandenen Daten erhärtet. Warum sollte dieses Prinzip, das nur von einem einzigen der großen klassischen Ökonomen, David Riccardo, abgelehnt wurde, richtig sein? Egoismus ist nicht bloß ein Aspekt meines *Verhaltens,* sondern meines *Charakters.* Er bedeutet, daß ich alles für mich haben möchte; daß nicht Teilen, sondern Besitzen mir Vergnügen bereitet; daß ich immer habgieriger werden muß, denn wenn Haben mein Ziel ist, *bin* ich um so mehr, je mehr ich *habe;* daß ich allen anderen gegenüber feindselig bin – meinen Kunden gegenüber, die ich betrügen, meinen Konkurrenten, die ich ruinieren, meinen Arbeitern, die ich ausbeuten möchte. Ich kann nie zufrieden sein, denn meine Wünsche sind endlos; ich muß jene beneiden, die mehr haben als ich, und mich vor jenen fürchten, die weniger haben. Aber alle diese Gefühle muß ich verdrängen, um (vor anderen und vor mir selbst) der lächelnde, rationale, ehrliche, freundliche Mensch zu sein, als der sich jedermann ausgibt.

Die Habsucht muß zu endlosen Klassenkämpfen führen. Die Behauptung der Kommunisten, ihr System werde den Klassenkampf durch Abschaffung der Klassen beenden, ist eine Fiktion, da auch ihr System auf dem Prinzip des unbegrenzten Konsums als Lebensinhalt basiert. Solange jeder mehr haben will, müssen sich Klassen herausbilden, muß es Klassenkampf und, global gesehen, internationale Kriege geben. *Habgier und Frieden schließen einander aus.*

Radikaler Hedonismus und schrankenloser Egoismus hätten nicht zu Leitprinzipien ökonomischen Verhaltens werden können, wenn nicht im 18. Jahrhundert ein grundlegender Wandel eingetreten wäre. In der mittelalterlichen Gesellschaft sowie in vielen anderen hochentwickelten und auch in primitiven Kulturen wurde das ökonomische Verhalten durch ethische Normen bestimmt. So bildeten beispielsweise für die scholastischen Theologen wirtschaftliche Kategorien wie Preis und Privateigentum einen Bestandteil der Moraltheologie. Zwar fanden die Theologen stets Formulierungen, um ihren Moralkodex jeweils den neuen ökonomischen Erfordernissen anzupassen (so z. B. Thomas von Aquins Modifizierung des Konzepts des »gerechten Preises«), dennoch blieb das ökonomische Verhalten ein Teil des allgemeinen *menschlichen* Verhaltens und war daher den Wertvorstellungen der humanistischen Ethik unterworfen. Der Kapitalismus des 18. Jahrhunderts machte schrittweise einen radikalen Wandel durch: Das wirtschaftliche Verhalten wurde aus der Ethik und dem allgemeinen Wertsystem ausgeklammert. Der Wirtschaftsmechanismus wurde als autonomes Ganzes angesehen, das unabhängig von den menschlichen Bedürfnissen und dem menschlichen Willen ist – ein System, das sich aus eigener Kraft und nach eigenen Gesetzen in Gang hält. Das Elend der Arbeiter sowie der Ruin einer stetig zunehmenden Zahl kleinerer Unternehmen infolge des unaufhaltsamen Wachstums der Konzerne galten als wirtschaftliche Notwendigkeit, die man vielleicht bedauerte, die man jedoch akzeptieren mußte wie die Auswirkungen eines Naturgesetzes.

Die Entwicklung dieses Wirtschaftssystems wurde nicht mehr durch die Frage: *Was ist gut für den Menschen?* bestimmt, sondern durch die Frage: *Was ist gut für das Wachstum des Systems?* Die Schärfe dieses Konflikts versuchte man durch die These zu verschleiern, daß alles, was dem Wachstum des Systems (oder auch nur eines einzigen Konzerns) diene, auch das Wohl der Menschen fördere. Dieses Konstrukt wurde durch eine Hilfskonstruktion abgestützt, wonach genau jene menschlichen Qualitäten, die das System benötigte – Egoismus, Selbstsucht und Habgier – dem Menschen angeboren seien; sie sind somit nicht dem System, sondern der menschlichen Natur anzulasten. Gesellschaften, in denen Egoismus, Selbstsucht und Habgier nicht existieren, wurden als »primitiv«, ihre Mitglieder als »kindlich« abqualifiziert. Man weigerte sich zuzugeben, daß diese Merkmale nicht *natürliche* Triebe sind, die von der Industriegesellschaft benötigt werden, sondern das *Produkt* gesellschaftlicher Bedingungen.

Von Bedeutung ist nicht zuletzt ein weiterer Faktor: das Verhältnis des Menschen zur Natur wurde zutiefst feindselig. Als »Mißgeburt« der Natur – zwar aufgrund unserer Existenzbedingungen Teil der Natur, aber dank unserer Vernunft diese transzendierend – haben wir unser existentielles Problem zu lösen versucht, indem wir die messianische Vision der Harmonie zwischen Menschheit und Natur aufgaben und uns diese untertan machten bzw. für unsere eigenen Zwecke umgestalteten, bis aus der Unterjochung der Natur mehr und mehr deren Zerstörung geworden war. Unser Eroberungsdrang und unsere Feindseligkeit haben uns blind gemacht für die Tatsache, daß die Naturschätze begrenzt sind und eines Tages zur Neige gehen können, und daß sich die Natur gegen den Raubbau der Menschen zur Wehr setzt.

Die industrielle Gesellschaft verachtet die Natur ebenso wie alles, was nicht von Maschinen hergestellt wurde – und alle Menschen, die keine Maschinen produzieren (die farbigen Rassen, seit neuestem mit Ausnahme der Japaner und Chinesen). Die Menschen sind heutzutage fasziniert vom Mechanischen, von der mächtigen Maschine, vom Leblosen und in zunehmendem Maß von der Zerstörung.

Die ökonomische Notwendigkeit menschlicher Veränderung

Ich habe bisher davon gesprochen, daß die von unserem sozioökonomischen System, d. h. von unserer Lebensweise geprägten Charakterzüge pathogen seien und schließlich den Menschen und damit die Gesellschaft krank machten. Von einem ganz anderen Gesichtspunkt aus gibt es jedoch noch ein zweites Argument, das für tiefgreifende psychologische Veränderungen des Menschen spricht als Alternative zur ökonomischen und ökologischen Katastrophe. Es findet sich in den Berichten des Club of Rome, der eine von Dennis H. Meadows u. a., der andere von M. D. Mesarovic und E. Pestel. Beide Berichte setzen sich auf globaler Ebene mit den technologischen, ökonomischen und demographischen Entwicklungen auseinander. Mesarovic und Pestel kommen zu dem Schluß, daß nur drastische, nach einem weltweiten Plan durchgeführte ökonomische und technologische Veränderungen eine »große, letztlich globale Katastrophe« verhindern können. Die Daten, die sie zum Beweis ihrer Thesen anführen, basieren auf der umfassendsten und systematischsten Untersuchung, die bisher durchgeführt wurde. Ihre Untersuchung hat gewisse methodologische Vorzüge gegenüber dem Buch von Meadows, aber diese frühere Studie ging in ihren Forderungen nach radikalen ökonomischen Veränderungen zur Abwendung einer Katastrophe sogar noch weiter. Mesarovic und Pestel kommen zu dem Schluß, daß derartige ökonomische Veränderungen nur unter der Voraussetzung möglich seien, daß ein *fundamentaler Wandel der menschlichen Grundwerte und Einstellungen* (oder, wie ich es nennen würde, der menschlichen Charakterorientierung) *im Sinne einer neuen Ethik und einer neuen Einstellung zur Natur* eintritt (Hervorhebung durch E. F.). Ihre Äußerungen bekräftigen nur, was schon andere vor und nach Erscheinen ihres Buches gesagt haben, nämlich daß eine neue Gesellschaft *nur dann* entstehen kann, wenn sich parallel zu deren Entwicklungsprozeß ein neuer Mensch entwickelt, oder, bescheidener ausgedrückt, wenn sich die heute vorherrschende Charakterstruktur des Menschen grundlegend wandelt.

Leider wurden diese beiden Berichte in jenem Geist der Quantifizierung,

Abstraktion und Entpersönlichung verfaßt, der so charakteristisch für unsere Zeit ist; außerdem vernachlässigen sie alle politischen und sozialen Faktoren, ohne die keine realistische Strategie entworfen werden kann; trotzdem präsentieren sie wertvolle Daten und befassen sich zum erstenmal mit der wirtschaftlichen Situation der gesamten Menschheit, ihren Möglichkeiten und Gefahren. Ihre Schlußfolgerung, daß eine neue Ethik und eine veränderte Einstellung zur Natur notwendig sei, ist um so bemerkenswerter, da diese Forderung in auffälligem Gegensatz zu ihren philosophischen Prämissen steht.

Den entgegengesetzten Standpunkt vertritt ein Autor wie E. F. Schumacher, ebenfalls Wirtschaftswissenschaftler, aber gleichzeitig radikaler Humanist. Seine Forderung nach tiefgreifender menschlicher Veränderung basiert auf der Auffassung, daß unsere gegenwärtige soziale Ordnung uns krank mache und daß wir auf eine wirtschaftliche Katastrophe zusteuern, wenn wir unser Sozialsystem nicht grundlegend umgestalten.

Die Notwendigkeit radikaler menschlicher Veränderung erhebt sich somit weder als bloße ethische oder religiöse Forderung, noch ausschließlich als psychologisches Postulat, das sich aus der pathogenen Natur unseres gegenwärtigen sozialen Charakters ergibt, sondern auch als Voraussetzung für das nackte Überleben der Menschheit. Richtig leben heißt nicht länger nur ein ethisches oder religiöses Gebot erfüllen. Zum erstenmal in der Geschichte hängt das *physische Überleben der Menschheit von einer radikalen Veränderung des Herzens ab*. Diese ist jedoch nur in dem Maße möglich, in dem drastische ökonomische und soziale Veränderungen eintreten, die dem einzelnen die Chance geben, sich zu wandeln, und den Mut und die Vorstellungskraft, die er braucht, um diese Veränderung zu erreichen.

Gibt es eine Alternative zur Katastrophe?

Alle bisher zitierten Daten sind der Öffentlichkeit zugänglich und weithin bekannt. Die nahezu unglaubliche Tatsache ist jedoch, daß bisher keine ernsthaften Anstrengungen unternommen wurden, um das uns verkündete Schicksal abzuwenden. Während im Privatleben nur ein Wahnsinniger bei der Bedrohung seiner gesamten Existenz untätig bleiben würde, unternehmen die für das öffentliche Wohl Verantwortlichen praktisch nichts, und diejenigen, die sich ihnen anvertraut haben, lassen sie gewähren.

Wie ist es möglich, daß der stärkste aller Instinkte, der Selbsterhaltungstrieb, nicht mehr zu funktionieren scheint? Eine der naheliegendsten Erklärungen ist, daß die Politiker mit vielem, was sie tun, vorgeben, wirksame Maßnahmen zur Abwendung der Katastrophe zu ergreifen. Endlose Konferenzen, Resolutionen und Abrüstungsverhandlungen erwecken den Eindruck, als habe man die Probleme erkannt und unternehme etwas zu ihrer Lösung. De facto geschieht zwar nichts, was uns wirklich weiterhilft, aber Führer und Geführte betäuben ihr Gewissen und ihren Überlebenswunsch, indem sie sich den Anschein geben, den Weg zu kennen und in die richtige Richtung zu marschieren.

Eine andere Erklärung ist, daß der vom System hervorgebrachte Egoismus die Politiker veranlaßt, ihren persönlichen Erfolg höher zu bewerten als ihre gesellschaftliche Verantwortung. Niemand empfindet es mehr als schockierend, wenn Staats- und Wirtschaftsführer Entscheidungen treffen, die ihnen zum persönlichen Vorteil zu gereichen scheinen, dabei aber schädlich und gefährlich für die Gemeinschaft sind. Wenn die Selbstsucht eine der Säulen der heute praktizierten Ethik ist, muß man sich in der Tat fragen, warum sie sich anders verhalten sollten. Sie scheinen nicht zu wissen, daß Habgier (ebenso wie Unterwerfung) die Menschen verdummt und sie unfähig zur Verfolgung selbst ihrer eigenen wahren Interessen macht, ob diese nun ihr eigenes Leben oder das ihrer Frauen und Kinder betreffen. (Siehe dazu J. Piaget, *Das moralische Urteil beim Kinde*). Gleichzeitig ist der Durchschnittsmensch so selbstsüchtig mit seinen Privatangelegenheiten beschäftigt, daß er allem, was über seinen persönlichen Bereich hinausgeht, nur wenig Beachtung schenkt.

Ein dritter Grund ist, daß die notwendigen Veränderungen so einschneidend sind, daß der einzelne die sich am Horizont abzeichnende Katastrophe den Opfern vorzieht, die er jetzt bringen müßte. Dies ist eine verbreitete Einstellung. Arthur Koestler hat uns ein bezeichnendes Beispiel dafür in der Schilderung eines Erlebnisses im Spanischen Bürgerkrieg gegeben. Er hielt sich eben in der komfortablen Villa eines Freundes auf, als der Vormarsch der Franco-Truppen gemeldet wurde. Es stand außer Zweifel, daß sie im Laufe der Nacht das Haus erreichen würden; er mußte damit rechnen, erschossen zu werden; durch Flucht konnte er sein Leben retten. Aber die Nacht war kalt und regnerisch, das Haus warm und behaglich. Also blieb er und ließ sich gefangennehmen. Sein Leben wurde erst Wochen später fast wie durch ein Wunder dank der Bemühungen sympathisierender Journalisten gerettet. Das gleiche Verhalten findet man bei Menschen, die lieber ihr Leben riskieren, als sich einer ärztlichen

Untersuchung zu unterziehen, die eine ernste Erkrankung und die Notwendigkeit einer schweren Operation ergeben könnte.

Außer den genannten Erklärungen für die verhängnisvolle Passivität des Menschen, wenn es um Leben oder Tod geht, gibt es noch eine weitere; sie ist einer der Gründe, warum ich dieses Buch schreibe. Ich spreche von der Ansicht, daß es keine Alternativen zum Monopolkapitalismus, zum sozialdemokratischen oder sowjetischen Sozialismus oder zum technokratischen »Faschismus mit lächelndem Gesicht« gebe. Die Popularität dieser Ansicht ist zum großen Teil darauf zurückzuführen, daß kaum der Versuch unternommen wurde, die Möglichkeiten einer Verwirklichung völlig neuer gesellschaftlicher Modelle zu untersuchen und entsprechende Experimente zu machen. Und darüber hinaus: Solange die Probleme der gesellschaftlichen Rekonstruktion nicht wenigstens zu einem großen Teil den Platz einnehmen, der gegenwärtig bei unseren besten Köpfen von der leidenschaftlichen Beschäftigung mit Naturwissenschaft und Technik besetzt wird, solange die *Wissenschaft vom Menschen* nicht die Anziehung hat, die der *Naturwissenschaft und Technik* bisher vorbehalten waren, werden Kraft und Vision mangeln, neue und reale Alternativen zu sehen.

Das Hauptanliegen dieses Buches ist die Analyse der beiden Grundhaltungen der menschlichen Existenz: der des *Habens* und der des *Seins*.

Im ersten, einleitenden Kapitel bringe ich einige Beobachtungen zum Unterschied zwischen den beiden Existenzweisen, wie sie dem Betrachter als erstes auffallen. Im zweiten Kapitel zeige ich die Unterschiede an einer Reihe von Beispielen aus dem täglichen Leben, die der Leser leicht zu seinen eigenen Erfahrungen in Beziehung setzen kann. Das dritte Kapitel enthält Ansichten zu Haben und Sein, wie sie im Alten und Neuen Testament und in den Schriften Meister Eckharts zu finden sind. In den späteren Kapiteln komme ich zu der schwierigsten Aufgabe: der Analyse des Unterschieds zwischen den Existenzweisen Haben und Sein, in deren Verlauf ich versuche, auf der Basis der empirischen Daten zu theoretischen Schlußfolgerungen zu gelangen. Während sich das Buch bis zu diesem Punkt hauptsächlich mit individuellen Aspekten der zwei grundlegenden Existenzweisen auseinandersetzt, wird in den letzten Kapiteln die Relevanz dieser beiden Haltungen für das Entstehen eines neuen Menschen und einer neuen Gesellschaft untersucht und werden mögliche Alternativen zur Katastrophe, zum kräftezehrenden Mißbehagen des einzelnen und zu einer verheerenden sozioökonomischen Entwicklung der ganzen Welt erörtert.

ERSTER TEIL

Zum Verständnis des Unterschieds zwischen Haben und Sein

1

AUF DEN ERSTEN BLICK

Die Wichtigkeit des Unterschieds zwischen Haben und Sein

Die Alternative *Haben* oder *Sein* leuchtet dem »gesunden Menschenverstand« nicht ein. *Haben,* so scheint es, ist eine normale Funktion unseres Lebens; um leben zu können, müssen wir Dinge haben; mehr noch, um sie genießen zu können, müssen wir sie haben. In einer Gesellschaft, in der Haben – und mehr Haben – das oberste Ziel ist, und in der man davon spricht, ein Mann sei »eine Million wert«: wie könnte es da eine Alternative zwischen Haben und Sein geben? Es scheint im Gegenteil, als bestehe das eigentliche Wesen des Seins im Haben: So daß nichts *ist,* wer nichts *hat.*

Die großen Meister des Lebens haben jedoch in der Alternative zwischen Haben und Sein eine Kernfrage ihres jeweiligen Systems gesehen. Buddha lehrt, daß nicht nach Besitz streben dürfe, wer die höchste Stufe der menschlichen Entwicklung erreichen wolle. Jesus sagt: »Denn wer sein Leben retten will, der wird es verlieren; wer aber sein Leben verliert um meinetwillen, der wird es retten. Denn was nützt es dem Menschen, wenn er die ganze Welt gewinnt, sich selbst aber ins (ewige) Verderben bringt oder an sich selbst die Strafe leidet?« (Lukas 9, 24–25) Meister Eckhart lehrt, nichts zu haben und sich selbst offen und »leer« zu machen, sich das eigene Ich nicht im Wege stehen zu lassen, sei die Voraussetzung, um geistigen Reichtum und Kraft zu erlangen. Marx lehrt, daß Luxus ein genauso großes Laster sei wie Armut, und daß es unser Ziel sein müsse, viel zu *sein,* nicht viel zu *haben.* (Ich beziehe mich hier auf den wirklichen Marx, den radikalen Humanisten, nicht auf die üblichen Fäl-

schungen, wie sie der Sowjetkommunismus bietet.)
Diese Unterscheidung hat mich seit Jahren beeindruckt. Ich suchte ihre empirische Grundlage durch das konkrete Studium von einzelnen und von Gruppen mit Hilfe der psychoanalytischen Methode zu finden. Was ich fand, legte mir den Schluß nahe, daß diese Unterscheidung zusammen mit jener zwischen der Liebe zum Leben und zum Toten das entscheidendste Problem der menschlichen Existenz ist; daß die empirischen Daten der Anthropologie und der Psychoanalyse darauf hindeuten, *daß Haben und Sein zwei grundlegend verschiedene Formen menschlichen Erlebens sind, deren jeweilige Stärke die individuellen und kollektiven Charakterunterschiede bestimmt.*

Verschiedene dichterische Beispiele

Um den Unterschied zwischen der Existenzform des Habens und der Existenzform des Seins zu verdeutlichen, möchte ich als Beispiel zwei Gedichte ähnlichen Inhalts zitieren, die der verstorbene D. T. Suzuki in seinen »Vorträgen über Zen-Buddhismus« zitiert. Das eine ist ein Haiku von einem japanischen Dichter, Basho, 1644–94, das andere stammt von einem englischen Dichter des 19. Jahrhunderts, Tennyson. Beide beschreiben das gleiche Erlebnis: ihre Reaktion auf eine Blume, die sie auf einem Spaziergang sehen. Tennysons Gedicht lautet:

> Flower in a crannied wall,
> I pluck you out of the crannies,
> I hold you here, root and all, in my hand,
> Little flower – but *if* I could understand
> What you are, root and all, and all in all,
> I should know what God and man is.

> Blume in einer rissigen Mauer,
> Ich pflücke dich aus den Rissen,
> Ich halte dich samt der Wurzel in meiner Hand,
> Kleine Blume – und *wenn* ich verstehen könnte,
> Was du bist, mit allen Wurzeln, Blättern und Blüten, ganz.
> Wüßte ich, was Gott und was der Mensch ist.

Bashos Haiku besagt in deutscher Übersetzung etwa folgendes:

Wenn ich genau hinschaue,
sehe ich an der Hecke
die *nazuna* blühen!

Der Unterschied fällt ins Auge. Tennyson reagiert auf die Blume mit dem Wunsch, sie zu *besitzen.* Er pflückt sie »samt der Wurzel«. Sein Interesse an ihr führt dazu, daß er sie tötet, während er mit der intellektuellen Spekulation schließt, daß ihm die Blume eventuell dazu dienen könne, die Natur Gottes und des Menschen zu begreifen. Tennyson kann in diesem Gedicht mit dem westlichen Wissenschaftler verglichen werden, der die Wahrheit sucht, indem er das Leben zerstückelt.

Bashos Reaktion auf die Blume ist vollkommen anders. Er will sie nicht pflücken; er berührt sie nicht einmal. Er »schaut nur genau hin« um sie zu »sehen«.

Suzuki schreibt dazu: »Wahrscheinlich ging Basho auf einer Landstraße dahin und bemerkte plötzlich etwas ziemlich Unscheinbares an einer Hecke. Er kam näher, besah es sich und stellte fest, daß es nichts Geringeres als eine wildwachsende Pflanze war, ohne spezielle Bedeutung und von den Vorübergehenden meist unbemerkt. Diesen einfachen Sachverhalt beschrieb er in dem Gedicht, ohne irgendein besonders poetisches Gefühl auszudrücken, außer vielleicht in den beiden letzten Silben, die auf japanisch *kana* lauten. Diese Partikel, die häufig an ein Hauptwort, ein Adjektiv oder ein Adverb angehängt wird, drückt ein Gefühl der Bewunderung, des Lobes, des Kummers oder der Freude aus und ist manchmal am treffendsten durch ein Rufzeichen zu übersetzen. Im vorliegenden Haiku endet das ganze Gedicht mit diesem Zeichen.«

Tennyson muß die Blume haben, um den Menschen und die Natur zu verstehen und dadurch, daß er *Besitz ergreift,* zerstört er die Blume. Basho möchte *sehen,* er möchte die Blume nicht nur anschauen, er möchte mit ihr eins werden – und sie leben lassen.

Den Unterschied zwischen Tennyson und Basho verdeutlicht ein Gedicht von Goethe, das die gleiche Ausgangssituation schildert:

Gefunden

Ich ging im Walde
So für mich hin,
Und nichts zu suchen,
Das war mein Sinn.

Im Schatten sah ich
Ein Blümchen stehn,
Wie Sterne leuchtend,
Wie Äuglein schön.

Ich wollt es brechen,
Da sagt' es fein:
Soll ich zum Welken
Gebrochen sein?

Ich grub's mit allen
Den Würzlein aus,
Zum Garten trug ich's
Am hübschen Haus.

Und pflanzt' es wieder
Am stillen Ort;
Nun zweigt es immer
Und blüht so fort.

Goethe geht ohne Absicht spazieren, als die leuchtende kleine Blume seine Aufmerksamkeit erregt. Er berichtet, daß er den gleichen Impuls hat wie Tennyson, nämlich die Blume zu pflücken, aber ungleich Tennyson ist er sich bewußt, daß dies ihren Tod bedeuten würde. Die Blume ist so lebendig für ihn, daß sie zu ihm spricht und ihn warnt. Er löst das Problem also anders als Tennyson und Basho. Er gräbt die Blume aus und verpflanzt sie, damit ihr Leben erhalten bleibt. Goethe steht gewissermaßen zwischen Basho und Tennyson, aber im entscheidenden Augenblick ist seine Liebe zum Leben stärker als die rein intellektuelle Neugier. Dieses schöne Gedicht drückt offensichtlich Goethes Grundeinstellung zur Naturforschung aus.
Tennysons Einstellung zu der Blume ist vom Haben geprägt, wobei es nicht um materiellen Besitz, sondern um den Besitz von Wissen geht. Die Beziehung Bashos und Goethes ist vom Sein gekennzeichnet. Damit

meine ich eine Existenzform, in der man nichts *hat* und nichts begehrt, sondern voller Freude ist, seine Fähigkeiten produktiv nutzt und eins mit der Welt ist.
Goethe, der leidenschaftliche Fürsprecher des Lebens und Kämpfer gegen die Zerstückelung und Mechanisierung des Menschen, hat in vielen Gedichten für das Sein und gegen das Haben Partei ergriffen und den Konflikt zwischen Haben und Sein in seinem Faust dramatisch gestaltet, in dem Mephistopheles das Habenprinzip verkörpert. Es gibt ein kurzes Gedicht von ihm, das die Qualität des Seins mit unübertrefflicher Schlichtheit charakterisiert:

Eigentum

Ich weiß, daß mir nichts angehört
Als der Gedanke, der ungestört
Aus meiner Seele will fließen,
Und jeder günstige Augenblick,
Den mich ein liebendes Geschick
Von Grund aus läßt genießen.

Doch der Unterschied zwischen Sein und Haben ist nicht identisch mit dem Unterschied zwischen östlichem und westlichem Denken. Er entspricht vielmehr dem Unterschied zwischen dem Geist einer Gesellschaft, die zum Mittelpunkt Personen hat und dem Geist einer Gesellschaft, die sich um Dinge dreht. Die Tendenz zum Haben ist charakteristisch für den Menschen der westlichen Industriegesellschaft, in der die Gier nach Geld, Ruhm und Macht zum beherrschenden Thema des Lebens wurde. Weniger entfremdete Gesellschaften wie die des Mittelalters oder der Zuni-Indianer oder bestimmter afrikanischer Stämme, nicht an den Ideen des modernen »Fortschritts« erkrankt, haben ihre eigenen Bashos; und vielleicht werden die Japaner nach ein paar weiteren Generationen der Industrialisierung ihre eigenen Tennysons haben. Es ist nicht so, daß der westliche Mensch östliche Systeme wie den Zen-Buddhismus nicht ganz begreifen kann (wie Jung meinte), sondern daß der moderne Mensch den Geist einer Gesellschaft nicht zu fassen vermag, die nicht auf Besitz und Habgier aufgebaut ist. In der Tat ist Meister Eckhart ebenso schwer zu verstehen wie Basho oder Zen, doch Eckhart und der Buddhismus sind in Wirklichkeit nur zwei Dialekte der gleichen Sprache.

Sprachliche Veränderungen

Eine gewisse Verschiebung des Akzents vom Sein zum Haben läßt sich sogar an der zunehmenden Verwendung von Hauptwörtern und der Abnahme der Tätigkeitswörter in den westlichen Sprachen innerhalb der letzten Jahrhunderte feststellen.
Ein Hauptwort ist die geeignete Bezeichnung für ein Ding. Ich kann sagen, daß ich Dinge *habe* z. B. einen Tisch, ein Haus, ein Buch, ein Auto. Die richtige Bezeichnung für eine Tätigkeit, um einen Prozeß auszudrükken, ist ein Verbum: zum Beispiel ich bin, ich liebe, ich wünsche, ich hasse usw. Doch immer häufiger wird eine *Tätigkeit* mit den Begriffen des *Habens* ausgedrückt, das heißt ein Hauptwort anstelle eines Verbums verwendet. Eine Tätigkeit durch *haben* in Verbindung mit einem Hauptwort auszudrücken, heißt aber die Sprache falsch zu gebrauchen, denn Prozesse und Tätigkeiten können nicht besessen, sondern nur erlebt werden.

Ältere Beobachtungen: Du Marais – Marx

Die bösen Folgen dieser Verwirrung wurden schon im 18. Jahrhundert erkannt; Du Marais drückte das Problem in seinem posthum veröffentlichten Werk *Les Véritables Principes de la Grammaire* (1769) sehr präzise aus. Er schreibt: »Dans cet exemple, *j'ai un montre, j'ai* est une expression qui doit être prise dans le sens propre: mais dans *j'ai une idée, j'ai* n'est dit que par une imitation. C'est une expression empruntée. *J'ai une idee,* c'est-à-dire, *je pense, je conçois de telle ou telle manière. J'ai envie,* c'est-à-dire, *je désire; j'ai la volonté,* c'est-à-dire, *je veux,* etc.«* (In diesem Beispiel ›Ich habe eine Uhr‹ ist *ich habe* im eigentlichen Sinne zu verstehen; aber in »ich habe eine Idee« wird *ich habe* nur nachahmend verwendet – es ist ein geborgter Ausdruck. *Ich habe eine Idee* bedeutet, *ich denke, ich stelle mir etwas auf diese oder jene Weise vor; ich habe Sehnsucht* bedeutet *ich sehne mich; ich habe den ›Willen‹* heißt *ich will,* etc.)
Ein Jahrhundert nach Du Marais beschäftigten sich Marx und Engels mit dem gleichen Problem, wenn auch auf radikalere Weise als ihr Vorgänger. Ihre Kritik von Edgar Bauers »Kritischer Kritik« enthält einen kleinen, aber sehr wichtigen Essay über die Liebe. In ihm beziehen sie sich

* Den Hinweis auf Du Marais verdanke ich Dr. Noam Chomsky.

auf folgende Äußerung Bauers: »Die Liebe ... ist eine grausame Göttin, welche, wie jede Gottheit, den ganzen Menschen besitzen will und nicht eher zufrieden ist, als bis er ihr nicht bloß seine Seele, sondern auch sein physisches Selbst dargebracht hat. Ihr Kultus ist das Leiden, der Gipfel dieses Kultus ist die Selbstaufopferung, der Selbstmord.«
Marx und Engels antworten: »Herr Edgar verwandelt die ›Liebe‹ in eine ›Göttin‹ und zwar in eine ›grausame Göttin‹, indem er aus dem *liebenden Menschen,* aus der Liebe *des Menschen* den Menschen *der Liebe* macht, indem er die ›*Liebe*‹ als ein apartes Wesen vom Menschen lostrennt und als solches verselbständigt.«
Marx und Engels weisen hier auf den entscheidenden Faktor, die Verwendung des Hauptworts statt des Verbums, hin. Das Hauptwort »Liebe«, das nur eine Abstraktion der Tätigkeit des Liebens ist, wird vom Menschen getrennt. Der liebende Mensch wird zum Menschen der Liebe, Liebe wird zur Göttin, zum Idol, auf das der Mensch sein Lieben projiziert; in diesem Entfremdungsprozeß hört er auf, Liebe zu erleben, und ist mit seiner Liebesfähigkeit nur noch durch seine Unterwerfung unter die Göttin der Liebe verbunden. Er hat aufgehört, ein aktiver, fühlender Mensch zu sein; statt dessen ist er zu einem entfremdeten Götzendiener geworden.

Zeitgenössischer Gebrauch

In den zweihundert Jahren seit der Zeit, in der Du Marais lebte, hat die Tendenz, Verben durch Hauptwörter zu ersetzen, Ausmaße angenommen, die sich selbst Du Marais kaum hätte vorstellen können. Ein typisches, wenn auch leicht übertriebenes Beispiel aus dem heutigen Sprachgebrauch sei hier gegeben: Nehmen wir an, eine Frau eröffnet das Gespräch mit einem Psychoanalytiker folgendermaßen: »Herr Doktor, ich *habe* ein Problem.« Einige Jahrzehnte früher hätte die Patientin anstelle von »Ich habe ein Problem« sehr wahrscheinlich gesagt: »Ich mache mir Sorgen.« Der moderne Sprachstil ist ein Indiz für den hohen Grad an Entfremdung, der heute vorherrscht. Wenn ich sage: »Ich *habe* ein Problem« anstelle von »Ich mache mir Sorgen«, dann wird die subjektive Erfahrung ausgeschlossen und in ein Objekt verwandelt, das ich besitze. Das *Ich,* das die Erfahrung macht, wird ersetzt durch das *Es,* das man besitzt. Ich habe meine Gefühle in etwas verwandelt, das ich besitze: das

Problem. Ein »Problem« ist ein abstrakter Ausdruck für alle Arten von Schwierigkeiten. Ich kann es nicht *haben,* da es kein Ding ist, das man besitzen kann, allerdings kann das Problem mich haben; genauer gesagt, habe ich mich dann in ein »Problem« verwandelt, und meine Schöpfung hat Besitz von mir ergriffen. Diese Art zu sprechen verrät die versteckte unbewußte Entfremdung.

Die etymologische Bedeutung der Begriffe

»Haben« ist ein täuschend einfaches Wort. Jeder Mensch *hat* etwas; seinen Körper*, seine Kleider, seine Wohnung, bis hin zum modernen Menschen, der ein Auto, einen Fernsehapparat und eine Waschmaschine hat. Zu leben, ohne etwas zu haben, ist praktisch unmöglich. Warum sollte haben also problematisch sein?

Dennoch zeigt die Sprachgeschichte des Wortes »haben«, daß es ein echtes Problem aufwirft. Für jene, die glauben, daß *»haben«* eine höchst natürliche Kategorie innerhalb der menschlichen Existenz ist, mag es überraschend sein, wenn sie erfahren, daß es in vielen Sprachen kein Wort für »haben« gibt. Im Hebräischen muß »ich habe« zum Beispiel durch die indirekte Form *»jesh li«* (es ist zu mir) ausgedrückt werden. Tatsächlich gibt es mehr Sprachen, die Besitz in dieser Weise ausdrücken, als durch »ich habe«.**

Bemerkenswert ist, daß in der Entwicklung vieler Sprachen die Konstruktion »es ist zu mir« später durch die Konstruktion »ich habe« ersetzt wird, während eine umgekehrte Entwicklung, wie Emile Benveniste gezeigt hat, nicht festzustellen ist. Diese Tatsache scheint darauf hinzudeuten, daß sich das Wort *haben* in Zusammenhang mit der Entstehung des Privateigentums entwickelt, während es nicht in Gesellschaften mit funktionellem Eigentum, d. h. Eigentum für den Gebrauch vorkommt. Weitere soziolinguistische Studien sollten zeigen, ob und in welchem Ausmaß diese Hypothese stimmt.

* Es sei hier zumindest am Rande erwähnt, daß es auch eine Seinsbeziehung zum eigenen Körper gibt, der als lebendig erlebt wird; man könnte es durch die Wendung »ich bin mein Körper« statt »ich habe meinen Körper« ausdrücken. Alle Übungen in Körperwahrnehmung streben diese Seinserfahrung des Körpers an.

** Diese und die folgenden linguistischen Anmerkungen habe ich von Benveniste übernommen.

Während *Haben* ein relativ einfacher Begriff zu sein scheint, so ist *Sein* ein um so komplizierterer und schwierigerer. Er wird in verschiedener Weise verwendet: 1. Als Hilfszeitwort, wie in »ich bin groß«, »ich bin weiß«, »ich bin arm«, das der grammatikalischen Identitätsbestimmung dient; (viele Sprachen haben kein Wort für *»sein«* in diesem Sinne). Im Spanischen wird zwischen permanenten Eigenschaften, die zum Wesen des Subjekts gehören *(ser)* und vorübergehenden Eigenschaften, die nicht zum Wesen zählen *(estar)* unterschieden. 2. Als die passive oder Leideform eines Verbums. »Ich werde geschlagen« bedeutet, daß ich das Objekt der Tätigkeit eines anderen bin, nicht das Subjekt meiner eigenen Tätigkeit wie in »ich schlage«. 3. In der Bedeutung von *sein,* nämlich existieren, unterscheidet sich »sein«, wie Benveniste gezeigt hat, grundlegend von dem Identität definierenden Prädikat *sein:* »Die beiden Worte haben koexistiert und können weiter koexistieren, obwohl sie völlig verschieden sind.«

Benvenistes Untersuchung wirft neues Licht eher auf die Bedeutung von »sein« als eigenständigem Verb, als auf die Bedeutung als Hilfszeitwort. In den indoeuropäischen Sprachen wird »sein« durch die Wurzel *es* ausgedrückt, die »existieren, in der Realität vorkommen« bedeutet. »Diese Existenz und Realität wird als das Authentische, Schlüssige, Wahre definiert.« (Im Sanskrit *sant* = existent, wirklich, gut, wahr, Superlativ *sattama* = das Beste). Seiner etymologischen Wurzel nach ist »sein« also mehr als eine Feststellung der Identität zwischen Subjekt und Attribut; es ist mehr als ein *beschreibendes* Wort für ein Phänomen. Es drückt die Realität der Existenz dessen aus, was *ist* und bezeugt seine (ihre) Authentizität und Wahrheit. Wenn man sagt, jemand oder etwas *sei,* so spricht man von seinem Wesen, nicht von seiner Oberfläche.

Dieser Vorab-Überblick über die Bedeutung von Haben und Sein führt zu folgenden Schlüssen:

1. Mit »Sein« oder »Haben« meine ich nicht bestimmte einzelne Eigenschaften einer Person, wie sie in Feststellungen wie »ich habe ein Auto«, »ich bin weiß«, oder »ich bin glücklich« Ausdruck finden. Ich meine zwei grundsätzliche Arten der Selbstorientierung und der Orientierung auf die Welt hin, zwei verschiedene Charakterstrukturen, deren jeweilige Vorrangigkeit die Gesamtheit dessen bestimmt, was jemand denkt, fühlt und tut.
2. In der aufs Haben orientierten Existenz ist die Beziehung zur Welt die des Besitzergreifens und Besitzens, eine Beziehung, in der ich jedermann und alles, mich selbst mit eingeschlossen, zu meinem Besitz machen will.

3. Bei der aufs Sein hin orientierten Existenz müssen wir zwei Formen des Seins unterscheiden. Die eine steht im Gegensatz zum Haben, Du Marais hat sie in seiner Erklärung beschrieben, und bedeutet Lebendigkeit und wirkliche Bezogenheit zur Welt. Die andere Form des Seins steht im Gegensatz zum *Schein* und meint die wahre Natur, die wirkliche Realität einer Person im Gegensatz zu trügerischem Schein, wie sie in der Etymologie des Wortes *sein* beschrieben wird (Benveniste).

Philosophische Konzepte des Seins

Die Erörterung des Seinsbegriffs ist besonders kompliziert, da das Sein Gegenstand Tausender philosophischer Bücher war, und die Frage »Was ist Sein?« zu den Grundfragen der westlichen Philosophie zählt. Obzwar der Seinsbegriff hier aus anthropologischer und psychologischer Sicht behandelt wird, ist die philosophische Erörterung des Themas natürlich nicht ohne Bezug zur anthropologischen Problematik. Da selbst eine knappe Darstellung der Entwicklung des Seinsbegriffes in der Geschichte der Philosophie von den Vorsokratikern bis zur modernen Philosophie den gegebenen Rahmen sprengen würde, möchte ich nur einen entscheidenden Punkt erwähnen: die Rolle von *Werden, Aktivität und Bewegung als Elemente des Seins.* Wie Georg Simmel hervorhob, hat der Gedanke, daß Sein Veränderung impliziert, das heißt, daß Sein gleichbedeutend mit *Werden* ist, seine zwei bedeutendsten und kompromißlosesten Verfechter am Anfang bzw. am Zenit der westlichen Philosophie: in Heraklit und Hegel.

Die von Parmenides, Plato und den scholastischen »Realisten« vertretene Auffassung, daß Sein bleibend, zeitlos und unveränderlich und somit das Gegenteil von Werden ist, ist nur aufgrund der idealistischen Vorstellung sinnvoll, daß ein Gedanke (eine Idee) das letztlich Reale sei. Wenn die Idee der *Liebe* (im Sinne Platos) realer ist als das Erlebnis des Liebens, dann kann man freilich sagen, daß die Liebe als Idee bleibend und unveränderlich sei. Aber wenn wir von der Realität lebender Menschen und ihrem Lieben, Hassen und Leiden ausgehen, dann gibt es kein Sein, das nicht gleichzeitig ein Werden und Sich-Verändern ist. Lebende Strukturen können nur sein, indem sie werden, können nur existieren, indem sie sich verändern. Wachstum und Veränderung sind inhärente Eigenschaften des Lebensprozesses.

Haben und Konsumieren

Bevor wir uns einigen einfachen Beispielen zuwenden, aus denen die Unterschiede der beiden Existenzformen deutlich werden, sei noch eine weitere Spielart des Habens, das *Einverleiben,* erwähnt. Sich etwas einzuverleiben, wie beispielsweise beim Essen und Trinken, ist eine archaische Form des Besitzens. Der Säugling neigt in einer bestimmten Phase seiner Entwicklung dazu, Dinge, die er haben möchte, in den Mund zu stecken. Das ist seine Art des Besitzergreifens, wenn ihm seine körperliche Entwicklung noch nicht gestattet, sein Eigentum unter Kontrolle zu halten. Den gleichen Zusammenhang zwischen Einverleiben und Besitz finden wir in vielen Formen des Kannibalismus. Indem ich einen anderen Menschen esse, eigne ich mir seine Kräfte an; der Kannibalismus kann auf diese Weise zum magischen Äquivalent des Erwerbs von Sklaven werden. Wenn man das Herz eines mutigen Mannes ißt, eignet man sich dadurch seinen Mut an. Ißt man ein Totemtier, so wird man des göttlichen Wesens, welches das Totemtier symbolisiert, teilhaftig – und damit eins mit ihm.

Aber die meisten Objekte kann man sich natürlich nicht physisch einverleiben (und wenn man es könnte, würden sie durch den Ausscheidungsprozeß wieder verlorengehen). Es gibt jedoch auch eine *symbolische* und *magische Einverleibung*. Wenn ich glaube, mir das Inbild eines Gottes, eines Vaters oder eines Tieres einverleibt zu haben, kann es mir weder weggenommen noch von mir ausgeschieden werden. Ich schlucke das Objekt symbolisch und glaube an seine symbolische Präsenz in mir. Auf diese Weise erklärte Freud zum Beispiel das Über-Ich: die introjizierte Summe der väterlichen Verbote und Gebote. Auf die gleiche Weise kann eine Autorität, eine Institution, eine Idee, ein Bild introjiziert werden: ich habe sie, sie sind für alle Zeiten quasi in meinen Eingeweiden aufbewahrt. (»Introjektion« wird häufig synonym mit »Identifikation« verwendet. Es ist schwer zu entscheiden, ob es sich wirklich um den gleichen Prozeß handelt; »Identifikation« sollte jedenfalls nicht ungenau in Fällen verwendet werden, wo es richtiger Nachahmung oder Unterordnung heißen müßte.)

Es gibt viele andere Formen der Einverleibung, die nicht mit physiologischen Bedürfnissen verbunden und somit begrenzt sind. Der Konsumideologie liegt der Wunsch zugrunde, die ganze Welt zu verschlingen, der Konsument ist der ewige Säugling, der nach der Flasche schreit. Das wird offenkundig bei pathologischen Phänomenen wie Alkoholismus und Drogensucht. Es scheint fast, als werteten wir diese deshalb ab, weil ihre Wirkung die Betroffenen hindert, ihre gesellschaftlichen Verpflichtungen zu erfüllen. (Zwanghaftes Rauchen wird nicht in gleicher Weise geächtet, weil es, obzwar ebenfalls eine Sucht, nicht die gesellschaftliche Funktionstüchtigkeit eines Menschen beeinträchtigt, sondern »nur« seine Lebensspanne verkürzt.) Ich habe die vielfältigen Formen des täglichen Konsumzwangs in früheren Schriften beschrieben und brauche mich hier nicht zu wiederholen. Hinzuzufügen wäre höchstens, daß, was die Freizeit betrifft, Autos, Fernsehen, Reisen und Sex die Hauptobjekte des Konsumzwangs sind. Man spricht von »Freizeitaktivität«; treffender könnte man sagen »Freizeitpassivität«.

Fassen wir zusammen: Konsumieren ist eine Form des Habens, vielleicht die wichtigste in den heutigen »Überflußgesellschaften«; seine Qualitäten sind ambivalent. Es vermindert die Angst, weil mir das Konsumierte nicht weggenommen werden kann, aber es zwingt mich auch, immer mehr zu konsumieren, denn das einmal Konsumierte hört bald auf, mich zu befriedigen. Der moderne Konsument könnte sich mit der Formel identifizieren: *Ich bin, was ich habe und was ich konsumiere.*

2

HABEN UND SEIN IN DER ALLTÄGLICHEN ERFAHRUNG

Da wir in einer Gesellschaft leben, die sich vollständig dem Besitz- und Profitstreben verschrieben hat, sehen wir selten Beispiele der Seinsorientierung, und die meisten Menschen sehen die auf das Haben gerichtete Existenz als die natürliche, ja faktisch die einzig denkbare an. All das macht es besonders schwierig, die Eigenart der Seinsorientierung zu verstehen. Wie bei allen Begriffen, die menschliche Erfahrungen betreffen, ist der Versuch, sich mit den beiden Konzepten in abstrakter, rein zerebraler Weise auseinanderzusetzen, zum Scheitern verurteilt. Er führt nur zu leerem, vielleicht geistreichem, aber sterilem Gerede.
Die folgenden einfachen Beispiele aus dem täglichen Leben sollen es dem Leser erleichtern, die Erfahrungsbereiche des Habens und des Seins mit seiner eigenen Erlebniswelt in Beziehung zu bringen.

Lernen

Studenten, die aufs Haben hin orientiert sind, hören einer Vorlesung zu, indem sie auf die Worte hören, ihren logischen Zusammenhang und ihren Sinn erfassen und so vollständig wie möglich alles in ihr Notizbuch aufschreiben, so daß sie sich später ihre Notizen einprägen und eine Prüfung ablegen können. Aber sie denken nicht über den Inhalt nach, sie nehmen nicht dazu Stellung, das Gebotene wird nicht Bestandteil ihrer eigenen Gedankenwelt, es bereichert und erweitert diese nicht. Sie pressen das, was sie hören, in starre Gedankengerüste oder ganze Theorien, die sie speichern. Inhalt und Student bleiben einander fremd, außer daß jeder dieser Studenten zum Eigentümer bestimmter, von einem anderen getroffenen Feststellungen geworden ist (die dieser entweder selbst geschaffen hat oder aus anderen Quellen schöpfte).

Diese Studenten haben nur ein Ziel: das »Gelernte« festzuhalten, entweder indem sie es ihrem Gedächtnis einprägen oder indem sie ihre Aufzeichnungen sorgsam hüten. Sie brauchen nichts Neues zu schaffen oder hervorzubringen; der »Habentypus« fühlt sich in der Tat durch neue Ideen oder Gedanken über sein Thema eher beunruhigt, denn das Neue stellt die Summe der Informationen in Frage, die er bereits hat. Für einen Menschen, für den das Haben die Hauptform seiner Bezogenheit zur Welt ist, sind Gedanken, die nicht leicht kategorisiert werden können, furchterregend, wie alles, was wächst, sich verändert und sich somit der Kontrolle entzieht.

Für Studenten im »Seinsmodus« hat der Lernvorgang eine völlig andere Qualität. Zunächst einmal gehen sie zu der Vorlesung, selbst der ersten einer Reihe, nicht als *tabula rasa*. Sie haben über die Thematik, mit der sich der Vortrag beschäftigt, schon früher nachgedacht; es beschäftigen sie bestimmte Fragen und Probleme. Sie haben sich mit dem Gegenstand schon auseinandergesetzt und dieser interessiert sie.

Statt passives Auffangbecken für Worte und Gedanken zu sein, *hören* sie *zu* und *hören* nicht bloß; sie *empfangen* und *reagieren* auf aktive und produktive Weise. Was sie hören, regt ihre eigenen Denkprozesse an; Fragen formulieren sich, neue Ideen resultieren, neue Perspektiven zeichnen sich ab. Der Vorgang des Zuhörens ist ein lebendiger Prozeß; der Student nimmt die Worte des Lehrers auf und reagiert spontan auf das Gehörte. Er hat nicht bloß Wissen erworben, das er nach Hause tragen und auswendig lernen kann. Jeder Student ist betroffen und verändert worden: Jeder ist nach dem Vortrag ein anderer als davor. Diese Art des Lernens kann nur vorherrschen, wenn der Vortrag anregendes Material enthielt. Auf leeres Gerede kann man nicht lebendig reagieren und tut besser daran, nicht zuzuhören, sondern sich auf seine eigenen Gedanken zu konzentrieren. Ich möchte zumindest kurz auf das Wort »Interesse« eingehen, das durch Abnützung farblos geworden ist. Seine ursprüngliche Bedeutung ist jedoch in seiner Wurzel enthalten: Lat. *inter-esse*, d. h. »dazwischen sein«. Dieses aktive Interesse wurde im Mittelenglischen durch das Wort »to list« (Adj. listy, Adv. listily) ausgedrückt. Heute wird »to list« nur räumlich (»a ship lists« = ein Schiff neigt sich) gebraucht; die ursprüngliche Bedeutung im psychischen Sinn ist nur in dem negativen »listless« enthalten. »To list« bedeutete »aktiv nach etwas streben«, »echt interessiert sein an«. Die Wurzel ist die gleiche wie bei »Lust«, aber »to list« heißt nicht, von einer Lust *getrieben sein,* sondern beinhaltet *das freie und aktive Interesse oder das Streben nach etwas.* »To list« ist einer der Schlüsselbegriffe des anonymen Verfassers von *The Cloud of Unknowing,* das Mitte des 14. Jahrhunderts entstand. (Vgl. *A Book of Contemplation the which Is Called the Cloud of Unknowing.* Hrsg. Evelyn Underhill, John M. Watkins, London 1956, 6. Auflage.) Die Tatsache, daß die Sprache das Wort nur in der negativen Bedeutung beibehielt, ist charakteristisch für den Wandel, der sich zwischen dem 13. und dem 20. Jahrhundert in der geistigen Haltung der Gesellschaft vollzog.

Erinnern

Erinnern kann sowohl im Haben- als auch im Seinsmodus erfolgen. Die beiden Formen des Erinnerns unterscheiden sich im wesentlichen durch die Art der Verbindung, die man herstellt. Im Habenmodus des Erinnerns ist die Verbindung völlig *mechanisch,* wie es der Fall ist, wenn sich die Verbindung zwischen zwei Worten durch häufige gleichzeitige Verwendung einschleift. Oder es kann sich um Assoziationen handeln, die auf rein *logischen* Zusammenhängen beruhen, wie im Falle von Gegensatzpaaren, konvergierenden Begriffen oder Verbindungen aufgrund von Zeit, Raum, Größe und Farbe oder aufgrund der Zugehörigkeit zu einem bestimmten Gedankensystem.

Im Seinsmodus ist es das *aktive Tun,* mit dem man sich Worte, Gedanken, Anblicke, Bilder und Musik ins Bewußtsein zurückruft. Zwischen dem einzelnen Faktum, das man sich vergegenwärtigen will, und vielen anderen Fakten, die damit zusammenhängen, werden Verbindungen hergestellt. Im Seinsmodus werden die Verbindungen nicht in mechanischer oder rein logischer, sondern in lebendiger Weise hergestellt. Jeder Begriff wird mit einem anderen durch einen produktiven Akt des Denkens (oder Fühlens) verbunden, der einsetzt, wenn man nach dem richtigen Wort sucht. Ein einfaches Beispiel: Wenn ich das Wort »Schmerzen« oder »Aspirin« mit dem Wort »Kopfschmerzen« assoziiere, dann bewege ich mich in logischen, konventionellen Bahnen. Wenn ich dagegen an »Streß« oder »Ärger« denke, verbinde ich das betreffende Faktum mit möglichen Ursachen, auf die ich gekommen bin, weil ich mich mit dem Phänomen beschäftigt habe. Diese Art des Erinnerns ist an und für sich selbst ein Akt des produktiven Denkens. Das bemerkenswerteste Beispiel für diese lebendige Art des Erinnerns sind Freuds »freie Assoziationen«.

Wer nicht in erster Linie am Speichern als solchem interessiert ist, wird feststellen, daß sein Gedächtnis, um gut zu funktionieren, eines starken und unmittelbaren *Interesses* bedarf. So haben zum Beispiel Leute die Erfahrung gemacht, daß sie sich in Notlagen, in denen es lebenswichtig war, ein bestimmtes Wort zu wissen, an Ausdrücke in vergessen geglaubten Fremdsprachen erinnerten. Ich kann aus eigener Erfahrung berichten, daß ich, obwohl ich nie über ein besonders gutes Gedächtnis verfügt habe, mich an den Traum eines Menschen, den ich analysiert habe, erinnere, ob dieser nun zwei Wochen oder fünf Jahre zurückliegt, sobald ich den Betreffenden vor Augen habe und mich auf seine ganze Persönlichkeit konzentriere. Fünf Minuten früher, gleichsam aus dem Stand, wäre es mir dagegen unmöglich gewesen, den Traum zu erinnern.

Im Seinsmodus impliziert Erinnern, etwas ins Leben zurückzurufen, was man einmal gesehen oder gehört hat. Jeder kann diese produktive Art des Erinnerns vollziehen, wenn er versucht, sich den Anblick von Gesichtern und Landschaften ins Gedächtnis zu rufen, die er einmal gesehen hat. Das Gesicht oder die Landschaft taucht nicht augenblicklich vor dem geistigen Auge auf. Es muß wiedererschaffen, zum Leben erweckt werden. Das ist nicht immer leicht. Voraussetzung ist, daß ich das Gesicht oder die Landschaft einmal mit genügender Konzentration betrachtet habe, um sie mir deutlich ins Gedächtnis rufen zu können. Wenn diese Art des Erinnerns voll gelingt, ist die Person, deren Gesicht ich mir ins Gedächtnis rufe, in voller Lebendigkeit präsent, die Landschaft so gegenwärtig, als habe man sie wirklich vor sich.

Typisch dafür, wie man sich im Habenmodus an ein Gesicht oder eine Landschaft erinnert, ist die Art und Weise, wie die meisten Menschen ein Photo betrachten. Das Photo dient ihrem Gedächtnis nur als Stütze, um einen Menschen oder eine Landschaft zu identifizieren. Ihre Reaktion auf das Bild ist etwa: »Ja, das ist er«, oder »Ja, da war ich«. Das Photo wird für die meisten zu einer *entfremdeten* Erinnerung.

Eine weitere Form entfremdeten Erinnerns ist, wenn ich mir aufschreibe, was ich im Gedächtnis behalten möchte. Indem ich es zu Papier bringe, erreiche ich, daß ich die Information *habe* – ich versuche nicht, sie meinem Gehirn einzuprägen. Ich bin meines Besitzes sicher, es sei denn, ich

verliere die Aufzeichnungen und damit auch das zu Erinnernde. Meine Erinnerungsfähigkeit hat mich verlassen und meine Notizen – eine Datenbank – spielen die Rolle eines veräußerlichten Teils von mir.
Angesichts der Unmenge von Daten, die der moderne Mensch im Gedächtnis behalten muß, ist es unmöglich, ganz ohne Notizen und Nachschlagewerke auszukommen.
Ein alltägliches Beispiel ist der Verkäufer. Kaum ein Verkäufer macht noch eine einfache Addition von zwei oder drei Posten im Kopf; sofort wird eine Maschine bemüht. Daß das Aufschreiben die Erinnerungsfähigkeit vermindert, ist am leichtesten und besten jeweils an der eigenen Person zu beobachten. Trotzdem sind vielleicht einige Beispiele von Nutzen. Lehrer können bei den Schülern, die jeden Satz gewissenhaft mitschreiben, beobachten, daß sie aller Wahrscheinlichkeit nach weniger verstehen und sich an weniger erinnern als die Schüler, die auf ihre Fähigkeit vertrauten, zu verstehen und zu behalten, zumindest das Wesentliche. Musikern ist es bekannt, daß diejenigen, denen es am leichtesten fällt, vom Blatt zu spielen, größere Schwierigkeiten haben, sich Musik ohne Partitur zu merken.* (Toscanini ist ein gutes Beispiel für einen Musiker des Seinsmodus; sein außerordentliches musikalisches Gedächtnis war von Kurzsichtigkeit begleitet.)
Ich habe in Mexiko beobachtet, daß Analphabeten und Menschen, die wenig schreiben, ein weit besseres Gedächtnis haben als die lese- und schreibkundigen Bürger der Industriestaaten; eine Tatsache unter mehreren, die vermuten läßt, daß die Kunst des Lesens und Schreibens keinesfalls nur zum Segen ist, wie behauptet wird, speziell wenn sie dazu dient, Dinge zu lesen, durch die die Erlebnisfähigkeit und die Phantasie verkümmern.

Gespräch

Im Gespräch wird der Unterschied zwischen den zwei Grundhaltungen rasch deutlich. Nehmen wir eine typische Unterhaltung zwischen zwei Männern, in der A die Meinung X *hat* und B die Meinung Y. Jeder kennt die Ansicht des anderen mehr oder weniger genau. Beide identifizieren sich mit ihrer Meinung. Worauf es ihnen ankommt, ist, bessere, d. h. tref-

* Diese Information verdanke ich Dr. Moshe Budmor.

fendere Argumente zur Verteidigung ihres eigenen Standpunktes vorzubringen. Keiner denkt daran, seine Meinung zu ändern oder erwartet, daß der Gegner dies tut. Sie fürchten sich davor, von ihrer Meinung zu lassen, da diese zu ihren Besitztümern zählt und ihre Aufgabe somit einen Verlust darstellen würde.

Bei einem Gespräch, das nicht als Debatte gedacht ist, verhält sich die Sache etwas anders. Wer hat nicht schon einmal die Erfahrung gemacht, mit einem Menschen zusammenzutreffen, der bekannt oder berühmt oder auch durch persönliche Qualitäten ausgezeichnet ist, oder einem Menschen, von dem man etwas bekommen möchte, einen guten Job oder Liebe und Bewunderung? Viele sind unter diesen Umständen nervös und ängstlich und »bereiten sich vor« auf die wichtige Begegnung. Sie überlegen sich, welche Themen den anderen interessieren könnten, sie planen im voraus die Eröffnung des Gesprächs, manche konzipieren die ganze Unterredung, soweit es ihren Part betrifft. Mancher macht sich vielleicht Mut, indem er sich vor Augen hält, was er alles hat: seine früheren Erfolge, sein charmantes Wesen (oder seine Fähigkeit, andere einzuschüchtern, falls dies mehr Erfolg verspricht), seine gesellschaftliche Stellung, seine Beziehungen, sein Aussehen und seine Kleidung. Mit einem Wort, er veranschlagt im Geiste seinen Wert und darauf gestützt bietet er nun im Gespräch seine Waren an. Wenn er dies sehr geschickt macht, wird er in der Tat viele Leute beeindrucken, wiewohl dies nur zum Teil seinem Auftreten und weit mehr der mangelnden Urteilsfähigkeit der meisten Menschen zuzuschreiben ist. Der weniger Raffinierte wird mit seiner Darbietung nur geringes Interesse erwecken; er wird hölzern, unnatürlich und langweilig wirken.

Im Gegensatz dazu steht die Haltung des Menschen, der nichts vorbereitet und sich nicht aufplustert, sondern spontan und produktiv reagiert. Ein solcher Mensch vergißt sich selbst, sein Wissen, seine Position; sein Ich steht ihm nicht im Wege; und aus genau diesem Grund kann er sich voll auf den anderen und dessen Ideen einstellen. Er gebiert neue Ideen, weil er nichts festzuhalten trachtet.

Während sich der »Habenmensch« auf das verläßt, was er hat, vertraut der »Seinstypus« auf die Tatsache, daß er ist, daß er lebt und daß etwas Neues entstehen wird, wenn er nur den Mut hat, loszulassen und zu antworten. Er wirkt im Gespräch lebendig, weil er seine Spontaneität nicht durch ängstliches Pochen auf das, was er hat, abwürgt. Seine Lebendigkeit ist ansteckend, und der andere kann dadurch häufig seine Ichbezogenheit durchbrechen. Die Unterhaltung hört auf, ein Austausch von Waren (Informationen, Wissen, Status) zu sein und wird zu einem Dialog, bei dem es keine Rolle mehr spielt, wer recht hat. Die Duellanten beginnen, miteinander zu tanzen und sie trennen sich voll Freude, statt im Gefühl des Triumphs oder im Gefühl, Pech gehabt zu haben, was beides gleich steril ist. (Bei einer Analyse ist der wesentlichste therapeutische Faktor diese belebende Qualität des Therapeuten. Die ausführlichsten Deutungen werden wirkungslos sein, wenn die therapeutische Atmosphäre schwer, unlebendig und langweilig ist.)

Lesen

Was für das Gespräch gilt, trifft gleichermaßen für das Lesen zu, das eine Zwiesprache zwischen Autor und Leser ist oder sein sollte. Natürlich ist es beim Lesen (ebenso wie beim Gespräch) wichtig, »was« ich lese (oder mit wem ich rede). Einen kunstlosen, billig gemachten Roman zu lesen, ist eine Form des Tagträumens. Es gestattet keine produktive Reaktion, der Text wird geschluckt wie eine belanglose Fernsehsendung oder die Kartoffelchips, die man gedankenlos beim Zuschauen ißt. Einen Roman von Balzac kann man dagegen produktiv und mit innerer Anteilnahme, das heißt im Seinsmodus lesen. Doch auch solche Bücher werden wahrscheinlich meist in einer Konsumhaltung – in der Haltung des Habens – gelesen. Da seine Neugier erregt ist, will der Leser die Handlung wissen, will erfahren, ob der Held stirbt oder am Leben bleibt, ob sich das Mädchen verführen läßt oder nicht. Der Roman ist in diesem Fall eine Art Vorspiel, das ihn erregt, der glückliche oder unglückliche Ausgang ist der Höhepunkt. Wenn er das Ende weiß, *hat* er die ganze Geschichte, fast so wirklich, als habe er in seinen eigenen Erinnerungen gewühlt. Aber er hat keine Erkenntnisse gewonnen; er hat seine Einsicht in das Wesen des Menschen nicht vertieft, indem er die Romanfigur erfaßte, noch hat er natürlich etwas über sich selbst gelernt.

Auch für philosophische oder historische Werke gilt die gleiche Unterscheidung. Die Art – oder Unart – wie man ein philosophisches oder historisches Buch liest, ist ein Resultat der Erziehung. Die Schule ist bemüht, jedem Schüler eine bestimmte Menge an »Kulturgütern« zu vermitteln, und am Ende seiner Schulzeit wird ihm bescheinigt, daß er zumindest ein Minimum davon *hat.* Es wird ihm deshalb beigebracht, ein

Buch so zu lesen, daß er die Hauptgedanken des Verfassers wiedergeben kann. Auf diese Weise »kennt« er Plato, Aristoteles, Descartes, Spinoza, Leibniz und Kant bis hin zu Heidegger und Sartre. Die verschiedenen Bildungsstufen von der Oberschule bis zur Hochschule unterscheiden sich vornehmlich hinsichtlich der Menge des vermittelten Bildungsgutes, das etwa im Verhältnis zur Menge des materiellen Besitzes steht, über den der Schüler im späteren Leben wahrscheinlich verfügen wird. Als hervorragend gilt jener Schüler, der am genauesten wiederholen kann, was jeder der einzelnen Philosophen gesagt hat. Er gleicht einem gut beschlagenen Museumsführer. Was er nicht lernt, ist das, was über diese Wissenshamsterei hinausgeht. Er lernt nicht, die Philosophen in Frage zu stellen; mit ihnen zu reden, gewahr zu werden, daß sie sich selbst widersprechen, daß sie bestimmte Probleme ausklammern und manche Themen meiden; er lernt nicht unterscheiden zwischen Meinungen, die sich dem Verfasser aufdrängten, weil sie zu seiner Zeit als »vernünftig« galten, und dem Neuen, das er beitrug; er spürt nicht, wann der Autor nur seinen Verstand sprechen läßt und wann Herz und Hirn beteiligt sind; er merkt nicht, ob der Autor authentisch oder ein Schaumschläger ist – und vieles andere.
Der Leser mit der Seinseinstellung kann dagegen zu der Überzeugung gelangen, daß selbst ein hochgelobtes Buch mehr oder weniger wertlos ist. Vielleicht versteht er auch ein Buch manchmal besser als der Autor selbst, dem alles, was er schrieb, wichtig erschien.

Ausübung von Autorität

Ein weiteres Beispiel für die Divergenz der beiden Existenzformen ist die Ausübung von Autorität. Der springende Punkt ist, ob man Autorität *hat* oder eine Autorität *ist.* Fast jeder übt in irgendeiner Phase seines Lebens Autorität aus. Wer Kinder erzieht, muß, ob er will oder nicht, Autorität ausüben, um das Kind vor Gefahren zu bewahren und ihm zumindest ein Minimum an Verhaltensratschlägen für bestimmte Situationen zu geben. In einer patriarchalischen Gesellschaft sind für die meisten Männer auch Frauen Objekte der Autoritätsausübung. In einer bürokratischen, hierarchisch organisierten Gesellschaft wie der unseren verfügen die meisten Mitglieder über Autorität, mit Ausnahme der untersten Schicht, die Objekte der Autorität sind.
Um den Begriff Autorität in der Haben- und der Seinsorientierung zu

verstehen, müssen wir uns vor Augen halten, daß dieser Begriff sehr weit ist und zwei völlig verschiedene Bedeutungen hat: »rationale« und »irrationale« Autorität. Rationale Autorität fördert das Wachstum des Menschen, der sich ihr anvertraut, und beruht auf Kompetenz. Irrationale Autorität stützt sich auf Machtmittel und dient zur Ausbeutung der ihr Unterworfenen. (Ich habe diese Unterscheidung in *Die Furcht vor der Freiheit* erörtert.)

In den primitivsten Gesellschaften, denen der Jäger und Sammler, übt derjenige Autorität aus, dessen Eignung für die jeweilige Aufgabe allgemein anerkannt ist. Auf welchen Qualitäten diese Eignung beruht, hängt weitgehend von den Umständen ab: Im allgemeinen zählen in erster Linie Erfahrung, Weisheit, Großzügigkeit, Geschicklichkeit, »Präsenz« und Mut. In vielen dieser Stämme gibt es keine permanente Autorität, sondern nur im Bedarfsfalle, oder es gibt verschiedene Autoritäten für verschiedene Anlässe: Krieg, religiöse Riten, Streitschlichtung. Mit dem Verschwinden oder der Abnahme der Eigenschaften, auf welchen die Autorität beruht, endet diese. Eine sehr ähnliche Form von Autorität ist bei vielen Primaten zu beobachten, bei denen nicht unbedingt physische Kraft, sondern oft Eigenschaften wie Erfahrung und »Weisheit« Kompetenz verleihen. (J. M. R. Delgado [1967] hat in einem ausgeklügelten Experiment mit Affen nachgewiesen, daß die Autorität des dominierenden Tieres endet, sobald es, wenn auch nur vorübergehend, die Qualitäten einbüßt, die seine Kompetenz ausmachen.)

Autorität, die auf dem Sein beruht, basiert nicht nur auf der Fähigkeit, bestimmte gesellschaftliche Funktionen zu erfüllen, sondern gleichermaßen auf der Persönlichkeit eines Menschen, der ein hohes Maß an Selbstverwirklichung und Integration erreicht hat. Ein solcher Mensch strahlt Autorität aus, ohne drohen, bestechen oder Befehle erteilen zu müssen; es handelt sich einfach um ein hochentwickeltes Individuum, das durch das, was es ist – und nicht nur, was es tut oder sagt – demonstriert, was der Mensch sein kann. Die großen Meister des Lebens waren solche Autoritäten, aber in geringerer Vollkommenheit sind sie unter Menschen aller Bildungsgrade und der verschiedensten Kulturen zu finden. Dies ist ein zentraler Punkt des Erziehungsproblems. Wären die Eltern selbst entwickelter und ruhten in ihrer eigenen Mitte, gäbe es kaum den Streit um autoritäre oder Laissez-faire-Erziehung. Das Kind reagiert sehr willig auf diese Seinsautorität, da es sie braucht; es rebelliert dagegen, von Leuten gezwungen oder vernachlässigt zu werden, die erkennen lassen, daß sie selbst nicht geleistet haben, was sie vom heranwachsenden Kind verlangen.

Mit der Entstehung von Gesellschaften, die auf hierarchischer Ordnung basieren und viel größer und komplexer sind als die der Jäger und Sammler, wird die Autorität aufgrund von Kompetenz durch die Autorität aufgrund von sozialem Status abgelöst. Das bedeutet nicht, daß die jetzt gültige Autorität notwendigerweise inkompetent ist, es bedeutet nur, daß Kompetenz keine notwendige Voraussetzung für sie ist. Ob wir es mit monarchistischer Autorität zu tun haben, bei der die Lotterie der Gene über die Befähigung zum Herrschen entscheidet, oder mit einem skrupellosen Verbrecher, der sich durch Heimtücke oder Mord in eine Machtposition aufschwingt, oder, wie so häufig in der modernen Demokratie, mit Autoritäten, die aufgrund ihrer photogenen Erscheinung oder des Geldes, das sie für ihre Wahl ausgeben können, gewählt werden – in allen diesen Fällen dürften Kompetenz und Autorität in keinem oder kaum einem Verhältnis zueinander stehen. Aber selbst in Fällen, in denen sich Autorität aufgrund einer gewissen Kompetenz etabliert, entstehen ernste Probleme. Zunächst kann ein Führer auf einem Gebiet kompetent sein und auf einem anderen nicht, wie zum Beispiel ein Staatsmann bei der Kriegsführung kompetent gewesen sein kann, im Frieden versagt. Oder ein Politiker kann am Anfang seiner Karriere ehrlich und mutig gewesen sein, und büßt durch die Versuchung der Macht diese Eigenschaften ein. Alter und körperliche Behinderungen können eine Abnahme seiner Fähigkeiten bewirkt haben. Schließlich muß man sich vor Augen halten, daß es für die Angehörigen eines kleinen Stammes viel leichter war, das Verhalten einer Autoritätsperson zu beurteilen, als für die Millionen von Menschen in unserem System, die ihren Kandidaten nur aufgrund des manipulierten Bildes kennen, das die Public-Relations-Spezialisten von ihm entwerfen.

Was immer die Gründe sind für den Verlust der kompetenzverleihenden Eigenschaften, es kommt in den meisten größeren und hierarchisch gegliederten Gesellschaften zu einem Prozeß der Entfremdung der Autorität. Die reale oder fiktive ursprüngliche Kompetenz geht auf die Uniform oder den Titel über. Wenn die Autorität die richtige Uniform trägt und mit dem entsprechenden Titel ausgestattet ist, dann ersetzen diese Insignien die reale Kompetenz und die Qualitäten, auf denen diese beruht. Der König – um diesen Titel als Symbol für diese Art von Autorität zu verwenden – kann dumm, heimtückisch, böse, d. h. völlig ungeeignet sein, eine Autorität zu *sein,* dennoch *hat* er Autorität; solange er den Titel hat, nimmt man an, daß er auch über die Qualitäten verfügt, die ihm Kompetenz verleihen. Selbst wenn der Kaiser nackt ist, glaubt jeder, daß er schöne Kleider anhat.

Daß die Menschen Uniformen und Titel für kompetenzverleihende Qualitäten halten, geschieht nicht ganz von selbst. Die Inhaber der Autorität und jene, die Nutzen daraus ziehen, müssen die Menschen von dieser Fiktion überzeugen und ihr realistisches, d. h. kritisches Denkvermögen einschläfern. Jeder denkende Mensch kennt die Methoden der Propaganda, Methoden, durch die die kritische Urteilsfähigkeit zerstört und der Verstand eingelullt wird, bis er sich Klischees unterwirft, die die Menschen verdummen, weil sie sie abhängig machen, und sie der Fähigkeit berauben, ihren Augen und ihrer Urteilskraft zu vertrauen. Die fiktive Realität, an die sie glauben, verdeckt schließlich die Realität, die sie nicht mehr zu erfassen vermögen.

Wissen

Der Unterschied zwischen Haben- und Seinsmodus auf dem Gebiet des Wissens drückt sich in den Formulierungen »ich habe Wissen« und »ich weiß« aus. Wissen zu haben heißt, verfügbares Wissen (Information) zu erwerben und in seinem Besitz zu halten; Wissen im Sinn von »ich weiß« ist funktional und Teil des produktiven Denkprozesses.

Wir können dieses Wissen, das auf dem Sein basiert, noch besser verstehen, wenn wir uns vergegenwärtigen, was Denker wie Buddha, die Propheten, Jesus, Meister Eckhart, Sigmund Freud und Karl Marx vertreten haben. Wissen beginnt in ihren Augen mit der Erkenntnis der Unzuverlässigkeit der Wahrnehmungen unseres sogenannten gesunden Menschenverstandes; nicht nur in dem Sinn, daß unser Bild der physischen Realität nicht der »tatsächlichen Wirklichkeit« entspricht, sondern insbesondere in dem Sinn, daß die meisten Menschen halb wachen und halb träumen und nicht gewahr sind, daß das meiste dessen, was sie für wahr und unbezweifelbar halten, Illusionen sind, die durch den suggestiven Einfluß des sozialen Umfelds hervorgerufen werden, in dem sie leben. Wissen beginnt demnach mit der Zerstörung von Täuschungen, mit der »Ent-täuschung«. Wissen bedeutet, durch die Oberfläche zu den Wurzeln und damit zu den Ursachen vordringen; die Realität in ihrer Nacktheit

»sehen«. Wissen bedeutet nicht, im Besitz von Wahrheit zu sein, sondern durch die Oberfläche zu dringen und kritisch und aktiv nach immer größerer Annäherung an die Wahrheit zu streben.

Diese Qualität des schöpferischen Eindringens ist in dem hebräischen *jadoa* enthalten, das erkennen und lieben im Sinne des männlichen Sexuellen Eindringens bedeutet. Buddha, der Erleuchtete, fordert die Menschen auf, zu erwachen und sich von der Illusion zu befreien, der Besitz von Dingen führe zum Glück. Die Propheten appellieren an die Menschen, aufzuwachen und zu erkennen, daß ihre Idole nichts anderes als das Werk ihrer eigenen Hände sind. Jesus sagt: »Die Wahrheit wird euch freimachen!« Meister Eckhart hat seine Vorstellung vom Wissen oftmals ausgedrückt, beispielsweise, wenn er sagt (im Hinblick auf Gott), daß Wissen kein bestimmter Gedanke sei, sondern alle Hüllen abwerfe ohne Interesse sei und nackt zu Gott laufe, bis es ihn berühre und erfasse (siehe Ausgabe von Franz Pfeiffer). Nach Marx muß man Illusionen zerstören, um die Verhältnisse zu zerstören, die der Illusion bedürfen. Freuds Konzept der Selbsterkenntnis basiert auf der Vorstellung, daß Illusionen (»Rationalisierungen«) zerstört werden müssen, um der unbewußten Wirklichkeit gewahr zu werden.

All diesen Denkern ging es um die Befreiung des Menschen, sie alle stellten die gesellschaftlich anerkannten Denkschemata in Frage. Für sie ist das Ziel zu wissen, nicht die Gewißheit der absoluten Wahrheit, deren man sicher ist, sondern der sich selbst bestätigende Prozeß der menschlichen Vernunft. Für den *Wissenden* ist Nichtwissen ebensogut wie Wissen, da beide Teile des Erkenntnisprozesses sind, wenn sich auch diese Art von Nichtwissen von der Ignoranz der Denkfaulen unterscheidet. Das höchste Ziel im Seinsmodus ist *tieferes Wissen*, im Habenmodus *mehr Wissen.*

Unser Bildungssystem ist im allgemeinen bemüht, Menschen mit Wissen als Besitz auszustatten, etwa proportional zu dem Eigentum oder zu dem sozialen Prestige, über das sie vermutlich im späteren Leben verfügen werden. Das Minimalwissen, das sie erhalten, ist die Informationsmenge, die sie brauchen, um in ihrer Arbeit zu funktionieren. Zusätzlich erhält jeder noch ein größeres oder kleineres Paket »Luxuswissen« zur Hebung seines Selbstwertgefühls und entsprechend seinem voraussichtlichen sozialen Prestige. Die Schulen sind die Fabriken, in denen diese Wissenspakete produziert werden, wenn sie auch gewöhnlich behaupten, den Schüler mit den höchsten Errungenschaften des menschlichen Geistes in

Berührung zu bringen. Viele *Colleges* verstehen es prächtig, diese Illusion zu nähren. Von indischer Philosophie und Kunst bis zum Existentialismus und Surrealismus wird ein riesiges »Smörgasbord« angeboten, aus dem sich jeder Student da und dort etwas herauspickt; um seine Spontaneität und Freiheit nicht einzuengen, drängt man ihn nicht, sich auf ein Thema zu konzentrieren, ja nicht einmal, je ein Buch zu Ende zu lesen. (Vgl. die radikale Kritik, die Ivan Illich in *Entschulung der Gesellschaft* an unserem Schulsystem übt.)

Glaube

Im religiösen, politischen oder persönlichen Sinn kann der Begriff Glaube zwei völlig verschiedene Bedeutungen haben, je nachdem, ob er im Haben- oder im Seinsmodus gebraucht wird.

Im Habenmodus ist Glaube der Besitz einer Lösung, für die man keinen rationalen Beweis hat. Er besteht aus Formulierungen, die von anderen geschaffen wurden (gewöhnlich von einer Bürokratie) und die man akzeptiert, weil man sich dieser Bürokratie unterordnet. Er gibt einem ein Gefühl der Sicherheit aufgrund der realen (oder nur eingebildeten) Macht der Bürokratie. Er ist die Eintrittskarte, mit der man sich die Zugehörigkeit zu einer großen Gruppe von Menschen erkauft, er nimmt einem die schwierige Aufgabe ab, selbst zu denken und Entscheidungen zu treffen. Man zählt nunmehr zu den *beati possidentes,* den glücklichen Besitzern des rechten Glaubens. Glaube verleiht im Habenmodus Gewißheit; er behauptet, letzte, unerschütterliche Wahrheiten zu verkünden, die glaubwürdig sind, weil die Macht derjenigen, die den Glauben verkünden und schützen, unerschütterlich erscheint. Und wer wollte nicht Gewißheit, wenn es nicht mehr bedarf als des Verzichts auf die eigene Unabhängigkeit?

Gott, ursprünglich ein Symbol für den höchsten Wert, den wir in unserem Innern erfahren können, wird im Habenmodus zu einem Idol. Das bedeutet im Sinne der Propheten, ein von Menschen gemachtes *Ding*, auf das der Mensch seine eigenen Kräfte projiziert, und sich dadurch schwächt. Er unterwirft sich also seiner eigenen Schöpfung und erfährt sich durch die Unterwerfung in einer entfremdeten Form. Ich kann das Idol *haben*, weil es ein Ding ist, doch aufgrund meiner Unterwerfung hat es gleichzeitig mich.

Sobald Gott zum Idol geworden ist, haben seine angeblichen Eigenschaften so wenig mit der persönlichen Erfahrung zu tun wie entfremdete politische Doktrinen. Das Idol mag als Gott der Barmherzigkeit gepriesen werden, dennoch wird jede Grausamkeit in seinem Namen verübt, so wie der entfremdete Glaube an die menschliche Solidarität die unmenschlichsten Taten nicht einmal in Frage stellt. Im Habenmodus ist der Glaube eine Krücke für alle jene, die Gewißheit wünschen, die einen Sinn im Leben finden wollen, ohne den Mut zu haben, selbst danach zu suchen.

Im Seinsmodus ist Glaube ein völlig anderes Phänomen. Kann der Mensch ohne Glaube leben? Muß der Säugling nicht »an die Mutterbrust glauben«? Müssen wir nicht alle an unsere Mitmenschen glauben, an unsere Liebsten und an uns selbst? Können wir ohne Glaube an die Gültigkeit von Normen für unser Leben existieren? Ohne Glaube wird der Mensch in der Tat steril, hoffnungslos und bis ins Innerste seines Wesens furchtsam.

Glaube ist im Seinsmodus nicht in erster Linie ein Glaube an bestimmte *Ideen* (obwohl es auch das sein kann), sondern eine innere Orientierung, eine *Einstellung*. Es wäre besser zu sagen, man *sei* im Glauben, als man *habe* Glauben. (Die theologische Unterscheidung zwischen *fides quae creditur* und *fides qua creditur* spiegelt eine ähnliche Unterscheidung zwischen Glaube als *Inhalt* und Glaube als *Akt*.) Man kann an sich selbst und an andere glauben, der religiöse Mensch kann an Gott glauben. Der Gott des Alten Testaments ist zunächst eine Negation von Idolen, von Göttern, die man *haben* kann. Der Begriff Gott, wiewohl in Analogie zu einem orientalischen König konzipiert, transzendiert sich selbst von Anfang an. Gott darf keinen Namen haben, kein Abbild darf von ihm gemacht werden. Im weiteren Verlauf der jüdischen und christlichen Entwicklung wird der Versuch unternommen, die vollständige Entidolisierung Gottes zu erreichen, oder besser gesagt die Gefahr der Idolisierung durch das Postulat zu bannen, daß nicht einmal eine Aussage über die Eigenschaften Gottes gemacht werden darf. Oder der sehr radikale Versuch in der christlichen Mystik – von (Pseudo-)Dionysius Areopagita bis zum unbekannten Verfasser von »The Cloud of Unknowing« und zu Meister Eckhart –, wo der Gottesbegriff auf den des Einen, der »Gottheit« (des Nichts) hinausläuft und hiermit Anschauungen folgt, wie sie in den Veden und im neuplatonischen Denken ausgedrückt sind. Dieser Glaube an Gott ist verbürgt durch die innere Erfahrung der göttlichen Eigenschaften des eigenen Selbst, er ist ein ständiger, aktiver Prozeß der Selbsterschaffung.

Auch der Glaube an mich selbst, an den anderen, an die Menschheit, an die Fähigkeit des Menschen, wahrhaft menschlich zu werden, impliziert Gewißheit; aber eine Gewißheit, die auf meiner eigenen Erfahrung beruht und nicht auf meiner Unterwerfung unter eine Autorität, die mir einen bestimmten Glauben vorschreibt. Es ist die Gewißheit einer Wahrheit, die nicht durch rational zwingende Evidenz bewiesen werden kann, von der ich aber aufgrund der Evidenz meiner subjektiven Erfahrung überzeugt bin. (Im Hebräischen ist das Wort für Glaube *emuna,* was »Gewißheit« heißt; unser *Amen* heißt »gewiß«.) Wenn ich der Integrität eines Menschen gewiß bin, könnte ich diese doch nicht bis zu seinem letzten Tag »beweisen«, und strenggenommen schließt selbst die Tatsache, daß er seine Integrität bis zu seinem Tod bewahrte, vom positivistischen Standpunkt nicht aus, daß er sie verletzt hätte, hätte er länger gelebt. Meine Gewißheit beruht auf meiner gründlichen Kenntnis des anderen und darauf, daß ich selbst Liebe und Integrität erlebt habe. Diese Art von Wissen hängt davon ab, wie weit man sein eigenes Ich aus dem Spiel lassen kann und ob man den anderen in *seinem* So-sein sehen und die Struktur seiner inneren Kräfte erkennen kann, ob man ihn in seiner Individualität und gleichzeitig als Teil der gesamten Menschheit sehen kann. Dann weiß man, was er tun und was er nicht tun kann und wird. Damit meine ich natürlich nicht, daß man das gesamte künftige Verhalten voraussagen kann, wohl aber lassen sich bestimmte Charakterzüge wie Integrität, Verantwortungsbewußtsein etc. erkennen. (Siehe dazu »Glaube als Charakterzug« in *Psychoanalyse und Ethik.*) Dieses Vertrauen beruht auf Fakten und ist somit rational, doch diese Fakten sind nicht mit den Methoden der konventionellen positivistischen Psychologie feststellbar oder »beweisbar«. Nur ich selbst kann sie, kraft meiner eigenen Lebendigkeit, »registrieren«.

Lieben

Auch Lieben hat in der Haben- und in der Seinsmentalität zwei Bedeutungen.

Kann man Liebe *haben?* Wenn man das könnte, wäre Liebe ein Ding, eine Substanz, mithin etwas, das man besitzen kann. Die Wahrheit ist, daß es kein solches Ding »Liebe« gibt. »Liebe« ist eine Abstraktion; vielleicht eine Göttin oder ein fremdes Wesen, obwohl niemand je diese Göttin gesehen hat. In Wirklichkeit gibt es nur den *Akt des Liebens.* Lieben ist eine produktive Aktivität, es impliziert, für jemanden (oder etwas) zu sorgen, ihn zu kennen, auf ihn einzugehen, ihn zu bestätigen, sich an ihm zu erfreuen – sei es ein Mensch, ein Baum, ein Bild, eine Idee. Es bedeutet, ihn (sie, es) zum Leben zu erwecken, sein (ihr) Lebensgefühl zu steigern; es ist ein sich selbst erneuernder und intensivierender Prozeß.

Wird aber Liebe im Habenmodus erlebt, so bedeutet das Besitzansprüche, Kontrollierenwollen; sie ist erwürgend, lähmend, erstickend, tötend statt belebend. Was als Liebe *bezeichnet* wird, ist meist ein Mißbrauch des Wortes, um die Wahrheit des Nichtliebens zu verbergen. Es ist eine immer noch offene Frage, wie viele Eltern ihre Kinder lieben. Die Berichte über Grausamkeit gegenüber Kindern, vom physischen bis zu psychischen Quälereien und von Vernachlässigung und krasser Possessivität bis zum Sadismus, die wir in bezug auf die letzten zwei Jahrtausende westlicher Geschichte besitzen, sind so schockierend, daß man geneigt ist zu glauben, liebevolle Eltern seien die Ausnahme, nicht die Regel.

Für die Ehe gilt das gleiche: ob sie auf Liebe beruht oder, wie traditionelle Ehen, auf gesellschaftlicher Konvention und Sitte – Paare, die einander wirklich lieben, scheinen die Ausnahme zu sein. Gesellschaftliche Zweckdienlichkeit, Tradition, beiderseitiges ökonomisches Interesse, gemeinsame Fürsorge für Kinder, gegenseitige Abhängigkeit oder Furcht, gegenseitiger Haß werden bewußt als »Liebe« erlebt – bis zu dem Augenblick, wenn einer oder beide erkennen, daß sie einander nicht lieben und nie liebten. Heute kann man in dieser Hinsicht einen gewissen Fortschritt feststellen: die Menschen sind nüchterner und realistischer geworden und viele verwechseln sexuelle Anziehung nicht mehr mit Liebe, noch halten sie eine freundschaftliche, aber distanzierte Teambeziehung für ein Äquivalent von Liebe. Diese neue Einstellung hat zu größerer Ehrlichkeit – und zu häufigerem Partnerwechsel geführt; sie hat keine größere Häufigkeit des Liebens, weder mit den neuen noch mit den alten Partnern bewirkt.

Der Wandel vom Beginn des »Verliebtseins« bis zur Illusion, Liebe zu »haben«, kann oft an konkreten Details anhand der Geschichte von Paaren verfolgt werden, die sich verliebt haben. (In *Die Kunst des Liebens* habe ich darauf hingewiesen, daß der Begriff »falling in love« ein Widerspruch in sich selbst ist. Da Lieben eine produktive Aktivität ist, kann man nur in Liebe stehen oder gehen, aber nicht »fallen«, da sich darin Passivität ausdrückt.) In der Zeit der Werbung ist sich einer des anderen noch nicht sicher; sie suchen einander zu gewinnen. Sie sind lebendig, attraktiv, interessant und sogar schön – da Lebendigkeit ein Gesicht immer verschönt. Keiner *hat* den anderen schon, also wendet jeder seine Energie darauf, zu sein, das heißt zu geben und zu stimulieren.

Häufig ändert sich mit der Eheschließung die Situation grundlegend. Der Ehevertrag gibt beiden das exklusive Besitzrecht auf den Körper, die Gefühle, die Zuwendung des anderen. Niemand muß mehr gewonnen werden, denn die Liebe ist zu etwas geworden, das man besitzt, zu einem Eigentum.

Die beiden lassen in ihrem Bemühen nach, liebenswert zu sein und Liebe zu erwecken, sie werden langweilig, und ihre Schönheit verschwindet. Sie sind enttäuscht und ratlos. Sind sie nicht mehr dieselben? Haben sie von Anfang an einen Fehler gemacht? Gewöhnlich suchen sie die Ursache der Veränderung beim anderen und fühlen sich betrogen. Was sie nicht begreifen, ist, daß sie beide nicht mehr die Menschen sind, als die sie sich ineinander verliebten; daß der Irrtum, man könne Liebe *haben,* bewirkte, daß sie aufhörten zu lieben. Sie arrangieren sich nun auf dieser Ebene und statt einander zu lieben, besitzen sie gemeinsam, was sie haben: Geld, gesellschaftliche Stellung, ein Zuhause, Kinder. Die mit Liebe beginnende Ehe verwandelt sich so in einigen Fällen in eine freundschaftliche Eigentümergemeinschaft, in der zwei Egoismen sich vereinen: die »Familie«. In anderen Fällen sehnen sich die Beteiligten weiterhin nach dem Wiedererwachen ihrer früheren Gefühle und der eine oder andere gibt sich der Illusion hin, daß ein neuer Partner seine Sehnsucht erfüllen werde. Sie glauben, nichts weiter als Liebe zu wollen. Aber Liebe ist für sie ein Idol, eine Göttin, der sie sich unterwerfen wollen, nicht ein Ausdruck ihres Seins. Sie scheitern zwangsläufig, denn »Liebe ist ein Kind der Freiheit« (wie es in einem alten französischen Lied heißt), und die Anbeter der Göttin Liebe versinken schließlich in solche Passivität, daß sie langweilig werden und verlieren, was von früherer Anziehungskraft noch übrig war.

Diese Feststellungen schließen nicht aus, daß die Ehe der beste Weg für zwei Menschen sein kann, die einander lieben. Die Problematik liegt nicht in der Ehe als solcher, sondern in der possessiven existentiellen Struktur beider Partner und, letzten Endes, der Gesellschaft, in der sie leben. Die Befürworter moderner Formen des Zusammenlebens, wie Gruppenehe, Partnertausch, Gruppensex etc., versuchen, soweit ich das sehen kann, nur, ihre Schwierigkeiten in der Liebe zu umgehen, indem sie die Langeweile mit ständig neuen Stimuli bekämpfen und die Zahl der Partner erhöhen, statt einen wirklich zu lieben. (Vgl. die Unterscheidung zwischen »aktiv und passiv machenden Stimuli« im 10. Kapitel der *Anatomie der menschlichen Destruktivität.*)

3

HABEN UND SEIN IM ALTEN UND NEUEN TESTAMENT UND IN DEN SCHRIFTEN MEISTER ECKHARTS

Das Alte Testament

Eines der Hauptthemen des Alten Testaments ist: Verlasse, was du hast, befreie dich von allen Fesseln, *sei*!

Die Geschichte der hebräischen Stämme beginnt mit der Aufforderung an den ersten hebräischen Helden *Abraham*, sein Land und seine Sippe aufzugeben. »Ziehe hinweg aus deinem Vaterlande und aus deiner Verwandtschaft und aus deines Vaters Hause in das Land, das ich dir zeigen werde!« (Genesis 12,1) Er soll aufgeben, was er hat – Grund und Boden und Familie – und in das Unbekannte hinausziehen. Doch seine Nachkommen besiedeln ein neues Gebiet und ein neuer »Sippengeist« entwickelt sich. Dieser Prozeß führt zu schwerer Knechtschaft. Gerade weil sie in Ägypten reich und mächtig werden, geraten sie in Sklaverei; sie verlieren die Vision des einen Gottes, des Gottes der nomadischen Vorfahren, und beten Götzen an; die Götter der Reichen werden später zu ihren Herren.

Der zweite Held ist *Moses*. Er erhält von Gott den Auftrag, sein Volk zu befreien, es aus dem Lande zu führen, das seine Heimat geworden war (wenn auch zuletzt eine Heimat für Sklaven) und in die Wüste zu gehen, um »ein Fest zu feiern«. Widerwillig und voll böser Ahnungen folgen die Hebräer ihrem Führer in die Wüste.

Die Wüste ist das Schlüsselsymbol in dieser Befreiung. Sie ist keine Heimstatt; sie hat keine Städte; sie hat keine Reichtümer; sie ist das Land der Nomaden, die haben, was sie brauchen, das heißt nur das Lebensnotwendigste, keine Besitztümer. Historisch gesehen ist der Bericht über den

Exodus mit nomadischen Traditionen verwoben; es ist gut möglich, daß diese nomadischen Traditionen die Tendenz gegen jedes nichtfunktionelle Eigentum und die Entscheidung für das Leben in der Wüste als Vorbereitung für ein Leben in Freiheit beeinflußt haben. Aber diese historischen Faktoren unterstreichen nur die Bedeutung der Wüste als Symbol des freien, durch keinen Besitz beschwerten Lebens. In der Wüste haben einige der wichtigsten Symbole jüdischer Feste ihren Ursprung. Das *ungesäuerte Brot* ist das Brot derjenigen, die rasch aufbrechen müssen; es ist das Brot der Wanderer. Die *Suka* (die Laubhütte) ist die Heimstatt des Wanderers; sie entspricht dem Zelt, ist eine schnell errichtete und schnell abgebrochene Behausung. Im Talmud wird sie als »provisorische Heimstatt« definiert, zum Unterschied von der »festen Heimstatt«, die man besitzt.

Die Hebräer sehnen sich nach den Fleischtöpfen Ägyptens zurück, nach der festen Heimstatt, dem schlechten, aber garantierten Essen, den sichtbaren Idolen. Sie fürchten die Unsicherheit des besitzlosen Wüstenlebens. Sie sagen: »Wären wir doch durch die Hand des Herrn im Lande Ägypten gestorben, als wir bei den Fleischtöpfen saßen und Brot die Fülle zu essen hatten! Denn ihr habt uns in diese Wüste herausgeführt, um diese ganze Gemeinde Hungers sterben zu lassen.« (Exodus 16,3) Wie so häufig in der Geschichte der Befreiung erbarmt sich Gott der moralischen Schwäche der Menschen. Er verspricht, sie zu ernähren; am Morgen mit »Brot« und am Abend mit Wachteln. Er fügt jedoch zwei wichtige Anweisungen hinzu: Jeder solle sich entsprechend seinen Bedürfnissen nehmen: »Und die Israeliten taten so und sammelten, der eine mehr, der andre weniger. Als man es aber mit dem Gomer maß, da hatte der, der viel gesammelt hatte, keinen Überschuß, und der, der wenig gesammelt hatte, keinen Mangel; ein jeder hatte gesammelt, so viel er brauchte.« (Exodus 16, 17–18)

Hier ist erstmals ein Prinzip formuliert, das durch Marx berühmt wurde: »Jedem nach seinen Bedürfnissen.« Das Recht auf Nahrung wurde ohne Einschränkung verkündet. Gott ist hier die Nährmutter, die ihre Kinder füttert, ohne daß diese etwas leisten müssen, um ein Recht auf Nahrung zu erwerben. Das zweite Gebot Gottes warnt vor der Raffsucht, der Gier und dem Besitzstreben. Dem Volk Israel war auferlegt, nichts bis zum nächsten Morgen aufzuheben. »Aber sie gehorchten Mose nicht, sondern etliche hoben bis zum Morgen davon auf; da verfaulte es und wurde voller Würmer und stinkend. Mose aber ward zornig über sie. Und sie sammel-

ten es alle Morgen, ein jeder, so viel er brauchte; wenn aber die Sonne heiß schien, schmolz es.« (Exodus 16, 20–21)
In Zusammenhang mit dem Sammeln von Nahrung wird der »Schabbat« (Sabbat) eingeführt. Moses fordert die Hebräer auf, am Freitag die doppelte Menge an Nahrung zu beschaffen: »Sechs Tage sollt ihr es sammeln, aber am siebenten ist ein Ruhetag, da gibt es keines.« (Exodus 16, 26)
Der Sabbat ist die wichtigste Idee innerhalb der Bibel und innerhalb des späteren Judentums. Es ist die einzige strikte religiöse Anweisung der Zehn Gebote, ihre Einhaltung wird sogar von den im übrigen antiritualistischen Propheten gefordert; es war das am striktesten befolgte Gebot in den 2000 Jahren des Lebens in der Diaspora, obwohl gerade diese die Einhaltung erschwerte. Es ist kaum zu bezweifeln, daß der Sabbat ein Lebensquell für die in alle Winde zerstreuten, machtlosen und oft verfolgten Juden war; daß sich ihr Stolz und ihre Würde erneuerten, wenn sie wie Könige den Sabbat feierten. Ist der Sabbat nichts weiter als ein Tag der Ruhe im weltlichen Sinn der Befreiung des Menschen von der Last der Arbeit, wenigstens an einem Tag? Natürlich ist er auch das, und diese Funktion macht ihn zu einer der großen Innovationen in der Evolution des Menschen. Doch wenn dies alles wäre, hätte der Sabbat wohl kaum die zentrale Rolle gespielt, die ich eben beschrieben habe.
Um diese Rolle zu verstehen, müssen wir zum Kern dieser Institution vordringen. Es handelt sich nicht um Ruhe *per se* in dem Sinne, daß man jegliche physische oder geistige Anstrengung meidet; es geht um Ruhe im Sinne *der Wiederherstellung vollständiger Harmonie zwischen den Menschen und zwischen Mensch und Natur.* Nichts darf zerstört und nichts aufgebaut werden; der Sabbat ist ein Tag des Waffenstillstandes im Kampf des Menschen mit der Natur. Sogar das Abreißen eines Grashalms wird ebenso als eine Verletzung dieser Harmonie angesehen wie das Entzünden eines Streichholzes. Auch keine gesellschaftlichen Veränderungen dürfen vorgenommen werden. Das ist der Grund, warum es verboten ist, etwas auf der Straße zu tragen, selbst wenn es so wenig wiegt wie ein Taschentuch, während es erlaubt ist, im eigenen Garten eine schwere Last zu tragen. Nicht das Tragen als solches ist verboten, sondern der Transport eines Objekts von einem privaten Grundstück zu einem anderen, da es sich bei einem solchen Transfer ursprünglich um die Veränderung von Eigentumsverhältnissen handelte. Am Sabbat lebt der Mensch als *hätte* er nichts, als verfolge er kein Ziel außer zu *sein,* d. h.

seine essentiellen Kräfte auszuüben – beten, studieren, essen, trinken, singen, lieben.

Der Sabbat ist ein Tag der Freude, weil der Mensch an diesem Tag ganz er selbst ist. Das ist der Grund, warum der Talmud den Sabbat die Vorwegnahme der Messianischen Zeit nennt, und die Messianische Zeit den nie endenden Sabbat: der Tag, an dem Besitz und Geld ebenso tabu sind wie Kummer und Traurigkeit; ein Tag, an dem die Zeit besiegt ist und das Sein herrscht. Der historische Vorläufer, der babylonische *Shapatu,* war ein Tag der Trauer und der Furcht. Der moderne Sonntag ist ein Tag des Vergnügens, des Konsums und des Weglaufens von sich selbst. Man könnte fragen, ob es nicht an der Zeit wäre, den Sabbat als universellen Tag der Harmonie und des Friedens einzuführen, als den Tag des Menschen, der die Zukunft der Menschheit vorwegnimmt.

Die Vision der Messianischen Zeit ist der zweite spezifisch jüdische Beitrag zur Weltkultur, ein Beitrag, der im Grunde identisch mit dem des Sabbat ist. Wie der Sabbat war diese Vision die lebenserhaltende Hoffnung der Juden, an der sie trotz schwerer Enttäuschungen durch falsche Messiasse von Bar Kochba im 2. Jahrhundert bis in unsere Zeit festhielten. Wie der Sabbat war es die Vision einer historischen Zeit, in der Besitz bedeutungslos, Angst und Krieg überwunden und die Ausübung der essentiellen Kräfte des Menschen das Ziel des Lebens sein würde.*

Die Geschichte des Exodus nimmt ein tragisches Ende. Die Hebräer können es nicht ertragen, zu leben, ohne etwas zu haben. Zwar können sie ohne feste Heimstatt auskommen und ohne Nahrung außer jener, die ihnen Gott täglich schickt, doch sie können nicht ohne sichtbaren, gegenwärtigen »Führer« leben. Als Moses in den Bergen verschwindet, drängen die Hebräer in ihrer Verzweiflung Aaron, ihnen ein sichtbares Idol zu machen, dem sie huldigen können: das Goldene Kalb. Man könnte sagen, sie zahlen für den Irrtum Gottes, der ihnen gestattet hatte, Gold und Juwelen aus Ägypten mitzunehmen. Mit dem Gold brachten sie das Verlangen nach Reichtum mit sich, und als die Stunde der Verzweiflung kam, trat die besitzgierige Struktur ihrer Existenz erneut zutage. Aaron macht ihnen aus ihrem Gold ein Kalb, und das Volk sagt: »Das ist dein Gott, Israel, der dich aus dem Lande Ägypten heraufgeführt hat.« (Exodus 32,4)

* Ich habe die Idee der Messianischen Zeit in *Die Herausforderung Gottes und des Menschen* wie auch im Kapitel über das Sabbatritual in *Märchen, Mythen und Träume* behandelt.

Eine ganze Generation war gestorben und selbst Moses durfte das neue Land nicht betreten. Doch die neue Generation war ebensowenig imstande, frei und ohne Bindung an ein Land zu leben, wie die der Väter. Sie erobern neues Gebiet, rotten ihre Feinde aus, besiedeln deren Land und verehren deren Idole. Ihr demokratisches Stammesleben vertauschen sie mit einem orientalischen Despotismus, zwar von bescheidenen Dimensionen, aber um so beflissener in der Nachahmung der damaligen Großmächte. Die Revolution war gescheitert, die einzige bleibende Errungenschaft, wenn man es so nennen könnte, war, daß die Hebräer nun Herren und nicht mehr Sklaven waren. Vielleicht würde man sich heute gar nicht mehr an sie erinnern, außer in einer gelehrten Fußnote in einer Geschichte des Nahen Ostens, wäre die Botschaft nicht durch revolutionäre Denker und Visionäre verkündet worden, die nicht wie Moses an der Last der Führerschaft zu tragen hatten und insbesondere nicht gezwungen waren, zu diktatorischen Mitteln zu greifen (wie beispielsweise die Ausrottung der Rebellen unter Korah). Diese revolutionären Denker, die hebräischen Propheten, erneuerten die Vision der Freiheit, der Ungebundenheit durch Besitz, und sie protestierten gegen die Unterwerfung unter Götzen, die das Werk von Menschenhand waren. Sie waren kompromißlos und sagten voraus, daß das Volk wieder aus dem Land vertrieben werden würde, wenn es sich inzestuös daran klammere und nicht imstande sei, frei darin zu leben, d. h., es zu lieben, ohne sich darin zu verlieren. Für die Propheten war die Vertreibung aus dem Land eine Tragödie, aber der einzige Weg zu endgültiger Befreiung – die neue Wüste, die nicht einer, sondern vielen Generationen eine Bleibe bieten sollte. Sogar während die Propheten die neue Wüste voraussagten, hielten sie den Glauben der Juden und schließlich der ganzen Menschheit aufrecht: durch die messianische Vision, die Frieden und Überfluß versprach, ohne daß es nötig sei, Menschen von ihrem Land zu vertreiben oder zu töten.

Die echten Nachfahren der Propheten waren die rabbinischen Gelehrten. Allen voran der Gründer der Diaspora: Rabbi Jochanan ben Zakkai. Als die Anführer des Krieges gegen die Römer (70 n. Chr.) entschieden, daß es besser für alle sei, zu sterben, als die Niederlage und den Verlust des Staates in Kauf zu nehmen, beging er »Verrat«. Er verließ heimlich Jerusalem, ergab sich dem römischen General und bat um Erlaubnis, eine jüdische Universität zu gründen. Dies war der Beginn einer reichen jüdischen Tradition und gleichzeitig der Verlust von allem, was die Juden *gehabt* hatten: ihren Staat, ihren Tempel, ihre priesterliche und militärische Bürokratie, ihre Opfertiere und ihre Rituale. Alles war verloren; nichts war ihnen (als Gruppe) geblieben als das Ideal des Seins: Wissen, Lernen, Denken und die Hoffnung auf den Messias.

Das Neue Testament

Das Neue Testament setzt den Protest gegen die Habenstruktur der Existenz fort. Dieser Protest ist sogar noch radikaler als der frühere jüdische. Das Alte Testament war nicht das Produkt einer armen und unterdrückten Klasse gewesen, sondern stammte von nomadischen Schafzüchtern und unabhängigen Kleinbauern. Die Pharisäer, jene gelehrten Männer, deren literarisches Werk der Talmud war, repräsentierten den Mittelstand, dem sowohl sehr arme als auch wohlhabende Bürger angehörten. Beide Quellen, die Bibel und der Talmud, waren erfüllt vom Geist sozialer Gerechtigkeit, des Schutzes für die Armen und der Hilfe für alle Machtlosen wie Witwen und nationale Minderheiten *(gerim)*. Aber im großen und ganzen verurteilten sie den Reichtum nicht als böse oder als unvereinbar mit dem Prinzip des Seins. (Siehe Louis Finkelsteins Buch über die Pharisäer.)
Das Frühchristentum bestand im Gegensatz dazu aus Armen und gesellschaftlich Geächteten, aus Erniedrigten und Ausgestoßenen, die – wie einige Propheten des Alten Testaments – die Reichen und Mächtigen geißelten und die Übel des Reichtums und der weltlichen und priesterlichen Macht kompromißlos verdammten. (Siehe dazu *Das Christusdogma und andere Essays.)*
Wie Max Weber sagte, war die Bergpredigt tatsächlich das Manifest eines großen Sklavenaufstands. Die frühchristlichen Gemeinden waren vom Geist uneingeschränkter menschlicher Solidarität erfüllt, was sich manchmal in dem spontanen Wunsch äußerte, alle materiellen Güter miteinander zu teilen. (Siehe A. F. Utz, der frühchristliche gemeinschaftliche Besitzverhältnisse und frühere griechische Beispiele untersuchte, die Lukas vermutlich bekannt waren.)
Dieser revolutionäre Geist des Frühchristentums zeigt sich besonders deutlich in den ältesten Teilen der Evangelien, wie sie in den christlichen Gemeinden bekannt waren, die sich noch nicht vom Judentum losgesagt hatten.
(Diese ältesten Teile können aus der gemeinsamen Quelle des Matthäus-

und Lukas-Evangeliums rekonstruiert werden. Spezialisten auf dem Gebiet der Geschichte des Neuen Testaments bezeichnen sie als Text Q. Das grundlegende Werk auf diesem Gebiet ist jenes von Siegfried Schulz [Bibliographie], das zwischen einer älteren und einer jüngeren Überlieferung von »Q« unterscheidet.)*

Wir finden dort als *zentrales Postulat,* daß der Mensch aller Habgier und allem Verlangen nach Besitztümern entsagen und sich vollständig vom Habenmodus befreien müsse. Alle positiven ethischen Normen wurzeln dementsprechend im Ethos des Seins, des Teilens und der Solidarität. Diese grundlegende ethische Position gilt sowohl für das Verhältnis zum Mitmenschen als auch für das Verhältnis zu Dingen. Der radikale Verzicht auf die eigenen Rechte (Matthäus 5, 39–42; Lukas 6, 29f.) sowie die Forderung, seine Feinde zu lieben (Matthäus 5, 44–48; Lukas 6, 27f., 32–36) unterstreicht noch radikaler als das »liebe deinen Nächsten« des Alten Testaments die vollständige Aufgabe allen Eigennutzes und die volle Verantwortung für den Mitmenschen. Die Forderung, nicht einmal über den Mitmenschen zu urteilen (Matthäus 7, 1–5; Lukas 6, 37f., 41f.) ist eine Erweiterung des Prinzips, sein Ego zu vergessen und sich vollständig dem Verständnis und dem Wohlbefinden des anderen zu widmen.

Auch in bezug auf Dinge wird der totale Verzicht auf die Habenstruktur gefordert. Die Urgemeinde bestand auf radikaler Lossagung von Eigentum; sie warnt vor der Ansammlung von Reichtümern. »Sammelt nicht Schätze auf Erden, wo Motte und Rost [sie] zunichte machen und wo Diebe einbrechen und stehlen! Sammelt euch vielmehr Schätze im Himmel, wo weder Motte noch Rost [sie] zunichte machen und wo Diebe nicht einbrechen und stehlen! Denn wo dein Schatz ist, da wird auch dein Herz sein.« (Matthäus 6, 19–21. Vgl. Lukas 12, 33f.) Im gleichen Geist sagt Jesus: »Selig seid ihr Armen; denn euch gehört das Reich Gottes.« (Lukas 6,20; auch Matthäus 5,3) Das Frühchristentum war in der Tat eine Gemeinschaft von Armen und Leidenden, die von der apokalyptischen Überzeugung erfüllt waren, daß die Zeit reif sei für das endgültige Verschwinden der bestehenden Ordnung, wie Gott es in seinem Heilsplan vorgesehen hatte.

Die apokalyptische Vorstellung vom »Jüngsten Gericht« war eine Version der damals im Judentum verbreiteten messianischen Idee. Der end-

* Ich bin Rainer Funk für seine gründlichen Informationen zu diesem Thema und für seine fruchtbaren Anregungen zu Dank verpflichtet.

gültigen Erlösung und dem Gericht würde eine Zeit des Chaos und der Zerstörung vorausgehen, die so schrecklich sein würde, daß talmudische Rabbinen Gott baten, ihnen zu ersparen, in dieser vormessianischen Zeit zu leben. Das Neue am Christentum war, daß Jesus und seine Anhänger glaubten, diese Zeit sei bereits gekommen (oder stehe unmittelbar bevor) bzw. habe mit dem Erscheinen Jesu begonnen.

In der Tat liegt es nahe, eine Beziehung zwischen der Situation des Frühchristentums und dem herzustellen, was heute in der Welt vor sich geht. Nicht wenige Menschen, darunter mehr Wissenschaftler als religiöse Menschen (mit Ausnahme der »Zeugen Jehovas«) glauben, daß wir uns der endgültigen Weltkatastrophe nähern. Dies ist eine rationale und wissenschaftlich fundierte Vision. Die Lage der ersten Christen war eine ganz andere. Sie lebten in einem kleinen Teil des Römischen Reiches, das sich auf dem Höhepunkt seiner Macht und seines Ruhmes befand. Es gab keine alarmierenden Anzeichen einer bevorstehenden Katastrophe. Dennoch war diese kleine Schar armer palästinensischer Juden überzeugt, daß diese mächtige Welt bald zusammenbrechen werde. In der realen Welt erwies sich diese Überzeugung freilich als irrig; da Jesus nicht wieder auf Erden erschien, wurden sein Tod und seine Auferstehung in den Evangelien als Beginn des neuen Zeitalters interpretiert, und nach Konstantin versuchte man, die Mittlerrolle Jesu auf die päpstliche Kirche zu übertragen. Schließlich wurde die Kirche, zwar nicht in der Theorie, aber in der Praxis, zum Ersatz für das neue Zeitalter.

Man muß das Frühchristentum ernster nehmen, als dies gemeinhin getan wird, um den fast unglaublichen Radikalismus dieser kleinen Gemeinschaft ermessen zu können, die, auf »nichts anderes« als ihre moralische Überzeugung gestützt, den Stab über die bestehende Welt brach. Die Mehrheit der Juden wählte jedoch einen anderen Weg. Sie weigerten sich zu glauben, daß eine neue Ära begonnen habe, und warteten weiterhin auf den wahren Messias, der kommen werde, wenn die Menschheit (und nicht nur die Juden) das Stadium erreicht habe, in dem es möglich ist, das Reich der Gerechtigkeit, des Friedens und der Liebe in einem historischen statt einem eschatologischen Sinn zu errichten.

Die jüngere Überlieferungsschicht von »Q« entstand in einem späteren Entwicklungsstadium des Frühchristentums. Auch hier finden wir das gleiche Prinzip, und die Geschichte von Jesu Versuchung durch den Satan drückt es in sehr deutlicher Form aus. In dieser Geschichte werden Besitz- und Machtgier als Manifestationen der Habenstruktur verurteilt. Auf die erste Versuchung, Steine in Brot zu verwandeln, die das Verlangen nach materiellen Dingen symbolisiert, antwortet Jesus: »Nicht vom Brot allein wird der Mensch leben, sondern von jedem Wort, das aus dem Munde Gottes hervorgeht.« (Matthäus 4,4; Lukas 4,4) Darauf versucht Satan Jesus mit dem Versprechen, ihm vollständige Macht über die Natur zu verleihen (das Gesetz der Schwerkraft aufzuheben) und schließlich mit uneingeschränkter Macht mit der Herrschaft über alle Königreiche der Erde. Jesus lehnt ab (Matthäus 4, 5–10; Lukas 4, 5–12). (Rainer Funk hat mich auf die Tatsache aufmerksam gemacht, daß die Versuchung in der Wüste stattfindet, wodurch das Thema des Exodus erneut aufgegriffen wird.)

Jesus und Satan erscheinen hier als Repräsentanten zweier entgegengesetzter Prinzipien. Satan ist der Vertreter des materiellen Konsums und der Macht über die Natur und den Menschen. Jesus ist die Verkörperung des Seins und der Idee, daß Nichthaben die Voraussetzung des Seins ist. Die Welt ist seit der Zeit der Evangelien den Grundsätzen des Teufels gefolgt; doch selbst der Sieg dieser Prinzipien hat die Sehnsucht nach der Verwirklichung des wahren Seins nicht auslöschen können, die Jesus und viele große Meister vor und nach ihm aussprachen.

Der ethische Rigorismus, der sich in der Ablehnung der Habenorientierung zugunsten des Seinsmodus äußert, findet sich auch bei den jüdischen Orden wie dem der Essener und jenem, aus dem die Toten-Meer-Dokumente stammen. Durch die ganze Geschichte des Christentums hat sich diese Tradition in den Mönchsorden fortgesetzt, die auf dem Gelübde von Armut und Eigentumslosigkeit beruhten. Andere Bekundungen der radikalen Ansichten des Frühchristentums findet man – in unterschiedlicher Betonung – in den Schriften der Kirchenväter, die dabei auch von den Gedanken der griechischen Philosophie zum Thema Privateigentum gegen gemeinsames Eigentum beeinflußt sind. Aus Raumgründen kann ich diese Lehren nicht in Einzelheiten behandeln und noch weniger die theologische und soziologische Literatur über diesen Gegenstand.*

Obgleich große Unterschiede im Grad der Radikalität und auch ein Nachlassen im Zuge der Wandlung der Kirche zu einer mächtigen Institution festzustellen sind, waren sich die frühen Denker der Kirche unleugbar in der scharfen Verdammung von Luxus und Habgier und der Verachtung des Reichtums einig.

Justinus schreibt Mitte des 2. Jahrhunderts: »Wir, die wir einst Reichtümer

* Siehe dazu die Beiträge von A. F. Utz, O. Schilling, H. Schumacher und anderen.

[bewegliche Güter] und Besitz [Land] über alles andere liebten, halten uns jetzt an das, was wir gemeinsam besitzen und teilen es mit den Bedürftigen.« In einem »Brief an Diognet« (2. Jahrh.) gibt es eine interessante Passage, die uns an alttestamentarische Gedanken zur Heimatlosigkeit erinnert: »Ein fremdes Land ist ihr [der Christen] Vaterland, und jedes Vaterland ist ihnen fremd.« Tertullian (3. Jahrh.) leitete allen Handel von der Habsucht ab und bestritt dessen Notwendigkeit unter Menschen, die von Gier frei sind. Er erklärt, daß der Handel immer mit der Gefahr des Götzendienstes verknüpft sei. Geiz nennt er die Wurzel allen Übels.*

Für Basilius wie für die anderen Kirchenväter ist der Zweck aller materiellen Güter, den Menschen zu dienen; charakteristisch für ihn ist die Frage: »Wer einem anderen ein Kleidungsstück wegnimmt, wird als Dieb bezeichnet; wenn jedoch einer den Armen nicht bekleidet, obwohl er es könnte – verdient dieser einen anderen Namen?« Basilius betont die ursprüngliche Gemeinsamkeit der Güter, und einige Autoren meinen, er vertrete kommunistische Tendenzen. Ich schließe diese kurze Skizze mit der Warnung des Chrysostomus (4. Jahrh.), überflüssige Güter brauchten weder erzeugt noch verbraucht zu werden: »Sage nicht: was ich gebrauche ist mein. Du gebrauchst, was dir fremd ist. Der weichliche, selbstsüchtige Gebrauch macht dein Eigenes zu etwas Fremdem; das nenne ich ein fremdes Gut, denn du benützt es mit einem verhärteten Herzen und hältst es für recht, daß du allein von deinem Besitz lebst.«

Ich könnte noch seitenweise die Ansicht der Kirchenväter zitieren, daß privates Eigentum und der egoistische Gebrauch jedes Eigentums unmoralisch sei. Jedoch zeigen schon die vorstehenden Zitate die Fortdauer der Ablehnung einer auf das Haben gerichteten Haltung vom Alten Testament über das Frühchristentum bis zu späteren Jahrhunderten. Sogar Thomas von Aquin, der die offen kommunistischen Sekten bekämpft, kommt zu dem Schluß, daß die Institution des Privateigentums nur insofern gerechtfertigt ist, als es am besten dem Zweck diene, die Wohlfahrt aller zu ermöglichen. Der klassische Buddhismus betont noch stärker als das Alte und Neue Testament, welche zentrale Bedeutung es habe, dem Begehren zu entsagen, dem Begehren nach Besitz jeder Art, einschließlich des eigenen Ego, nach einer überdauernden Substanz, ja selbst nach der eigenen Vollkommenheit.**

* Die obigen Hinweise stammen von O. Schilling; s. a. K. Farner und T. Sommerlad.

** Für ein tieferes Verständnis des Buddhismus verweise ich auf Nyanaponika Mahatera, *Geistestraining durch Achtsamkeit* und *Pathways of Buddhist Thought. Essays from the Wheel.*

Meister Eckhart (1260–1327)

Eckhart hat den Unterschied zwischen Haben und Sein mit einer Eindringlichkeit und Klarheit beschrieben und analysiert, wie sie von niemandem je wieder erreicht worden ist. Er war eine der führenden Persönlichkeiten des Dominikanerordens in Deutschland, ein gelehrter Theologe, der bedeutendste Vertreter der deutschen Mystik und ihr tiefster und radikalster Denker. Der größte Einfluß ging von seinen deutschen Predigten aus, nicht nur auf seine Zeitgenossen und Schüler, sondern auch auf deutsche Mystiker nach ihm und heute wieder auf viele Menschen, die einen Wegweiser zu einer nichttheistischen und dennoch »religiösen« Lebensphilosophie suchen.

Meine Quellen für die Eckhart-Zitate in diesem Abschnitt sind Joseph Quints große Eckhart-Ausgabe *Meister Eckhart, Die Deutschen Werke* (hier im folgenden als »Quint DW« zitiert), die kürzere Ausgabe *Meister Eckhart, Deutsche Predigten und Traktate* (in der Folge als »Quint DPT« zitiert) und die Pfeiffersche Ausgabe der Werke Eckharts. Die Werke in den DPT und den DW werden von Quint als authentisch bezeichnet. Dies ist nicht der Fall für alle Werke, die in der Pfeifferschen Ausgabe enthalten sind. Allerdings weist Quint darauf hin, daß seine Auswahl authentischer Schriften auch nur eine vorläufige ist und daß von vielen anderen Schriften sicher noch nachgewiesen wird, daß sie authentisch sind. Wenn nicht anders erwähnt, wurde hier nur zitiert, was nach Quint Eckhart zugeschrieben werden muß. Die Zahl, die hinter der Quellenangabe steht, bezieht sich auf die Numerierung der Predigten Eckharts, wie Quint sie vorgenommen hat.

Eckharts Begriff des Habens

Die klassische Quelle für Eckharts Ansichten über den Habenmodus ist seine Predigt über die Armut, die vom Text des Matthäus-Evangeliums (5, 3) ausgeht: »Selig sind die geistlich Armen; denn ihrer ist das Reich der Himmel.« Eckhart erörtert in dieser Predigt die Frage, was geistige Armut sei. Er erklärt zu Beginn, daß er nicht von *äußerer,* d. h. materieller Armut spreche, obwohl diese gut und lobenswert sei. Er möchte auf die *innere* Armut eingehen, auf jene Armut, von der im Evangelium die Rede ist.

Innere Armut definiert er so: »Das ist ein armer Mensch, der nichts *will* und nichts *weiß* und nichts *hat.*«

Wer ist dieser Mensch, der nichts *will?* Üblicherweise würden wir dies auf einen Menschen beziehen, der ein asketisches Leben gewählt hat. Aber das meint Eckhart nicht. Er schilt diejenigen, die Bedürfnislosigkeit als Bußübung und äußerlich religiöse Übung begreifen. Von Leuten mit dieser Überzeugung meint er, daß sie an ihrem selbstsüchtigen Ich festhalten. »Diese Menschen heißen heilig aufgrund des äußeren Anscheins; aber von innen sind sie Esel, denn sie erfassen nicht den eigentlichen Sinn göttlicher Wahrheit.«

Eckhart geht es um die Art von Haben-Wollen, die auch eine fundamentale Kategorie des buddhistischen Denkens ist: Gier, Habsucht und Egoismus. Buddha sah dies als Ursache des menschlichen Leidens an; nicht die Lebensfreude als solche. Wenn Eckhart davon spricht, daß man keinen Willen haben soll, so meint er damit nicht, daß man schwach sein sollte. Er redet von jener Art von Willen, der identisch ist mit der Begierde, von der man *getrieben* wird – die also recht betrachtet *kein* Wille ist. Eckhart geht so weit zu fordern, daß man nicht einmal wünschen sollte, Gottes Willen zu tun – da auch das eine Begierde sei. *Der Mensch, der nichts will, ist der Mensch, der keine Begierde nach irgend etwas hat:* dies ist die Quintessenz des Eckhartschen Begriffs von Bindungslosigkeit.

Wer ist der Mensch, der nichts *weiß?* Erhebt Eckhart einen dumpfen, unwissenden Menschen, eine ungebildete, unkultivierte Kreatur zum Ideal? Wie hätte er das gekonnt, da er selbst ein Mann großer Bildung und großen Wissens war, was er nie zu verbergen oder herabzuspielen suchte, und da sein Hauptanliegen darin bestand, die Ungebildeten zu bilden?

Was Eckhart meint, wenn er davon spricht, daß man *nichts wissen solle,* hat zu tun mit dem Unterschied zwischen dem Haben und dem *Akt der Erkenntnis,* das heißt dem Vordringen zu den Wurzeln und damit zur Ursache einer Sache. Eckhart unterscheidet sehr klar zwischen einem bestimmten Gedanken und dem *Denkprozeß.* Er hebt hervor, daß es besser sei, Gott zu erkennen, als ihn zu lieben, denn Liebe habe zu tun mit Verlangen und Absicht, während Erkennen kein besonderer Gedanke sei, sondern eher alle Hüllen abwerfe, ohne »Interesse« sei und nackt zu Gott renne, bis es ihn berühre und ihn ergreife. (Siehe die Pfeiffersche Ausgabe, nicht von Quint authentisiert.)

Aber auf einer anderen Ebene (und Eckhart spricht durchgehend auf mehreren Ebenen) geht Eckhart noch viel weiter. Er schreibt:

»Zum anderen Male ist das ein armer Mensch, der nichts *weiß*. Wir haben gelegentlich gesagt, daß der Mensch so leben sollte, daß er weder sich selber noch der Wahrheit noch Gott lebte. Jetzt aber sagen wir's anders und wollen weitergehend sagen: Der Mensch, der diese Armut haben soll, der muß so leben, daß er nicht [einmal] *weiß,* daß er weder sich selber noch der Wahrheit noch Gott lebe; er muß vielmehr so ledig sein alles Wissens, daß er nicht wisse noch erkenne noch empfinde, daß Gott in ihm lebt; mehr noch: er soll ledig sein alles Erkennens, das in ihm lebt. Denn, als der Mensch [noch] im ewigen Wesen Gottes stand, da lebte in ihm nicht ein anderes; vielmehr, was da lebte, das war er selber. So denn sagen wir, daß der Mensch so ledig sein soll seines eigenen Wissens, wie er's tat, als er [noch] nicht war, und er lasse Gott wirken, was er wolle, und der Mensch stehe ledig.« (Quint DW 52, Quint DPT 32)

Um Eckharts Standpunkt verstehen zu können, muß man sich über den eigentlichen Sinn dieser Worte klarwerden. Wenn er sagt, »ein Mensch sollte leer von seinem eigenen Wissen sein«, so meint er damit nicht, man solle vergessen, *was* man weiß, sondern *daß* man weiß. Das bedeutet, daß man sein Wissen nicht als einen Besitz ansehen soll, der einem ein Gefühl der Sicherheit und Identität verleiht; man sollte von seinem Wissen nicht »erfüllt« sein, man sollte sich nicht daran festklammern, nicht danach gieren. Wissen sollte nicht zu einem Dogma werden, das uns versklavt. All dies gehört dem Habenmodus an. Im Seinsmodus ist Wissen nichts anderes als der eindringende Denkvorgang als solcher – Denken, das nie den Wunsch verspürt, stillzustehen, um Gewißheit zu erlangen. Eckhart fährt fort:

»Die dritte Armut aber, von der ich nun reden will, die ist die äußerste Armut: es ist die, daß der Mensch nichts *hat.*

Nun gebt hier genau acht! Ich habe es [schon] oft gesagt, und große Meister sagen es auch: der Mensch solle aller Dinge und aller Werke, innerer wie äußerer, so ledig sein, daß er eine eigene Stätte Gottes sein könne, darin Gott zu wirken vermöge. Jetzt aber sagen wir anders. Ist es so, daß der Mensch ledig steht aller Kreaturen und Gottes und seiner selbst, steht es aber noch so mit ihm, daß Gott in ihm eine Stätte zum Wirken findet, so sagen wir: Solange es das noch in dem Menschen gibt, ist der Mensch [noch] nicht arm in der äußersten Armut. Denn Gott strebt für sein Wirken nicht danach, daß der Mensch eine Stätte in sich habe, darin Gott wirken könne; sondern *das* [nur] ist Armut im Geiste, wenn der Mensch *so* ledig Gottes und aller seiner Werke steht, daß Gott, dafern er in der

Seele wirken wolle, *selbst* die Stätte sei, darin er wirken will –, und dies tut er [gewiß] gern. [. . .]
So denn sagen wir, daß der Mensch so arm dastehen müsse, daß er keine Stätte sei noch habe, darin Gott wirken könne. Wo der Mensch [noch] Stätte [in sich] behält, da behält er [noch] Unterschiedenheit. Darum bitte ich Gott, daß er mich ›Gottes‹ quitt mache . . .« (Quint DW 52, Quint DPT 32)

Eckhart hätte seine Auffassung vom Nichthaben nicht radikaler formulieren können. Zunächst sollen wir frei von eigenen Dingen und Handlungen sein. Das heißt nicht, daß wir weder etwas besitzen noch daß wir nichts tun sollen; es bedeutet, daß wir an das, was wir besitzen und tun, nicht gebunden, gefesselt, gekettet sein sollen – nicht einmal an Gott.

Eckhart nähert sich dem Problem des Habens aus anderer Sicht, wenn er den Zusammenhang zwischen Besitz und Freiheit erörtert. Die Freiheit des Menschen ist in dem Maße eingeschränkt, in dem wir an Besitz, Werken und letztlich an unserem eigenen Ich hängen. Durch die Bindung an unser eigenes Ich (Quint übersetzt das mittelhochdeutsche Wort *eigenschaft* mit Ichbindung oder Ichsucht) stehen wir uns selbst im Wege und können nicht Frucht tragen, uns selbst nicht voll verwirklichen. (Quint DPT, Einleitung S. 29) Ich stimme D. Mieth vollkommen zu, wenn er schreibt, daß die Freiheit, die eine Voraussetzung für echte Produktivität ist, nichts anderes ist als die Aufgabe des eigenen Ichs, so wie Liebe im Paulinischen Sinne frei von aller Ichbindung ist. Freiheit im Sinne von Ungebundenheit und Befreitsein von der Sucht, an Dingen und am eigenen Ich festzuhalten, ist die Voraussetzung für Liebe und für produktives Sein. Laut Eckhart ist unser Ziel als Menschen, uns aus den Fesseln der Ichbindung und der Egozentrik, das heißt dem Habenmodus, zu befreien, um zum vollen Sein zu gelangen. Ich bin keinem Autor begegnet, dessen Gedanken über die Natur der Habenorientierung bei Eckhart meinem eigenen Denken so nahe kommen, wie die von Dietmar Mieth (1971). Er spricht von der »Besitzstruktur des Menschen« soviel ich sehen kann im gleichen Sinn, in dem ich vom »Habenmodus« oder der »Habenstruktur der Existenz« spreche. Auch bezieht er sich auf den Marxschen Begriff der »Expropriation«, wenn er vom Durchbruch der inneren Besitzstruktur spricht, und fügt hinzu, daß sie die radikalste Form der Expropriation sind.

Im Habenmodus der Existenz sind nicht die verschiedenen *Objekte* des Habens das Entscheidende, sondern die ganze Einstellung.

Alles und jedes kann zum Objekt der Begierde werden: Gegenstände des täglichen Lebens, Besitz, Rituale, gute Taten, Wissen und Gedanken. All diese Dinge sind nicht an sich »schlecht«, sie werden schlecht; das heißt, sie blockieren unsere Selbstverwirklichung, wenn wir uns an sie klammern, wenn sie zu Ketten werden, die unsere Freiheit einschränken.

Eckharts Begriff des Seins

Eckhart verwendet »Sein« in zwei verschiedenen, wenn auch verwandten Bedeutungen. In einem engeren, psychologischen Sinn bezeichnet er mit Sein die *wirklichen* Motivationen, die den Menschen antreiben, im Gegensatz zu seinen Taten und Meinungen für sich genommen, losgelöst von der handelnden, denkenden Person. Quint nennt Eckhart mit Recht einen »genialen Seelenanalytiker«: »Eckhart wird nicht müde, die geheimsten Bindungen des menschlichen Tuns und Lassens, die verstecktesten Regungen der Ichsucht, der Absichtlichkeit und ›Meinung‹ aufzudecken, das verzückte Schielen nach Dank und Gegengabe zu brandmarken.« (Quint DPT, Einleitung S. 29)

Diese Einsicht Eckharts in die verborgenen Motive spricht den Leser an, der Freud kennt, der die Naivität der Ansichten vor Freud und der noch immer kursierenden behavioristischen Theorien hinter sich gelassen hat, die vertreten, daß Verhalten und Meinung endgültige Daten seien, die man so wenig in ihre Bestandteile zerlegen kann, wie man das Anfang dieses Jahrhunderts vom Atom gedacht hatte. Eckhart gab seiner Ansicht an vielen Stellen Ausdruck. Charakteristisch ist, daß er warnt, die Menschen sollten nicht so sehr bedenken, was sie *tun*, sondern eher, was sie *sind*. Gewicht soll darauf liegen, gut zu *sein*, und nicht darauf, wieviel oder was zu tun ist. Wichtig sind die Fundamente, auf denen unser Tun steht. Unser Sein ist die Realität, der Geist, der uns bewegt, der Charakter, der unser Verhalten bestimmt; im Gegensatz dazu sind die Taten und Überzeugungen, die von unserem dynamischen Kern abgetrennt sind, nicht real.

Die zweite Bedeutung ist umfassender und fundamentaler: Sein ist Leben, Aktivität, Geburt, Erneuerung, Ausfließen, Verströmen, Produktivität. In diesem Sinn ist es das Gegenteil von Haben, von Ichbindung und Egoismus. Sein im Sinne Eckharts heißt aktiv sein im klassischen Sinn, als produktiver Ausdruck der dem Menschen eigenen Kräfte, es heißt nicht »geschäftig« sein im modernen Sinn. Aktivität bedeutet bei ihm »aus sich selbst ausgehen« (Quint DPT 6), was er in vielen Bildern beschreibt: Er nennt Sein einen Vorgang des »Kochens«, des »Sich-selbst-Gebärens«, etwas, das »in sich selbst und über sich selbst verfließt« (E. Benz u. a., zitiert in Quint DPT 35). Manchmal benützt er das Symbol des Laufens, um den aktiven Charakter zu beschreiben: ». . . lauf in den Frieden! Der Mensch, der sich im Laufen und in beständigem Laufen befindet, und zwar in den Frieden, der ist ein himmlischer Mensch. Der Himmel läuft beständig um, und im Laufe sucht er Frieden.« (Quint DPT 8) Eine andere Definition von Aktivität ist, wenn Eckhart sagt, daß ein aktiver, lebendiger Mensch einem Gefäß gleiche, das wächst, wenn es gefüllt und doch nie voll werde. (Siehe Meister Eckhart, Ausgabe von Franz Pfeiffer.)

Das Ausbrechen aus dem Habenmodus ist die Voraussetzung jeder echten Aktivität. In Eckharts ethischem System ist die höchste Tugend der Zustand produktiver innerer Aktivität, dessen Voraussetzung die Überwindung jeglicher Form von Ichbindung und Gier ist.

ZWEITER TEIL

Analyse des grundlegenden Unterschiedes zwischen den beiden Existenzweisen

4

WAS IST DER HABENMODUS DER EXISTENZ?

Die Erwerbsgesellschaft – die Basis des Habenmodus

Da wir in einer Gesellschaft leben, deren Existenz auf den drei Säulen Privateigentum, Profit und Macht ruht, ist unser Urteil äußerst voreingenommen. Erwerben, Besitzen und Gewinnmachen sind die geheiligten und unveräußerlichen Rechte des Individuums in der Industriegesellschaft.* Dabei spielt weder eine Rolle, woher das Eigentum stammt, noch ist mit seinem Besitz irgendeine Verpflichtung verbunden. Das Prinzip lautet: »Es geht niemand etwas an, wo und wie mein Eigentum erworben wurde oder was ich damit tue. Mein Recht ist uneingeschränkt und absolut – solange ich nicht gegen die Gesetze verstoße.«

Diese Form des Eigentums wird *Privat*eigentum genannt, weil sie andere von dessen Gebrauch und Genuß ausschließt (von lat. *privare* = berauben) und mich zu seinem Besitzer, seinem einzigen Herrn macht. Diese Form von Eigentum ist angeblich etwas Natürliches und Universelles, während sie in Wirklichkeit eher die Ausnahme als die Regel darstellt, wenn wir die gesamte menschliche Geschichte einschließlich der Prähistorie betrachten, insbesondere jene außereuropäischen Kulturen, in welchen die Wirtschaft nicht Vorrang vor allen anderen Lebensbereichen hatte. Wir stoßen da auf Begriffe wie *selbstgeschaffenes Eigentum,* das

* R. H. Tawneys *The Acquisitive Society* (1920) ist nach wie vor unübertroffen hinsichtlich seines Verständnisses des modernen Kapitalismus und der Optionen für gesellschaftliche und menschliche Veränderungen. Die Schriften Max Webers, Brentanos, Schapiros, Pascals, Sombarts und Kraus' geben zahlreiche Aufschlüsse über den Einfluß der Industriegesellschaft auf den Menschen.

ausschließlich das Ergebnis eigener Arbeit ist; *beschränktes Eigentum*, das durch die Verpflichtung limitiert ist, seinen Mitmenschen zu helfen; *funktionelles* oder *persönliches* Eigentum, zu dem sowohl Werkzeuge als auch Gebrauchsgegenstände zählen; und *Gemeineigentum* wie beispielsweise im israelischen Kibbuz, wobei die Gruppe die gemeinsamen Güter im Geiste der Brüderlichkeit teilt.

Die in der Gesellschaft geltenden Normen prägen auch den Charakter ihrer Mitglieder (»sozialer Charakter«). Sie sind in unserem Fall von dem Wunsch gekennzeichnet, Eigentum zu erwerben, um es zu behalten und zu vermehren (Profit). Doch die überwiegende Mehrheit besitzt nichts, und es stellt sich daher die komplizierte Frage, wie Menschen ohne Eigentum die Sucht entwickeln können, dieses zu erwerben und zu behalten. Wie kann man sich als Eigentümer fühlen, ohne Eigentum zu besitzen?

Wie wir alle wissen, ist die Frage nicht schwer zu beantworten. Erstens besitzen selbst die Leute, die fast nichts besitzen, *nirgend etwas,* und sie hängen an ihrer bescheidenen Habe ebensosehr wie der Vermögende an seinem Kapital. Zweitens sind sie von dem Wunsch besessen, ihren Besitz zu behalten und zu mehren, und sei es um noch so winzige Beträge (beispielsweise, indem sie da und dort ein paar Pfennige sparen). Der größte Genuß liegt überdies vielleicht nicht im Besitz von materiellen Dingen, sondern von Lebewesen. In der patriarchalischen Gesellschaft war selbst der ärmste Mann noch Eigentümer seiner Frau, seiner Kinder und seines Viehs, als deren absoluter Herr er sich fühlen durfte. Viele Nachkommen zu zeugen, war die einzige Möglichkeit, zu Menschenbesitz zu kommen und eine »Kapitalanlage« vorzunehmen, ohne dafür arbeiten zu müssen. Wenn man bedenkt, daß die Frau die ganze Last zu tragen hat, ist kaum zu leugnen, daß die Erzeugung von Nachkommenschaft im Patriarchat ein Vorgang rücksichtsloser Ausbeutung der Frauen ist. Die Mütter ihrerseits schwingen sich zu Eigentümern ihrer Kinder auf, solange diese klein sind. Das ist ein endloser Teufelskreis: Die ausgebeutete Frau beutet die kleinen Kinder aus, die Halbwüchsigen tun sich mit ihren Vätern zusammen, um die Frauen auszubeuten.

Der Wunsch nach Eigentum an Menschen in einer patriarchalischen Ordnung hat etwa sechs oder sieben Jahrtausende angedauert, und wenn sie auch zu zerbröckeln anfängt, ist sie noch keineswegs verschwunden, besonders in den ärmeren Ländern und in den unteren Klassen der reichen Länder. Die Emanzipation von Frauen, Kindern und Jugendlichen scheint von der Steigerung des Lebensstandards abzuhängen. Wenn sich die patriarchalische Form des Besitzes von Personen allmählich überholt, wie wird der Durchschnittsbürger der vollentwickelten Industriestaaten sein Verlangen stillen, Besitz anzuhäufen, zu erhalten und zu vermehren? Die Antwort liegt in der Ausdehnung des Besitzbereiches auf Freunde, Liebespartner, Gesundheit, Reisen, Kunstgegenstände, auf Gott und auf das eigene Ich. Eine hervorragende Darstellung der bürgerlichen Besitzbesessenheit hat Max Stirner gegeben. Menschen werden in Dinge verwandelt, ihr Verhältnis zueinander nimmt Besitzcharakter an. Der »Individualismus«, der im positiven Sinn Befreiung von gesellschaftlichen Fesseln bedeutet hatte, läuft im negativen Sinn auf »Selbst-Besitz« hinaus – das Recht (und die Pflicht), seine Energie in den Dienst des eigenen Erfolges zu stellen.

Das wichtigste Objekt des Besitzgefühls ist das eigene Ich. Unser Ego hat viele verschiedene Aspekte: unser Körper, unser Name, unser sozialer Status, unsere Besitztümer (einschließlich unseres Wissens), das Bild, das wir von uns selbst haben und das wir anderen vermitteln wollen. Das Ego ist eine Mischung aus realen Qualitäten wie Wissen und Können und aus bestimmten fiktiven Qualitäten, die wir um einen realen Kern herum anordnen. Das Wesentliche ist jedoch nicht so sehr der Inhalt, aus dem das Ego besteht, sondern die Tatsache, daß wir unser Ich als Ding empfinden, das wir besitzen, und daß dieses »Ding« die Basis unseres Identitätsgefühls bildet.

Bei dieser Darstellung des Besitzdenkens müssen wir einen wichtigen Umstand berücksichtigen: den Wandel, den das Verhältnis zum Besitz seit dem 19. Jahrhundert durchgemacht hat. Die früher herrschende Bindung an den Besitz scheint in den Jahrzehnten seit Ende des Ersten Weltkrieges fast völlig verschwunden zu sein. Früher hegte und pflegte man alles, was man besaß, und benützte es solange nur irgend möglich. Man kaufte, um zu »behalten«. Das Motto lautete: »Alt ist schön!« Heute kauft man, um wegzuwerfen. Verbrauchen, nicht bewahren, lautet die Devise. Ob es sich um ein Auto, ein Kleidungsstück oder ein technisches Gerät handelt, man kauft es, und nachdem man es einige Zeit benützt hat, bekommt man es satt und brennt darauf, sich das neueste Modell zuzulegen. Erwerben – vorübergehend besitzen und benützen – wegwerfen (oder wenn möglich profitabel gegen ein besseres Modell eintauschen), das ist der Kreislauf; sein Motto lautet: »Neu ist schön!«

Das auffälligste Beispiel der heutigen Konsummentalität ist der Besitz eines Autos. Unsere ganze Wirtschaft ist auf die Produktion von Automobilen ausgerichtet, und unser Leben ist weitgehend durch deren Konsum bestimmt: Unsere Epoche kann mit Recht das »Automobilzeitalter« genannt werden.

Der Besitz eines Autos erscheint denjenigen, die eines haben, als Lebensnotwendigkeit, allen übrigen, die diesen Besitz erst anstreben, als Inbegriff des Glücks, besonders in den sogenannten »sozialistischen Staaten«. Dennoch ist die Zuneigung zum eigenen Wagen nicht tief und dauerhaft, sie ist von kurzer Dauer, denn die Besitzer wechseln ihre Wagen häufig; nach ein, zwei Jahren hat man das alte Auto satt und hält Ausschau nach einem neuen, wobei möglichst ein »gutes Geschäft« dabei herausspringen soll. Das ganze Unternehmen scheint ein Spiel zu sein, in dem sogar unlautere Mittel ab und zu eine Rolle spielen, und man genießt das »gute Geschäft« fast ebenso und mehr wie das, was man am Ende dabei gewinnt: das brandneue Modell eines Wagens.

Zwischen dem Verhältnis zum Auto als Besitzobjekt und der Tatsache, daß das Interesse am jeweiligen Modell so kurzlebig ist, scheint ein eklatanter Widerspruch zu bestehen. Bei der Suche nach der Lösung dieses Rätsels muß man mehrere Faktoren berücksichtigen. Zunächst ist die Beziehung zum Auto entpersönlicht worden. Das Auto ist kein konkretes Objekt, an dem ich hänge, sondern ein Symbol meines Status, meines Ichs, eine Ausdehnung meiner Macht. Mit dem Kauf eines Autos erwerbe ich faktisch ein neues Teil-Ich. Zweitens vervielfacht sich der mit dem Erwerb verbundene Lustgewinn, wenn ich nicht alle sechs, sondern alle zwei Jahre den Wagen wechsle; der Akt des Besitzergreifens ist eine Art Defloration, eine Steigerung des Gefühls, über etwas die Kontrolle zu haben, und je öfter ich das erlebe, desto größer ist mein Triumphgefühl. Drittens bietet der Autowechsel jedesmal aufs neue die Chance, beim Tausch einen Profit zu machen, ein Wunsch, der im heutigen Menschen tief verwurzelt ist. Ein weiteres viertes Element ist von großer Bedeutung: Das Bedürfnis nach *neuen* Reizen, da die alten nach kurzer Zeit schal und uninteressant werden. In einer früheren Untersuchung *Anatomie der menschlichen Destruktivität* habe ich zwischen »aktivierenden« und »passivierenden« Reizen unterschieden und habe folgende Formulierung vorgeschlagen: »Je ›einfacher‹ (passivierender) ein Stimulus ist, um so häufiger muß er sich in bezug auf seine Intensität bzw. Art ändern; je aktivierender er ist, um so länger bleibt seine Stimulierungsfähigkeit erhalten und um so weniger ist es notwendig, ihn nach Intensität und Inhalt zu verändern.«

Der fünfte und wichtigste Faktor liegt in der Veränderung des sozialen Charakters im Laufe des letzten Jahrhunderts vom »hortenden« hin zum »marktorientierten« Charakter. Der Habenmodus verschwindet damit nicht, aber verändert sich erheblich. (Diese Entwicklung des marktorientierten Charakters behandle ich in Kapitel 7.)

Gegenüber vielen anderen Personen hat man heute ein Besitzgefühl – gegenüber dem Arzt, Zahnarzt, Anwalt, dem Chef, dem Arbeiter. Das geht aus der Tatsache hervor, daß die Menschen dazu neigen, von *ihrem* Arzt, *ihrem* Zahnarzt, *ihren* Arbeitern usw. zu sprechen. Abgesehen von Menschen gibt es eine endlose Reihe von Dingen und sogar Gefühlen, die als Eigentum erlebt werden, zum Beispiel Gesundheit und Krankheit. Leute, die über ihre Gesundheit sprechen, tun es im Gefühl des Besitzes, sie sprechen von *ihren* Krankheiten, *ihren* Operationen, *ihren* Behandlungen, *ihrer* Diät, *ihren* Medikamenten. Es ist eindeutig, daß Gesundheit und Krankheit als Besitz empfunden werden; und selbst mangelhafte Gesundheit zählt ebenso zum Besitzstand wie die Aktien eines Aktionärs, die einen Teil ihres Nominalwertes eingebüßt haben.

Auch Ideen und Überzeugungen werden zu einem Teil des persönlichen Eigentums, von dem man sich trennen kann. Selbst Gewohnheiten werden als Besitz erlebt, beispielsweise von einem Menschen, der jeden Morgen zur gleichen Zeit das gleiche Frühstück ißt und der sich durch die kleinste Veränderung dieser Routine gestört fühlt, da diese Gewohnheit zu seinem Besitz wurde, dessen Verlust seine Sicherheit bedroht.

Es mag vielen Lesern als zu negativ und einseitig erscheinen, wenn ich den Habenmodus als allgegenwärtig darstelle – mit Recht. Ich wollte zunächst die in der Gesellschaft vorherrschende Einstellung beschreiben, um ein so klares Bild wie möglich zu zeichnen. Aber dieses Bild muß durch den Hinweis zurechtgerückt werden, daß in der jungen Generation eine Tendenz vorhanden ist, die im Gegensatz zur Einstellung der Mehrheit steht. Wir können hier Konsumgewohnheiten feststellen, die nicht versteckte Formen des Aneignens und Habens sind, sondern Ausdruck echter Freude an Aktivitäten, die man gerne ausübt, ohne einen »dauernden« Gegenwert zu erwarten. Diese jungen Leute unternehmen lange und oft beschwerliche Reisen, um Musik zu hören, die ihnen gefällt, um einen Ort zu sehen, den sie sehen wollen, um Menschen zu treffen, die sie treffen wollen. Ob ihre Ziele tatsächlich so wertvoll sind, wie sie meinen, steht hier nicht zur Debatte; selbst wenn es ihnen an Ernst, gründlicher Vorbereitung oder Konzentrationsfähigkeit fehlt – diese jungen Menschen wagen es zu *sein* und fragen nicht, was sie für ihren Einsatz bekommen oder was ihnen bleibt. Sie scheinen auch viel aufrichtiger zu sein als die ältere Generation; ihre philosophischen und politischen Überzeugungen mögen oft naiv sein, aber sie polieren nicht ständig ihr Ich auf, um ein begehrenswertes »Objekt« auf dem Markt zu sein. Sie schützen ihr Image nicht, indem sie ständig bewußt oder unbewußt lügen, sie verschwenden ihre Energie nicht vorwiegend damit, die Wahrheit zu verdrängen, wie die Mehrheit das tut. Nicht selten beeindrucken sie die Älteren, die insgeheim die Fähigkeit bewundern, die Wahrheit zu sehen und zu äußern, durch ihre Ehrlichkeit. Sie gehören politischen und religiösen Gruppen aller Schattierungen an, viele von ihnen vertreten jedoch keine bestimmte Ideologie oder Doktrin und können von sich selbst sagen, daß sie bloß »auf der Suche« sind. Sie mögen sich noch nicht gefunden haben und auch kein Ziel, das ihrer Lebenspraxis Richtung gibt, aber sie streben, »sie selbst« zu sein und nicht nach Besitz und Konsum.

Dieses positive Bild bedarf jedoch der Qualifizierung. Viele dieser gleichen jungen Leute (und ihre Gesamtzahl ist seit den späten sechziger Jahren merklich zurückgegangen) haben den Sprung von der »Freiheit von« zur »Freiheit zu« nicht geschafft. Sie rebellierten nur, ohne nach einem Ziel zu suchen, auf das sie sich hinbewegen konnten, außer dem Wunsch, frei von Restriktionen und Abhängigkeiten zu sein. Wie ihre bürgerlichen Eltern folgten sie der Devise, daß nur das Neue schön sei, und entwikkelten ein fast phobisches Desinteresse an jeglicher Tradition und dem Denken der bedeutendsten Köpfe, die die Menschheit hervorgebracht hat. In einer Art von naivem Narzißmus glaubten sie, alles Entdeckenswerte selbst entdecken zu können. Im Grunde bestand ihr Ideal darin, wieder kleine Kinder zu werden, und Autoren wie Herbert Marcuse steuerten die willkommene Ideologie bei, Rückkehr zur Kindheit – nicht Entwicklung zur Reife – sei das Endziel des Sozialismus und der Revolution. Sie waren glücklich, solange sie jung waren und ihre Euphorie anhielt; doch viele sind aus dieser Periode mit einem Gefühl tiefer Enttäuschung hervorgegangen, ohne zu fundierten Überzeugungen gelangt zu sein und ein Zentrum in sich selbst gefunden zu haben. Sie enden schließlich als verbitterte, apathische Menschen – oder als unglückliche Fanatiker der Zerstörung.

Nicht alle, die mit großen Hoffnungen begonnen haben, endeten in Enttäuschung, aber ihre Zahl ist leider nicht abschätzbar. Meines Wissens gibt es weder zuverlässige statistische Angaben noch fundierte Schätzungen, und selbst wenn solche Daten existierten, wäre es äußerst schwierig, die Motive des einzelnen zu erkennen. Millionen von Menschen in Amerika und Europa suchen heute Kontakt zu Traditionen und Lehrmeistern, die ihnen den richtigen Weg zeigen sollen. Doch ein großer Teil dieser Heilslehren und ihrer Verkünder sind entweder betrügerisch oder disqualifizieren sich selbst durch die ihnen anhaftende Public-Relations-Mentalität, oder sie sind verquickt mit den finanziellen und Prestigeinteressen der sie verbreitenden Gurus. Manche Gläubige mögen trotz des Schwindels einen echten Nutzen aus den angebotenen Methoden ziehen, andere praktizieren sie ohne ernsthafte Bereitschaft zu innerer Veränderung. Doch die Zahl der Anhänger der neuen Heilslehren könnte nur durch eine detaillierte quantitative und qualitative Analyse der verschiedenen Gruppen eruiert werden.

Meiner persönlichen Einschätzung nach handelt es sich bei den jungen (und zum Teil auch älteren) Leuten, die ernsthaft bemüht sind, vom Haben- zum Seinsmodus überzugehen, nicht bloß um einige versprengte Individuen. Ich glaube, daß sich eine ziemlich große Zahl von Gruppen und einzelnen in diese Richtung bewegt und daß ihnen historische Bedeutung zukommt. Sie repräsentieren einen neuen Trend, der die Habenorientierung der Mehrheit transzendiert. Es wäre nicht das erste Mal in der Geschichte, daß eine Minorität den Kurs anzeigt, den die historische Entwicklung nehmen wird, und das Vorhandensein dieser Minorität ist einer der Faktoren, die hoffen lassen, daß es zu einer allgemeinen Abkehr von der heute vorherrschenden Lebenseinstellung vom Haben zum Sein hin kommen könnte. Diese Hoffnung ist um so realer, als es sich bei einigen der Faktoren, die diese neue Orientierung begünstigten, um historische Veränderungen handelt, die kaum reversibel erscheinen: der Zusammenbruch der patriarchalischen Herrschaft über die Frauen und der Herrschaft der Eltern über die Kinder. Während die politische Revolution des 20. Jahrhunderts, die Russische Revolution, als gescheitert gelten muß (es ist noch zu früh, um ein endgültiges Urteil über die Chinesische Revolution zu fällen) sind die siegreichen Revolutionen unseres Jahrhunderts, obwohl sie sich erst im Anfangsstadium befinden, die der Frauen und der Kinder sowie die sexuelle Revolution. Ihre Forderungen wurden bereits vom Bewußtsein der Mehrheit akzeptiert, und die alten Ideologien werden mit jedem Tag lächerlicher.

Das Wesen des Habens

Der Habenmodus der Existenz leitet sich vom Charakter des Privateigentums ab. In dieser Existenzform zählt einzig und allein die Aneignung und mein uneingeschränktes Recht, das Erworbene zu behalten. Dieser Modus schließt andere aus und verlangt mir keine weiteren Anstrengungen ab, um meinen Besitz zu behalten bzw. produktiven Gebrauch davon zu machen. Es ist die Haltung, die im Buddhismus als Gier, in der jüdischen und der christlichen Religion als Habsucht bezeichnet wird; sie verwandelt alle und alles in tote, meiner Macht unterworfene Objekte.
Der Satz »ich habe etwas« drückt die Beziehung zwischen dem Subjekt, *ich* (oder er, du, wir, sie) und dem Objekt, *O,* aus. Er impliziert, daß sowohl Subjekt als auch Objekt dauerhaft sind. Aber sind sie es wirklich? Ich werde sterben; ich kann meine gesellschaftliche Stellung verlieren, die garantiert, daß ich etwas habe. Auch das Objekt ist nicht von Dauer: es kann zerstört werden oder verlorengehen oder seinen Wert verlieren. Die Aussage, etwas auf Dauer zu besitzen, beruht auf der Illusion einer unvergänglichen, unzerstörbaren Substanz. Wenn ich alles zu haben scheine, habe ich in Wirklichkeit – nichts, denn mein Haben, Besitzen, Beherrschen eines Objekts ist nur ein flüchtiger Moment im Lebensprozeß.
In letzter Konsequenz drückt die Aussage, »ich (Subjekt) habe O (Objekt)«, eine Definition meines Ichs durch meinen Besitz des Objekts aus. Das Subjekt bin nicht *ich,* sondern *ich bin, was ich habe.* Mein Eigentum konstituiert mich und meine Identität. Der Gedanke, der der Aussage »ich bin ich« zugrunde liegt, ist *ich bin ich, weil ich X habe;* X = alle natürlichen Objekte und Personen, zu denen ich kraft meiner Macht, sie zu beherrschen und mir dauerhaft anzueignen, in Beziehung stehe.
Im Habenmodus gibt es keine lebendige Beziehung zwischen mir und dem, was ich habe. Es und ich sind Dinge geworden, und ich habe *es,* weil ich die Möglichkeit habe, es mir anzueignen. Aber es besteht auch die umgekehrte Beziehung: *es hat mich,* da mein Identitätsgefühl bzw. meine psychische Gesundheit davon abhängt, es (und so viele Dinge wie möglich) zu haben. Der Habenmodus wird nicht durch einen lebendigen, produktiven Prozeß zwischen Subjekt und Objekt hergestellt; er macht Subjekt und Objekt zu Dingen. Die Beziehung ist tot, nicht lebendig.

Haben – Gewalt – Rebellion

Die Tendenz, ihrer eigenen Natur entsprechend zu wachsen, ist allen Lebewesen gemein. Daher leisten wir jedem Versuch Widerstand, uns daran zu hindern, in der unserer Struktur gemäßen Weise zu wachsen. Um diesen Widerstand zu brechen, der bewußt oder unbewußt sein kann, ist physische oder geistige Gewalt nötig. Leblose Objekte widersetzen sich in verschiedenem Maß der Veränderung ihrer physikalischen Zusammensetzung durch die ihrer atomaren bzw. molekularen Struktur inhärente Energie. Aber sie wehren sich nicht dagegen, benützt zu werden. Die Anwendung heteronomer Gewalt gegen Lebewesen (d. h. der Druck, der auf uns ausgeübt wird, um uns in Richtungen zu zwingen, die unserer Struktur widersprechen und unserem Wachstum schaden) ruft Widerstand aller Art hervor, von offenem, wirksamem, direktem, aktivem Widerstand bis zu indirektem, ineffektivem und sehr häufig unbewußtem Widerstand.

Eingeschränkt wird die freie, spontane Willensäußerung des Säuglings, des Kindes, des Jugendlichen und schließlich des Erwachsenen, sein Verlangen nach Wissen und Wahrheit, sein Wunsch nach Zuneigung. Der im Wachstum begriffene Mensch wird gezwungen, die meisten seiner autonomen, echten Wünsche und Interessen und seinen eigenen Willen aufzugeben und einen Willen, Wünsche und Gefühle anzunehmen, die nicht aus ihm selbst kommen, sondern ihm durch die gesellschaftlichen Denk- und Empfindungsmuster aufgenötigt werden. Die Gesellschaft und die Familie als deren psychosoziale »Agentur« haben ein schwieriges Problem zu lösen: *Wie breche ich den Willen eines Menschen, ohne daß dieser es merkt?* Durch einen komplizierten Prozeß der Indoktrinierung, durch ein System von Belohnungen, Strafen und entsprechender Ideologie wird diese Aufgabe im großen und ganzen jedoch so gut gelöst, daß die meisten Menschen glauben, ihrem eigenen Willen zu folgen, ohne sich bewußt zu sein, daß dieser konditioniert und manipuliert wurde.

Die größte Schwierigkeit bei dieser Unterdrückung des Willens besteht hinsichtlich der Sexualität, da wir es hier mit einem starken natürlichen Trieb zu tun haben, der weniger leicht zu manipulieren ist als viele andere Wünsche. Aus diesem Grund wurde die Sexualität heftiger bekämpft als fast jedes andere menschliche Verlangen. Es erübrigt sich, die verschiedenen Formen von Diffamierung der Geschlechtlichkeit aufzuzählen, von moralischer Verteufelung (Sex ist schlecht) bis zu gesundheitlichen Argumenten (Masturbation ist schädlich). Die Kirche verbietet die Geburtenkontrolle im Grunde nicht deshalb, weil sie um die Heiligkeit des Lebens besorgt ist (eine Besorgnis, die zur Ablehnung der Todesstrafe und einer Verdammung des Krieges führen würde), sondern um die Sexualität zu verunglimpfen, sofern sie nicht der Fortpflanzung dient.

Alle Anstrengungen zur Unterdrückung der Sexualität müßten schwer verständlich bleiben, wenn es nur um Sexualität an sich ginge. Aber nicht darum geht es, sondern das Brechen des menschlichen Willens ist der Grund, weshalb die Sexualität so verteufelt wird. Eine große Zahl der sogenannten primitiven Kulturen hat keinerlei sexuelle Tabus. Da sie ohne Ausbeutung und Unterdrückung leben, brauchen sie nicht den Willen des Individuums zu brechen. Sie können es sich leisten, Sex nicht zu stigmatisieren und sexuelle Beziehungen ohne Schuldgefühle zu genießen. Das Bemerkenswerte ist, daß die sexuelle Freiheit in diesen Gesellschaften nicht zu sexuellen Exzessen führt, sondern daß sich nach einer Periode relativ kurzfristiger sexueller Beziehungen Paare zusammentun, die kein Verlangen nach Partnertausch haben, die aber ungehindert auseinandergehen können, sobald die Liebe erlischt. Freude an der Sexualität ist bei diesen nicht besitzorientierten Kulturen ein Ausdruck des Seins, nicht das Resultat sexueller Possessivität. Ich will damit nicht implizieren, daß wir zur Lebensweise dieser primitiven Gesellschaften zurückkehren sollten. Selbst wenn wir das wollten, könnten wir es nicht, aus dem einfachen Grund, weil der Prozeß der Individuation und individuellen Differenzierung bzw. Distanzierung, den die Zivilisation mit sich brachte, der Liebe eine andere Qualität verliehen hat als diese in den primitiven Gesellschaften hatte. Wir können uns nur weiterentwickeln, nicht regredieren.

Worauf es ankommt, ist die Tatsache, daß neue Formen der Besitzlosigkeit die sexuelle Gier beseitigen werden, die für alle Haben-Gesellschaften charakteristisch ist.

Aber das Brechen sexueller Tabus führt nicht an sich zu größerer Freiheit; die Rebellion ertrinkt gewissermaßen in der sexuellen Befriedigung und den darauffolgenden Schuldgefühlen. Nur die Erreichung innerer Unabhängigkeit öffnet die Tür zur Freiheit und beseitigt den Drang nach fruchtloser Auflehnung, die nicht über den sexuellen Bereich hinausgeht. Dasselbe gilt für alle anderen Versuche, die Freiheit wiederzuerlangen, indem man das Verbotene tut. *Tabus erzeugen zwar Sexbesessenheit und Perversionen, aber Sexbesessenheit und Perversionen machen nicht frei.*

Die Rebellion des Kindes manifestiert sich auf viele Arten: indem das Kind die Gebote der Reinlichkeitserziehung mißachtet; indem es zuwenig oder zuviel ißt; sowie durch Aggressivität, Sadismus und selbstzerstörerisches Verhalten verschiedenster Art. Oft zeigt sich die Rebellion in Form eines allgemeinen »Trägheitsstreiks« – Abzug des Interesses von der Welt, Faulheit und Passivität bis hin zu den pathologischsten Varianten langsamer Selbstzerstörung. (Über die Folgen des Machtkampfes zwischen Eltern und Kindern vgl. David E. Schecter, »Infant Development«.) Alle Anzeichen deuten darauf hin, daß *heteronomes Eingreifen in die Wachstumsprozesse des Kindes und des Erwachsenen die tiefste Ursache geistig-seelischer Störungen, speziell der Destruktivität, ist.*

Es sollte klar sein, daß Freiheit nicht laissez-faire ist oder Willkür. Wie jede andere Spezies hat auch der Mensch seine spezifische Struktur und kann nur in Übereinstimmung mit dieser wachsen. Unter Freiheit verstehe ich nicht Freiheit *von* allen Leitprinzipien, sondern Freiheit, der Struktur der menschlichen Existenz entsprechend *zu wachsen* (autonome Restriktionen). Das bedeutet Gehorsam gegenüber den Gesetzen, die die optimale menschliche Entwicklung gewährleisten. Jede Autorität, die dieses Ziel fördert, ist eine »rationale Autorität«, wenn diese Förderung darin besteht, die Aktivität des Kindes zu mobilisieren und seine Fähigkeit zu kritischem Denken und seinen Glauben an das Leben zu stärken. Um »irrationale Autorität« handelt es sich hingegen, wenn dem Kind heteronome Normen aufgezwungen werden, die den Interessen der Autorität, nicht jenen des Kindes dienen.

Der Habenmodus der Existenz, die auf Eigentum und Profit ausgerichtete Orientierung, gebiert zwangsläufig das Verlangen nach Macht, ja die Abhängigkeit von Macht. Es ist Gewaltanwendung nötig, um den Widerstand eines Lebewesens zu brechen, das man beherrschen möchte. Der Besitz von Privateigentum erfordert Macht, um es vor jenen zu schützen, die es uns wegnehmen wollen, denn genau wie wir bekommen auch sie nie genug; der Wunsch, Privateigentum zu haben, erweckt den Wunsch in uns, Gewalt anzuwenden, um andere offen oder heimlich zu berauben. Im Habenmodus findet der Mensch sein Glück in der Überlegenheit gegenüber anderen, in seinem Machtbewußtsein und in letzter Konsequenz in seiner Fähigkeit, zu erobern, zu rauben und zu töten. Im Seinsmodus liegt es im Lieben, Teilen, Geben.

Weitere Faktoren, die den Habenmodus festigen

Die *Sprache* ist ein gewichtiger, die Habenorientierung stärkender Faktor. Der Name eines Menschen – und wir alle haben Namen (und vielleicht bald Nummern, wenn sich der gegenwärtige Trend zur Depersonalisierung fortsetzt) – ruft die Illusion hervor, daß es sich um ein unsterbliches Wesen handle. Der Name wird zum Äquivalent des Menschen; er demonstriert, daß der Mensch eine bleibende, unzerstörbare Substanz und nicht ein Prozeß ist. Wie schon vorher bemerkt, haben Hauptworte die gleiche Funktion: Liebe, Stolz, Haß, Freude, erwecken den Anschein, als handle es sich um feste Substanzen; aber hinter solchen Substantiven steht keine Realität, sie vernebeln nur die Einsicht, daß wir es mit Prozessen zu tun haben, die im Menschen ablaufen. Selbst Hauptwörter, die *Dinge* bezeichnen, wie »Tisch« oder »Lampe«, sind irreführend. Sie implizieren, daß wir von festen Substanzen sprechen, obwohl Dinge in Wirklichkeit Energieprozesse sind, die in unserem physischen System bestimmte Empfindungen hervorrufen. Aber diese Empfindungen sind nicht *Wahrnehmungen* bestimmter Dinge wie eines Tisches oder einer Lampe; unsere Wahrnehmungen sind das Ergebnis eines kulturellen Lernprozesses, der bewirkt, daß gewisse Empfindungen die Form bestimmter Wahrnehmungen annehmen. Wir glauben naiverweise, daß Gegenstände wie Tisch und Lampe als solche existieren, und übersehen dabei, daß uns die Gesellschaft lehrt, körperliche Empfindungen in Wahrnehmungen umzuwandeln, die uns gestatten, unsere Umwelt (und uns selbst) zu manipulieren, um in der jeweiligen Kultur überleben zu können. Sobald wir solchen Wahrnehmungen einen Namen gegeben haben, scheint dieser deren endgültige und unveränderliche Realität zu garantieren.

Das Bedürfnis, zu besitzen, hat noch eine weitere Ursache: *den biologisch bedingten Wunsch, zu leben.* Ob wir glücklich oder unglücklich sind, unser Körper drängt uns, nach *Unsterblichkeit* zu streben. Aber da wir aus Erfahrung wissen, daß wir sterben werden, suchen wir nach Lösungen, die uns die Illusion vermitteln, daß wir der empirischen Evidenz zum Trotz unsterblich sind. Dieser Wunsch hat viele Gestalten angenommen: der Glaube der Pharaos, daß ihre in den Pyramiden bestatteten Leichname unsterblich seien; viele religiöse Phantasien vom Leben nach dem Tode, in den glücklichen Jagdgründen der Jägergesellschaften; das Paradies des Christenstums und des Islam. Seit dem 18. Jahrhundert sind in unserer

Gesellschaft »Geschichte« und »Zukunft« zum Ersatz für den christlichen Himmel geworden. Ruhm, Berühmtheit und selbst Berüchtigtsein – kurz alles, was eine Fußnote in den Geschichtsbüchern zu garantieren scheint – stellt ein Stück Unsterblichkeit dar. Die Sehnsucht nach Ruhm ist mehr als bloße irdische Eitelkeit – sie hat für alle, die nicht mehr an das traditionelle Jenseits glauben, einen religiösen Aspekt. (Dies fällt besonders bei Politikern auf.) Publicity ebnet den Weg zur Unsterblichkeit und die Manager der Werbung werden die neuen Priester.

Aber mehr als alles andere befriedigt vielleicht der Besitz von Eigentum das Verlangen nach Unsterblichkeit, und aus diesem Grund ist die Habenorientierung so mächtig. Wenn sich mein *Selbst* durch die Dinge konstituiert, die ich *besitze*, dann bin ich unsterblich, wenn diese unzerstörbar sind. Vom alten Ägypten bis in unsere Zeit – von physischer Unsterblichkeit durch die Mumifizierung des Körpers bis zur rechtlichen Unsterblichkeit durch einen »Letzten Willen« – sind die Menschen über ihre physische Lebensspanne hinaus »lebendig« geblieben. Durch den »Letzten Willen« lege ich gesetzlich für die kommenden Generationen fest, was mit meinem Eigentum zu geschehen hat und wie es genutzt werden soll. Durch den Mechanismus der Erbschaftsgesetze *bin ich* – sofern ich Kapitaleigner bin – unsterblich geworden.

Habenmodus und analer Charakter

Zum besseren Verständnis des Habenmodus sei auf eine der bedeutsamsten Erkenntnisse Freuds verwiesen. Er entdeckte, daß alle Kinder nach einer Phase rein passiver Rezeptivität, gefolgt von einem Stadium aggressiv einverleibender Rezeptivität vor dem Erwachsenwerden eine Phase durchmachen, die er als die *analerotische* bezeichnete. Diese Phase bleibt, wie Freud entdeckte, oft für die Entwicklung eines Menschen bestimmend und führt dann zur Entstehung des *analen Charakters,* der dadurch gekennzeichnet ist, daß der Mensch seine Hauptenergie auf den Besitz, das Sparen und Horten von Geld und materiellen Dingen ebenso wie von Gefühlen, Gesten, Worten richtet. Es ist die Charakterstruktur des Geizigen, gewöhnlich in Verbindung mit einem überdurchschnittlichen Maß an Ordnungsliebe, Pünktlichkeit und Trotz. Ein wichtiger Aspekt des Freudschen Konzepts ist der symbolische Zusammenhang zwischen Geld und Fäzes – Gold und Dreck – wofür er eine Reihe von Beispielen anführt. Freuds Auffassung, daß der anale Charakter nicht das Stadium der Reife erreicht habe, ist in der Tat eine scharfe Kritik der bürgerlichen Gesellschaft des 19. Jahrhunderts, in der die Wesenszüge des analen Charakters die Normen des moralischen Verhaltens konstituierten und als Ausdruck der »menschlichen Natur« angesehen wurden. Freuds Gleichung: Geld = Fäzes ist eine implizierte, wenn auch unbeabsichtigte Kritik des Funktionierens der bürgerlichen Gesellschaft und ihrer Habgier und kann mit Marx' Erörterungen der Rolle des Geldes in seinen *Ökonomisch-Philosophischen Manuskripten* verglichen werden.

Es ist in diesem Zusammenhang unerheblich, daß Freud eine bestimmte Phase der Libidoentwicklung für primär und die Charakterbildung für sekundär hielt (während letztere meines Erachtens das Produkt der zwischenmenschlichen Konstellation in den ersten Lebensjahren und vor allem der auf sie einwirkenden gesellschaftlichen Bedingungen ist). Worauf es ankommt, ist Freuds Auffassung, daß *das Vorherrschen der Besitzorientierung kennzeichnend für die Periode vor dem Erreichen der vollständigen Reife sei und als pathologisch angesehen werden müsse, wenn sie im späteren Leben dominierend bleibt.* Mit anderen Worten, für Freud ist der ausschließlich mit Haben und Besitz beschäftigte Mensch psychisch krank und neurotisch; daraus folgt, daß eine Gesellschaft, in der die anale Charakterstruktur überwiegt, krank zu nennen ist.

Askese und Gleichheit

Ein großer Teil der moralischen und politischen Diskussion kreiste stets um die Frage: Haben oder Nichthaben? Auf moralisch-religiöser Ebene bedeutete das die Alternative zwischen asketischer und nichtasketischer Lebensweise, wobei unter letzterer sowohl produktives Vergnügen als auch unbegrenzter Genuß verstanden wurde. Diese Alternative wird weitgehend bedeutungslos, wenn man den Akzent nicht auf einzelne Handlungen, sondern auf die ihnen zugrunde liegende Einstellung legt. Die Askese mit ihrem ständigen Kreisen um Verzicht und Entsagen ist möglicherweise nur die Kehrseite eines heftigen Verlangens nach Besitz und Konsum. Der Asketiker mag diese Wünsche verdrängt haben, aber faktisch beschäftigt er sich gerade durch sein Bestreben, Besitz und Konsum zu unterdrücken, unausgesetzt mit diesen. Solches Leugnen durch Überkompensieren ist, wie die psychoanalytischen Erfahrungen zeigen, sehr häufig. Als Beispiele könnte man fanatische Vegetarier anführen, die destruktive Impulse verdrängen; fanatische Abtreibungsgegner, die ihre Mordgelüste verdrängen; sowie Tugendfanatiker, die ihre eigenen »sündigen« Neigungen nicht wahrhaben wollen. Es kommt dabei weniger auf die jeweiligen Überzeugungen an als auf den Fanatismus, mit dem sie vertreten werden. Jeder Fanatismus legt den Verdacht nahe, daß er dazu dient, andere, und gewöhnlich die entgegengesetzten Impulse zu verdecken.

Auf ökonomischem und politischem Gebiet ist die Alternative zwischen schrankenloser Ungleichheit und absoluter Gleichheit des Einkommens ebenso irrig. Wenn es nur funktionalen und zum persönlichen Gebrauch bestimmten Besitz gibt, dann wirft es kein gesellschaftliches Problem auf, ob der eine etwas mehr als der andere hat, denn da Besitz unwesentlich ist, gedeiht der Neid nicht. Auf der anderen Seite verraten jene, die Gerechtigkeit im Sinn absolut gleicher Verteilung aller Güter fordern, daß ihre Habenorientierung ungebrochen ist und daß sie sie lediglich durch ihre Versessenheit auf völlige Gleichheit verleugnen. Hinter dieser Forderung ist ihre wahre Motivation erkennbar: Neid. Wer darauf besteht, daß niemand mehr haben dürfe als er selbst, schützt sich auf diese Weise vor dem Neid, den er empfände, wenn irgend jemand auch nur ein Quentchen mehr besäße als er. Worauf es ankommt, ist, daß Luxus und Armut ausgerottet werden; Gleichheit braucht nicht quantitativ gleiche Verteilung aller vorhandenen materiellen Güter zu bedeuten, sondern die Abschaffung von Einkommensunterschieden, die so gewaltig sind, daß sie in den verschiedenen sozialen Schichten zu verschiedenen Lebenserfahrungen führen. In den Ökonomisch-Philosophischen Manuskripten hat Marx auf diesen Aspekt im sogenannten »rohen Kommunismus« hingewiesen, der »die Persönlichkeit des Menschen überall negiert«. Diese Art von Kommunismus »ist nur die Vollendung dieses Neides und dieser Nivellierung von dem vorgestellten Minimum aus«.

Existentielles Haben

Um den Habenmodus besser verstehen zu können, von dem hier die Rede ist, erscheint eine weitere Abgrenzung nötig, nämlich gegenüber der Funktion des *existentiellen Habens*; um überleben zu können, erfordert die menschliche Existenz, daß wir bestimmte Dinge haben, behalten, pflegen und gebrauchen. Dies gilt für unseren Körper, für Nahrung, Wohnung, Kleidung und für die Werkzeuge, die zur Befriedigung unserer Grundbedürfnisse vonnöten sind. Diese Form des Habens kann man als existentielles Haben bezeichnen, da es in der menschlichen Existenz begründet ist. Es ist ein rational gelenkter Impuls, der dem Überleben dient – im Gegensatz zum *charakterbedingten Besitztrieb*, mit dem wir uns bisher befaßt haben. Dieser leidenschaftliche Hang, sich Dinge anzueignen und zu behalten, ist nicht angeboren, sondern hat sich durch die Einwirkung der gesellschaftlichen Bedingungen auf die biologisch determinierte Spezies Mensch entwickelt.

Existentielles Haben gerät nicht in Konflikt mit dem Sein, wohl aber charakterbedingtes Haben. Selbst der »Gerechte« und der »Heilige« muß, insofern er Mensch ist, im existentiellen Sinn haben wollen – während der Durchschnittsmensch im existentiellen *und* im charakterologischen Sinn haben will. (Vgl. die frühere Erörterung existentieller und charakterologischer Dichotomien in *Psychoanalyse und Ethik.*)

5

WAS IST DER SEINSMODUS?

Die meisten von uns wissen mehr über den Habenmodus als über den Seinsmodus, weil Haben der weit häufiger erlebte Modus in unserer Gesellschaft ist. Aber es gibt einen anderen und noch wichtigeren Grund, warum es so schwierig ist, den Seinsmodus zu definieren; das ist die Natur des Unterschieds zwischen den beiden Existenzweisen.

Haben bezieht sich auf *Dinge*, und Dinge sind konkret und *beschreibbar*. Sein bezieht sich auf *Erlebnisse*, und diese sind im Prinzip nicht beschreibbar. Durchaus beschreibbar ist die *Persona*, die Maske, die wir alle tragen, denn diese Persona ist selbst ein Ding. Aber im Gegensatz dazu ist der lebendige Mensch kein totes Bildwerk und kann nicht wie ein Ding beschrieben werden. Eigentlich kann man ihn überhaupt nicht beschreiben. Freilich kann viel über mich ausgesagt werden, über meinen Charakter, meine ganze Lebenseinstellung. Diese Einsichten können viel zum Verständnis meiner eigenen psychischen Struktur und der anderer beitragen. Aber mein gesamtes Ich, meine Individualität in allen ihren Ausformungen, mein So-sein, das so einmalig ist wie meine Fingerabdrücke, ist niemals vollkommen erfaßbar, nicht einmal auf dem Wege der Einfühlung, denn es gibt keine zwei Menschen, die vollkommen identisch sind.* Nur durch den Prozeß lebendigen Aufeinander-Bezogenseins überwinden der andere und ich die Schranken unseres Getrenntseins, solange wir beide am Tanz des Lebens teilnehmen. Volle gegenseitige Identifikation kann jedoch nie erreicht werden.

* Dies ist die Grenze, an die auch die beste Psychologie stößt. Ich habe dies eingehend erörtert und »negative Psychologie« und »negative Theologie« verglichen in dem Aufsatz »Über die Grenzen und Gefahren der Psychologie«.

Selbst ein einzelnes Verhaltenspartikel ist nicht erschöpfend beschreibbar. Man könnte seitenlang über das Lächeln der Mona Lisa schreiben, ohne das abgebildete Lächeln in Worte eingefangen zu haben, aber nicht weil es so »geheimnisvoll« ist. Das Lächeln eines jeden Menschen ist geheimnisvoll (sofern es sich nicht um das angelernte, synthetische, vermarktete Lächeln handelt). Niemand kann den Ausdruck des Interesses, der Begeisterung, der Liebe zum Leben, des Hasses oder des Narzißmus beschreiben, der sich in den Augen spiegelt, oder in der Vielfalt des Mienenspiels, des Ganges, der Körperhaltung und des Tonfalls eines Menschen.

Aktives Sein

Die Voraussetzungen für den Seinsmodus sind Unabhängigkeit, Freiheit und das Vorhandensein kritischer Vernunft. Sein wesentlichstes Merkmal ist die Aktivität, nicht im Sinne von Geschäftigkeit, sondern im Sinne innerer Aktivität, dem produktiven Gebrauch menschlicher Fähigkeiten. ein heißt, seinen Anlagen, seinen Talenten, dem Reichtum menschlicher Gaben Ausdruck zu verleihen, mit denen jeder – wenn auch in verschiedenem Maß – ausgestattet ist. Es bedeutet, sich selbst zu erneuern, zu wachsen, sich zu verströmen, zu lieben, das Gefängnis des eigenen isolierten Ichs zu transzendieren, sich zu interessieren, zu geben. Keines dieser Erlebnisse ist jedoch vollständig in Worten wiederzugeben. Worte sind Gefäße, die wir mit Erlebnissen füllen, doch diese quellen über das Gefäß hinaus. Worte weisen auf Erleben hin, sie sind nicht mit diesem identisch.

In dem Augenblick, in dem ich ein Erlebnis vollständig in Gedanken und Worte umsetze, verflüchtigt es sich; es verdorrt, erlischt, wird zum bloßen Gedanken. Daher ist Sein nicht mit Worten beschreibbar und nur durch gemeinsames Erleben kommunizierbar. In der Habenstruktur herrscht das tote Wort, in der Seinsstruktur die lebendige Erfahrung, für die es keinen Ausdruck gibt. (Natürlich zählt auch das lebendige und produktive Denken zum Seinsmodus.)

Vielleicht kann die Seinsstruktur am besten durch ein Symbol verdeutlicht werden, das ich Max Hunziger verdanke: Ein blaues Glas erscheint blau, weil es alle andern Farben absorbiert und sie so nicht passieren läßt.

Das heißt, wir nennen ein Glas blau, weil es das Blau gerade nicht in sich behält. Es ist nicht nach dem benannt, was es besitzt, sondern nach dem, was es verströmt.
Nur in dem Maße, in dem wir den Modus des Habens bzw. des Nichtseins abbauen (das heißt aufhören, Sicherheit und Identität zu suchen, indem wir uns an das anklammern, was wir haben, indem wir es »be-sitzen«, indem wir an unserem Ich und unserem Besitz festhalten), können wir uns dem Seinsmodus nähern. Um zu »sein«, müssen wir unsere Egozentrik und Selbstsucht aufgeben bzw. uns »arm« und »leer« machen, wie es viele Mystiker oft ausdrücken.
Aber den meisten Menschen fällt es zu schwer, ihre Habenorientierung aufzugeben; jeder derartige Versuch erfüllt sie mit tiefer Angst; sie haben das Gefühl, auf jegliche Sicherheit zu verzichten, als würden sie ins Meer geworfen, ohne schwimmen zu können. Sie wissen nicht, daß sie erst dann beginnen können, ihre eigenen Fähigkeiten zu gebrauchen und aus eigener Kraft zu gehen, wenn sie die Krücken des Eigentums weggeworfen haben. Was sie zurückhält, ist die Illusion, daß sie nicht allein gehen könnten und zusammenbrechen würden, wenn ihr Besitz sie nicht stützte.

Aktivität und Passivität

Sein im oben beschriebenen Sinn impliziert die Fähigkeit zur Aktivität; Passivität schließt Sein aus. Die Worte »aktiv« und »passiv« gehören jedoch zu den mißverständlichsten Begriffen, da sich ihre heutige Bedeutung grundlegend von jener unterscheidet, die sie in der klassischen Antike, im Mittelalter und in der Zeit nach der Renaissance hatten. Daraus folgt, daß wir zunächst die Begriffe der Aktivität und Passivität klären müssen, um den Begriff des Seins verstehen zu können.
Im modernen Sprachgebrauch wird Aktivität gewöhnlich als Verhaltensweise definiert, bei der durch Aufwendung von Energie eine sichtbare Wirkung erzielt wird. So werden beispielsweise der Bauer, der sein Land bestellt, der Arbeiter am Fließband, der Vertreter, der den Kunden zum Kauf überredet, der Anleger, der Geld investiert, der Arzt, der seinen Patienten behandelt, der Postbeamte, der Briefmarken verkauft und der Bürokrat, der Akten ablegt, als aktiv bezeichnet. Einige dieser Tätigkeiten mögen mehr Interesse und Konzentration als andere erfordern; aber

das ändert nichts in bezug auf die »Aktivität«; Aktivität ist allgemein gesprochen *gesellschaftlich anerkanntes, zielgerichtetes Verhalten, das entsprechende gesellschaftlich nützliche Veränderungen bewirkt.*

Aktivität im modernen Sinn bezieht sich nur auf Verhalten, nicht auf die Person, die sich in einer bestimmten Weise verhält. Es wird nicht differenziert, ob ein Mensch aktiv ist, weil er wie ein Sklave durch äußere Mächte dazu gezwungen wird, oder weil er wie ein von Angst getriebener Mensch unter innerem Druck steht. Es ist gleichgültig, ob er an seiner Arbeit interessiert ist wie ein Zimmermann oder ein kreativer Schriftsteller, ein Wissenschaftler oder ein Gärtner, oder ob er keine innere Beziehung zu seiner Tätigkeit hat und keine Befriedigung durch sie erfährt wie der Arbeiter am Fließband und der Postangestellte.

Aktivität im modernen Sinn unterscheidet nicht zwischen *Aktivität* und bloßer *Geschäftigkeit.* Es gibt aber einen grundlegenden Unterschied zwischen diesen beiden Arten von Aktivität, der dem ähnelt, den man zwischen »entfremdeter« und »nicht entfremdeter« Tätigkeit machen würde. In der entfremdeten Aktivität erlebe ich mich nicht als aktives Subjekt meines Handelns, sondern erfahre das *Resultat* meiner Tätigkeit, und zwar als etwas »da drüben«, das von mir getrennt ist und über mir bzw. gegen mich steht. Im Grunde handle nicht *ich;* innere oder äußere Kräfte handeln *durch mich.* Ich bin vom Ergebnis meiner Aktivität getrennt worden. Der deutlichste Fall entfremdeter Aktivität ist im psycho-pathologischen Bereich die zwangsneurotische Persönlichkeit. Sie steht unter dem inneren Drang, etwas gegen den eigenen Willen zu tun – Stufen zu zählen, bestimmte Redewendungen zu wiederholen, gewisse private Rituale zu vollziehen. Sie kann bei der Verfolgung eines Zieles äußerst »aktiv« sein, aber sie wird dabei, wie psychoanalytische Untersuchungen überzeugend gezeigt haben, von einer inneren Macht angetrieben, deren sie sich nicht bewußt ist. Ein ebenso eindeutiges Beispiel entfremdeter Aktivität ist das posthypnotische Verhalten. Ein Mensch, dem in der hypnotischen Trance ein bestimmter Befehl erteilt wurde, führt diesen nach dem Erwachen aus, ohne sich bewußt zu sein, daß er nicht aus *eigenem* Entschluß handelt, sondern den Anweisungen des Hypnotiseurs gehorcht.

Bei nichtentfremdeter Aktivität erlebe ich *mich* als handelndes *Subjekt.* Nichtentfremdete Aktivität ist ein Prozeß des Gebärens und Hervorbringens, wobei die Beziehung zu meinem Produkt aufrechterhalten bleibt. Dies impliziert auch, daß meine Aktivität eine Manifestation meiner Kräfte und Fähigkeiten ist, daß ich eins bin mit meiner Aktivität. Diese nicht entfremdete Aktivität bezeichne ich als *produktive Aktivität.**

»Produktiv« im hier gebrauchten Sinn bezieht sich nicht auf die Fähigkeit, etwas Neues oder Originales zu schaffen, es ist nicht gleichbedeutend mit der Kreativität eines Künstlers oder Wissenschaftlers; es geht hier weniger um das Produkt meiner Aktivität als vielmehr um deren *Qualität.* Ein Gemälde oder eine wissenschaftliche Abhandlung können sehr unproduktiv, d. h. steril sein; andererseits kann der Prozeß, der in einem Menschen vor sich geht, der sich seiner selbst zutiefst bewußt ist, oder der einen Baum wirklich »sieht«, statt ihn bloß anzuschauen, oder der ein Gedicht liest und die Gefühle nachempfindet, die der Dichter in Worten ausgedrückt hat, produktiv sein, obwohl nichts »geschaffen« wird; produktive Arbeit bezeichnet den Zustand innerer Beteiligung, sie muß nicht notwendigerweise mit der Hervorbringung eines künstlerischen oder wissenschaftlichen Werkes bzw. von etwas »Nützlichem« verbunden sein. Produktivität ist eine Charaktereigenschaft, die in jedem Menschen vorhanden ist, der nicht emotional verkrüppelt ist. Der produktive Mensch erweckt alles zum Leben, was er berührt. Er gibt seinen eigenen Fähigkeiten Leben und schenkt anderen Menschen und Dingen Leben.

Sowohl »Aktivität« als auch »Passivität« können zwei völlig verschiedene Bedeutungen haben. Entfremdete Aktivität im Sinne bloßer Geschäftigkeit ist in Wirklichkeit »Passivität«, d. h. Unproduktivität. Hingegen kann Passivität im Sinne von Nichtgeschäftigkeit nichtentfremdete Aktivität sein. Dies ist heute so schwer zu verstehen, weil die meisten Arten von Aktivität entfremdete »Passivität« sind, während produktive Passivität selten erlebt wird.

Aktivität und Passivität in der Lehre einiger großer Meister des Denkens

In der philosophischen Tradition der vorindustriellen Gesellschaft wurden die Begriffe Passivität und Aktivität nicht im heutigen Sinn gebraucht. Das wäre auch kaum möglich gewesen, da die Entfremdung der

* Den Terminus »spontane Aktivität« habe ich in *Die Furcht vor der Freiheit* verwendet, »produktive Aktivität« in meinen späteren Schriften.

Arbeit noch kein Ausmaß erreicht hatte, das dem heutigen vergleichbar wäre. Das ist der Grund, warum Philosophen wie *Aristoteles* gar nicht klar zwischen »Aktivität« und bloßer »Geschäftigkeit« unterscheiden. In Athen scheint der Begriff »Praxis«, welcher nahezu jede Art von Tätigkeit umfaßte, die ein *freier* Mann ausübte, körperliche Arbeit ausgeschlossen zu haben. Entfremdete Arbeit wurde nur von Sklaven verrichtet. »Praxis« ist der Terminus, mit dem Aristoteles die freie Aktivität des Menschen umriß. (Vgl. Nicholas Lobkowicz, *Theory and Praxis.*) Angesichts dieser gesellschaftlichen Bedingungen konnte das Problem subjektiv sinnloser, entfremdeter, aus Routine bestehender Arbeit für die meisten Athener kaum existieren. Ihre Freiheit bedeutete ja gerade, daß sie eine produktive und für sie sinnvolle Tätigkeit ausüben konnten, eben weil sie keine Sklaven waren.

Daß Aristoteles unsere heutige Auffassung von Aktivität und Passivität nicht teilte, wird unmißverständlich klar, wenn wir uns vor Augen halten, daß für ihn die höchste Form von Praxis, d. h. von Aktivität – die er sogar noch über die politische Aktivität stellt – das *kontemplative Leben* ist, das sich der Suche nach Wahrheit widmet; die Vorstellung, daß Kontemplation eine Form von Inaktivität sei, wäre ihm unvorstellbar gewesen. Aristoteles betrachtet die Kontemplation als *Aktivität* des besten Teils in uns, *nous.* Der Sklave kann sinnliche Freuden in gleichem Maß genießen wie der Freie. Doch *eudaimonia,* »Wohlergehen« besteht nicht in Vergnügungen, sondern in *Aktivitäten, die mit der Tugend in Einklang stehen.* (Vgl. Nikomachische Ethik: 1177 a, 2ff.)

Ebenso wie die Position Aristoteles' steht auch die *Thomas von Aquins* im Gegensatz zu der heutigen Auffassung von Aktivität. Auch für Thomas ist die *vita contemplativa,* ein Leben, das der inneren Stille und geistiger Erkenntnis geweiht ist, die höchste Form menschlicher Aktivität. Er räumt zwar ein, daß auch die *vita activa,* der Alltag des Durchschnittsmenschen, von Wert sei und zu Wohlbefinden *(beatitudo)* führe, falls – und diese Bedingung ist wesentlich – alle Aktivitäten eines Menschen auf das Ziel gerichtet seien, Wohlbefinden zu erreichen, und er imstande sei, seine Leidenschaften und seinen Körper zu beherrschen. (Vgl. Thomas von Aquin, Summa 2–2: 182, 183; 1–2: 4,6.)

Während Thomas von Aquins Standpunkt einen gewissen Kompromiß enthält, argumentiert der Autor von *The Cloud of Unknowing* (ein Zeitgenosse Eckharts) sehr entschieden gegen den Wert des aktiven Lebens, Meister Eckhart spricht sich hingegen für dieses aus. Der Widerspruch ist jedoch nicht so kraß wie es auf den ersten Blick scheint, denn alle drei Denker sind sich einig, daß Aktivität nur dann »zuträglich« sei, wenn sie den höchsten ethischen und moralischen Überzeugungen entspringe und diese zum Ausdruck bringe. Aus diesem Grund lehnen all diese Lehrer Geschäftigkeit, d. h. Aktivität getrennt vom geistig-seelischen »Grund« des Menschen, ab.*

Als Mensch und als Denker verkörperte *Spinoza* die gleichen Werte, die zur Zeit Eckharts, etwa vier Jahrhunderte früher, gültig waren; zugleich war er ein scharfer Beobachter der Veränderungen, die sich in der Gesellschaft und den durchschnittlichen Menschen vollzogen. Er war der Begründer der modernen wissenschaftlichen Psychologie und einer der Entdecker der Dimension des Unbewußten, und mit Hilfe dieser vertieften Einsichten gelang ihm eine systematischere und präzisere Analyse des Unterschiedes zwischen Aktivität und Passivität als allen seinen Vorgängern.

In seiner *Ethik* unterscheidet Spinoza zwischen Aktivität und Passivität (Handeln und Erleiden) als den beiden Grundkategorien des Seelenlebens. Das erste Kriterium der *Aktivität* ist, daß eine Handlung in Einklang mit der menschlichen Natur steht: »Ich sage, wir handeln, wenn etwas in uns oder außer uns geschieht, wovon wir die adäquate Ursache sind, das heißt (nach der vorigen Definition) wenn aus unserer Natur etwas in uns oder außer uns folgt, das durch sie allein klar und deutlich verstanden werden kann. Dagegen sage ich, wir leiden, wenn in uns etwas geschieht oder aus unserer Natur etwas folgt, wovon wir bloß eine Teil-Ursache sind.« (Ethik 3, Def. 2)

Diese Sätze sind für den modernen Leser schwer zu verstehen, der gewohnt ist zu denken, daß dem Begriff »menschliche Natur« keine demonstrierbaren empirischen Tatsachen zugrunde liegen. Doch ebenso wie Aristoteles sah Spinoza dies anders; dasselbe gilt für einige heutige Neurophysiologen, Biologen und Psychologen. Spinoza war überzeugt, daß die menschliche Natur für den Menschen ebenso kennzeichnend sei wie die Pferdenatur für das Pferd; auch glaubte er, daß Tugend oder Lasterhaftigkeit, Erfolg oder Mißerfolg, Wohlbefinden oder Leiden, Aktivität oder Passivität eines Menschen davon abhängen, in welchem Maß es ihm gelingt, seine artspezifische Natur optimal zu verwirklichen.

* Die Schriften von W. Lange, N. Lobkowicz und D. Mieth (1971) vermitteln zusätzliche Erkenntnisse zum Thema des kontemplativen und des aktiven Lebens.

Je näher wir dem Modell der menschlichen Natur kommen, desto größer ist unsere Freiheit und unser Wohlbefinden.

In Spinozas Menschenmodell ist das Attribut der Aktivität untrennbar mit einem anderen verbunden: mit der Vernunft. Sofern wir in Einklang mit unseren Existenzbedingungen handeln und uns bewußt sind, daß diese Bedingungen real und notwendig sind, wissen wir die Wahrheit über uns selbst. »Unsere Seele tut einiges, anderes aber leidet sie; nämlich sofern sie adäquate Ideen hat, insofern tut sie notwendig einiges, und sofern sie inadäquate Ideen hat, insofern leidet sie notwendig einiges.« (Ethik 3, Lehrsatz 1)

Bedürfnisse teilt er in aktive und passive ein *(actiones* und *passiones).* Erstere wurzeln in den Bedingungen unserer Existenz (den natürlichen, nicht den pathologischen Verzerrungen), letztere werden von inneren oder äußeren deformierenden Einflüssen verursacht. Die ersteren sind in dem Maß vorhanden, in dem wir frei sind; die letzteren sind das Resultat inneren und äußeren Druckes. Alle »aktiven Affekte« sind von Natur aus gut: »Leidenschaften« *(passiones)* können gut oder schlecht sein. Spinoza zufolge sind Aktivität, Vernunft, Freiheit, Wohlbefinden, Freude und Selbstvervollkommnung ebenso untrennbar miteinander verbunden wie Passivität, Irrationalität, Knechtschaft, Traurigkeit, Ohnmacht und alle Tendenzen, die den Bedürfnissen der menschlichen Natur zuwiderlaufen. (Ethik 4, Anhang, Hauptsatz 2, 3, 5, Lehrsatz 40, 42)

Spinozas Gedankengänge über die Leidenschaften und die Passivität werden erst vollends deutlich, wenn man den letzten – und modernsten – Schritt seines Denkens nachvollzieht: daß derjenige, der von irrationalen Leidenschaften getrieben wird, seelisch krank ist. In dem Maße, in dem wir optimales Wachstum erreichen, sind wir nicht nur (relativ) frei, stark, vernünftig und froh, sondern auch psychisch gesund; wenn uns dies nicht gelingt, sind wir unfrei, schwach, irrational und deprimiert. Spinoza war meines Wissens der erste moderne Denker, der postulierte, daß psychische Gesundheit bzw. Krankheit eine Folge richtiger bzw. falscher Lebensweise seien.

Für Spinoza ist psychische Gesundheit in letzter Konsequenz eine Manifestation richtigen Lebens, psychische Krankheit hingegen ein Symptom der Unfähigkeit, in Einklang mit den Erfordernissen der menschlichen Natur zu leben. »Dagegen, wenn der Habgierige an nichts anderes denkt als an Gewinn und Geld, und der Ehrgeizige an Ruhm usw., so gelten diese nicht als wahnsinnig: weil sie lästig zu sein pflegen und für hassenswert erachtet werden. In Wahrheit aber sind Habgier, Ehrgeiz, Wollust usw. Arten des Wahnsinns, wenn man sie auch nicht zu den Krankheiten zählt.« (Ethik 4, Lehrsatz 44, Anmerkung) In dieser Äußerung, die dem Denken unserer Zeit so fremd ist, bezeichnet Spinoza Leidenschaften, die den Bedürfnissen der menschlichen Natur widersprechen, als pathologisch; er geht sogar so weit, sie als eine Form von Geisteskrankheiten zu klassifizieren.

Spinozas Konzeption von Aktivität und Passivität ist eine überaus radikale Kritik an der Industriegesellschaft. Im Gegensatz zur heute herrschenden Überzeugung, daß Menschen, die in erster Linie von der Gier nach Geld, Besitz und Ruhm angetrieben werden, normal und angepaßt seien, hält Spinoza sie für äußerst passiv und im Grunde krank. Der aktive Menschentyp in Spinozas Sinn, den er selbst verkörperte, ist inzwischen zur Ausnahme geworden und wird häufig verdächtigt, »neurotisch« zu sein, da er so wenig an sogenannte normale »Aktivität« angepaßt ist.

In den *Ökonomisch-Philosophischen Manuskripten* schrieb Marx, freie, bewußte Aktivität sei der artspezifische Charakter des Menschen. Die Arbeit repräsentiert für ihn menschliche Aktivität, und menschliche Aktivität ist Leben.

Das Kapital repräsentiert dagegen für Marx das Angehäufte, das Vergangene und in letzter Konsequenz das Tote *(Grundrisse)*. Man kann die affektive Brisanz, die der Kampf zwischen Arbeit und Kapital für Marx hatte, nicht voll verstehen, wenn man sich nicht vor Augen hält, daß es für ihn der Kampf zwischen Lebendigsein und Totsein, Gegenwart und Vergangenheit, Menschen und Dingen, Sein und Haben war. Für Marx lautete die Frage: Wer soll über wen herrschen? Soll das Leben die Toten, oder sollen die Toten das Leben beherrschen? Der Sozialismus stellte für ihn eine Gesellschaft dar, in der das Leben über die Toten gesiegt hatte. Marx' ganze Kritik am Kapitalismus und seine Vision vom Sozialismus wurzelt in der Überzeugung, daß menschliche »Selbsttätigkeit« im kapitalistischen System gelähmt ist, und daß das Ziel darin besteht, dem Menschen seine volle Menschlichkeit wiederzugeben, indem man diese Selbsttätigkeit in allen Bereichen des Lebens wiederherstellt.

Trotz einiger Formulierungen, die nur aus der Zeit heraus verstanden werden können, besonders was den Einfluß der klassischen Ökonomien betrifft, ist das Klischee, daß Marx ein Determinist gewesen sei, der die Menschen zu passiven Objekten der Geschichte und der Wirtschaft stempelte und sie ihrer Aktivität beraubte, das genaue Gegenteil seiner Überzeugungen, wie jeder bestätigen wird, der mehr von Marx gelesen hat als einige aus dem Zusammenhang gerissene Sätze. Marx' Ansichten könnten nicht klarer formuliert werden als in seiner eigenen Feststellung (in *Die heilige Familie*), wenn er schreibt: »*Die Geschichte* tut *nichts*, sie ›besitzt keinen ungeheuren Reichtum‹, sie ›kämpft keine Kämpfe‹! Es ist vielmehr der *Mensch*, der wirkliche, lebendige Mensch, der alles tut, besitzt und kämpft; es ist nicht etwa die ›Geschichte‹, die den Menschen zum Mittel braucht, um *ihre* – als ob sie eine aparte Person wäre – Zwecke durchzuarbeiten, sondern sie ist *nichts* als die Tätigkeit des seine Zwecke verfolgenden Menschen.«

Von den Denkern des zwanzigsten Jahrhunderts hat niemand den passiven Charakter der heutigen Aktivität klarer gesehen als Albert Schweitzer, der in seiner Studie über *Verfall und Wiederaufbau der Kultur* den modernen Menschen als »unfrei«, »unvollständig«, unkonzentriert, »pathologisch abhängig« und »absolut passiv« charakterisierte.

Sein als Realität

Ich habe bisher die Bedeutung des Seins beschrieben, indem ich es dem Haben gegenüberstellte. Doch ein zweiter, ebenso wichtiger Sinngehalt des Seins wird deutlich, wenn man es mit dem *Schein* vergleicht. Wenn ich gütig erscheine, meine Güte aber nur eine Maske ist, hinter der ich meine ausbeuterischen Absichten verberge; wenn ich mutig erscheine, in Wirklichkeit aber bloß äußerst eitel oder vielleicht gar lebensmüde bin; wenn ich mein Land zu lieben scheine, de facto aber meine selbstsüchtigen Interessen fördere – dann steht der äußere Anschein in krassem Widerspruch zu den tatsächlichen Kräften, die mich motivieren. Mein Verhalten entspricht nicht meinem Charakter. Meine Charakterstruktur, die wirkliche Motivation meines Verhaltens, stellt mein wahres Sein dar. Mein Verhalten kann teilweise mein Sein reflektieren, aber gewöhnlich ist es eine Maske, die ich trage, weil sie zur Erreichung meiner Ziele nützlich ist. Die Verhaltenswissenschaft beschäftigt sich mit dieser Maske, als wäre sie eine verläßliche wissenschaftliche Gegebenheit; die wahre Einsicht konzentriert sich auf die innere Realität, die gewöhnlich weder bewußt noch unmittelbar beobachtbar ist. Diese Konzeption des Seins als »Demaskierung«, wie Eckhart es nennt, spielt eine zentrale Rolle im Denken von Spinoza und Marx.

Die Enthüllung der Diskrepanz zwischen Verhalten und Charakter, zwischen meiner Maske und der Realität, die sich dahinter verbirgt, ist die bedeutendste Leistung der Freudschen Psychoanalyse. Freud entwickelte eine Methode (freie Assoziation, Traumdeutung, Übertragung und Widerstand), die darauf abzielt, die (letztlich sexuellen) Triebwünsche ans Licht zu bringen, die in der frühen Kindheit verdrängt wurden. Auch als aufgrund späterer Entwicklungen in der psychoanalytischen Theorie und Therapie traumatische Ereignisse im Bereich der zwischenmenschlichen Beziehungen stärker betont wurden als solche der Triebsphäre, blieb das Prinzip dasselbe: Was verdrängt wird, sind frühkindliche – und, wie ich glaube, auch später entstehende – Strebungen und Ängste; der Weg zur Heilung von Symptomen bzw. einer allgemeineren Lebensunlust (malaise) besteht in der Freilegung des verdrängten Materials. Mit anderen Worten, was verdrängt wird, sind die irrationalen, infantilen und individuellen Erlebnisse.

Andererseits wurden die vom sogenannten gesunden Menschenverstand geprägten Meinungen des normalen, d. h. gesellschaftlich angepaßten Bürgers für rational und keiner Tiefenanalyse bedürftig gehalten. Diese Annahme ist jedoch falsch. Unsere bewußten Motivationen, Ideen und Überzeugungen sind eine Mischung aus falschen Informationen, Vorurteilen, irrationalen Leidenschaften, Rationalisierungen und Voreingenommenheit, in der einige Brocken Wahrheit schwimmen, die uns die (freilich falsche) Gewißheit geben, daß die ganze Mischung real und wahr sei. Unser Denkprozeß ist bestrebt, diesen ganzen Pfuhl voller Illusionen nach den Gesetzen der Logik und Plausibilität zu organisieren.

Von dieser Bewußtseinsebene nehmen wir an, daß sie die Realität reflektiere; sie ist die Landkarte, nach der wir uns im Leben orientieren. Diese falsche Landkarte wird nicht verdrängt. *Was verdrängt wird, ist das Wissen von der Realität, das Wissen von der Wahrheit.* Wenn wir also fragen: *Was ist unbewußt?* muß die Antwort lauten: Nicht nur die irrationalen Leidenschaften, sondern fast unser ganzes Wissen von der Realität.

Das Unbewußte ist letztlich von der Gesellschaft in zweifacher Weise determiniert: sie schafft die irrationalen Leidenschaften und versorgt gleichzeitig ihre Mitglieder mit verschiedenen Fiktionen und macht dadurch die Wahrheit zum Gefangenen der angeblichen Rationalität.

Wenn wir behaupten, die Wahrheit werde verdrängt, dann gehen wir natürlich von der Voraussetzung aus, daß wir die Wahrheit wissen und dieses Wissen verdrängen; mit anderen Worten, daß wir über »unbewußtes

Wissen« verfügen. Meine psychoanalytischen Erfahrungen – sowohl in bezug auf andere als auch auf mich selbst – zeigen mir, daß dies in der Tat zutrifft. Wir nehmen die Realität wahr, ob wir wollen oder nicht. Ebenso wie unsere Sinne so organisiert sind, daß sie mit Seh-, Hör-, Geruchs- und Tastempfindungen reagieren, wenn sie mit der Realität konfrontiert werden, so ist auch unsere Vernunft so organisiert, daß sie die Realität erkennt, das heißt die Dinge so sieht, wie sie wirklich sind, kurz, daß sie die Wahrheit erfaßt. Ich spreche natürlich nicht von dem Teil der Realität, der nur mit Hilfe wissenschaftlicher Instrumente und Methoden erkannt werden kann. Ich beziehe mich auf das, was durch konzentriertes »Sehen« begreifbar ist, speziell die psychische Realität – unsere und die der anderen. Wir wissen, wenn wir einem gefährlichen Menschen begegnen, oder einem Menschen, dem wir voll vertrauen können. Wir wissen, wenn wir belogen oder ausgebeutet oder zum Narren gehalten werden, wenn wir uns selbst in die Tasche gelogen haben. Wir wissen fast alles Wesentliche über das menschliche Verhalten, so wie unsere Vorfahren erstaunlich viel über die Bahnen der Gestirne wußten. Doch während sie sich ihres Wissens *bewußt* waren und es anwandten, verdrängen wir unser Wissen sofort, denn wenn es bewußt bliebe, würde unser Leben zu schwierig werden und – so reden wir uns ein – zu »gefährlich« sein.

Zeugnisse für diese Behauptung sind leicht zu finden. In vielen Träumen zum Beispiel, in denen wir eine tiefe Einsicht in das Wesen anderer Menschen (und unser eigenes) zeigen, die uns im Wachzustand völlig zu fehlen scheint. (Beispiele solcher »Einsichtsträume« habe ich in *Märchen, Mythen und Träume* angeführt.) Ein weiteres Beispiel sind die Einsichten, die uns einen Menschen plötzlich in völlig anderem Licht erscheinen lassen als bisher, wobei wir das Gefühl haben, als hätten wir dies im Grunde schon längst gewußt. Zeugnisse finden wir auch in den Phänomenen des Widerstandes, wenn die schmerzhafte Wahrheit ans Licht zu kommen droht: in Versprechern, in ungeschickten Formulierungen, im Zustand der Trance oder in Augenblicken, wenn jemand etwas gleichsam wie beiseite sagt, das allem widerspricht, was er immer zu glauben behauptete, und diese Bemerkung im nächsten Augenblick vergessen zu haben scheint. In der Tat verwenden wir einen großen Teil unserer Energie darauf, vor uns selbst zu verbergen, was wir wissen; das Ausmaß dieses verdrängten Wissens ist kaum zu überschätzen. Im Talmud gibt es eine Legende, die dieses Konzept der Verdrängung der Wahrheit in dichterischer Form ausdrückt: Wenn ein Kind zur Welt kommt, berührt ein Engel seine

Stirn, damit es die Wahrheit vergißt, die es im Augenblick der Geburt weiß. Würde das Kind sie nicht vergessen, wäre das spätere Leben unerträglich.

Kehren wir zu unserer Hauptthese zurück: das Sein bezieht sich auf die Wirklichkeit im Gegensatz zum verfälschenden, illusionären Bild. In diesem Sinn bedeutet jeder Versuch, den Bereich des Seins auszuweiten, vermehrte Einsicht in die Realität des eigenen Selbst, der anderen und unserer Umwelt. Die ethischen Hauptziele der jüdischen und der christlichen Religion – die Überwindung der Habsucht und des Hasses – können nicht erreicht werden, ohne ein weiteres Moment heranzuziehen, das für den Buddhismus von zentraler Bedeutung ist, obwohl es auch im Judentum und im Christentum eine Rolle spielt: Zum Sein gelangt man, wenn man durch die Oberfläche dringt und die Realität erfaßt.

Der Wille zu geben, zu teilen und zu opfern

In der modernen Gesellschaft wird davon ausgegangen, daß der Habenmodus der Existenz in der menschlichen Natur verwurzelt und daher praktisch unveränderbar sei. Diese Idee liegt dem Dogma zugrunde, der Mensch sei von Natur aus faul und passiv und würde weder arbeiten noch sonst etwas tun, wenn ihn nicht materielle Anreize dazu verlockten bzw. Hunger oder die Angst vor Strafe ihn dazu antrieben. Dieses Dogma wird allgemein akzeptiert, und es bestimmt unsere Erziehungs- und unsere Arbeitsmethoden. Aber es ist wenig mehr als ein Ausdruck des Wunsches, den Wert unserer gesellschaftlichen Arrangements zu beweisen, indem man ihnen bescheinigt, daß sie den Bedürfnissen der menschlichen Natur entsprechen. Den Angehörigen vieler verschiedener Kulturen der Vergangenheit und der Gegenwart würde die Theorie von der angeborenen menschlichen Selbstsucht und Faulheit ebenso phantastisch erscheinen wie dessen Gegenteil uns.

Die Wahrheit ist, daß sowohl Haben- als auch Seinsmodus in der menschlichen Natur angelegt sind, daß unser biologischer Selbsterhaltungstrieb den Habenmodus zwar verstärkt, daß aber Egoismus und Faulheit nicht die einzigen dem Menschen inhärenten Neigungen sind.

Wir Menschen haben ein angeborenes, tief verwurzeltes Verlangen zu *sein:* unseren Fähigkeiten Ausdruck zu geben, aktiv zu sein, auf andere bezogen zu sein, dem Kerker der Selbstsucht zu entfliehen. Für die Wahrheit dieser Behauptung gibt es so viele Beweise, daß man leicht ein ganzes Buch damit füllen könnte. D. O. Hebb hat den Kern dieses Problems auf seinen allgemeinsten Nenner gebracht, als er formulierte, *das einzige Verhaltensproblem sei die Erklärung von Inaktivität, nicht von Aktivität.* Zum Beweis dieser These möchte ich sechs Punkte anführen:*

1. Die Beobachtung tierischen Verhaltens. Experimente und direkte Beobachtungen zeigen, daß viele Tierarten schwierige Aufgaben unternehmen, selbst wenn keine materiellen Belohnungen angeboten werden.
2. Neurophysiologische Experimente, welche die den Nervenzellen inhärente Aktivität nachweisen.
3. Das frühkindliche Verhalten. Neuere Untersuchungen zeigen die Fähigkeit und das Bedürfnis kleiner Kinder, aktiv auf komplexe Reize zu reagieren – Befunde, die in Widerspruch zu Freuds Annahme stehen, das Kleinkind erlebe äußere Reize als Bedrohung und mobilisiere seine Aggressivität, um diese abzuwehren.
4. Das Lernverhalten. Viele Untersuchungen zeigen, daß Kinder und Jugendliche »faul« sind, weil der Lernstoff auf so trockene und unlebendige Weise an sie herangetragen wird, daß sie kein echtes Interesse dafür aufbringen können; sobald der Druck und die Langeweile wegfallen und das Material auf anregende Weise dargeboten wird, entfalten die gleichen Gruppen erstaunlich viel Aktivität und Initiative.
5. Das Arbeitsverhalten. E. Mayo hat mit seinem klassischen Experiment bewiesen, daß selbst Arbeit, die an sich langweilig ist, interessant wird, wenn die Mitarbeiter wissen, daß sie an einem Experiment teilnehmen, das ein lebensfroher und begabter Mensch durchführt, der ihre Neugier und innere Beteiligung zu erwecken versteht. Das gleiche zeigt sich in einer Reihe von Fabriken in Europa und in den Vereinigten Staaten. Das Stereotyp der Unternehmensleitungen über die Arbeit lautet: Arbeiter sind an aktiver Mitwirkung gar nicht interessiert: das einzige, was sie wollen, sind höhere Löhne, daher könnte Gewinnbeteiligung ein geeigneter Ansporn zur Hebung der Arbeitsproduktivität sein, aber nicht Mitbestimmung. Die Unternehmensführungen haben zwar in bezug auf die von ihnen angebotenen Arbeitsbedingungen recht; die Erfahrung hat jedoch bewiesen – und nicht wenige Werkleitungen davon überzeugt – daß sich viele der vorher desinteressierten Arbeiter in erstaun-

* Einen Teil dieses Materials habe ich auch in *Anatomie der menschlichen Destruktivität* erwähnt.

lichem Maß verändern und erfinderisch, aktiv, einfallsreich und letztlich zufriedener werden, sobald sie Gelegenheit haben, an ihrem Arbeitsplatz Initiative zu entfalten, Verantwortung zu übernehmen und Wissen über den gesamten Arbeitsprozeß und ihre Rolle in ihm zu erwerben.*

6. Die Fülle von Daten, die der gesellschaftliche und politische Alltag bietet. Die Annahme, daß die Menschen nicht zu Opfern bereit seien, ist notorisch falsch. Als Churchill zu Beginn des Zweiten Weltkriegs von den Engländern »Blut, Schweiß und Tränen« forderte, hat er sie damit nicht abgeschreckt, sondern im Gegenteil an ihr tief eingewurzeltes menschliches Verlangen appelliert, Opfer zu bringen und der Gemeinschaft etwas zu geben. Die Reaktion der Briten – und auch der Deutschen und der Russen – auf die wahllosen Bombardements der Städte während des Krieges zeigt, daß die Bevölkerung durch gemeinsame Leiden nicht mutlos wurde; diese Leiden stärkten im Gegenteil die Entschlossenheit der Angegriffenen zum Widerstand und widerlegten jene, die glaubten, die Kampfbereitschaft des Feindes könne durch Terrorangriffe gebrochen und der Krieg dadurch rascher beendet werden.

Es ist jedoch ein trauriger Kommentar zu unserer Zivilisation, daß Krieg und Leiden eher imstande sind, die menschliche Opferbereitschaft zu mobilisieren als ein friedliches Leben und daß in Friedenszeiten vor allem die Selbstsucht zu gedeihen scheint. Zum Glück gibt es aber auch im Frieden Situationen, in denen sich die menschliche Fähigkeit zu Selbstlosigkeit und Solidarität im individuellen Verhalten ausdrückt. Die Streikbewegung der Arbeiter, speziell vor dem Ersten Weltkrieg, ist ein Beispiel für solches im wesentlichen gewaltfreies Verhalten. Die Arbeiter forderten höhere Löhne, aber gleichzeitig kämpften sie für ihre eigene Würde und die Befriedigung im Erlebnis menschlicher Solidarität und waren bereit, Not und Mühsal zu riskieren und zu erleiden. Der Streik war sowohl ein »religiöses« wie ein ökonomisches Phänomen. Solche Streiks kommen auch in unserer Zeit noch vor, hauptsächlich wird heute aber aus rein wirtschaftlichen Gründen gestreikt, obwohl Streiks für bessere Arbeitsbedingungen in letzter Zeit etwas zunehmen.

* In seinem demnächst erscheinenden Buch *The Gamesmen: The New Corporate Leaders,* in dessen Manuskript ich Einsicht nehmen durfte, erwähnt Michael Maccoby verschiedene neue, demokratische Mitbestimmungsprojekte, speziell seine eigene Forschungsarbeit am »Bolivar Projekt«. Dieses und ein weiteres Projekt werden in einem umfangreicheren Werk, das Maccoby gegenwärtig plant, eingehend dargestellt werden.

Das Bedürfnis, zu geben und zu teilen, und die Bereitschaft, für andere Opfer zu bringen, sind unter den Angehörigen bestimmter sozialer Berufe, wie Krankenschwestern, Ärzte, Mönche und Nonnen, immer noch zu finden. Zwar leisten viele, wenn nicht die meisten Vertreter dieser Berufe dem Ethos des Helfens und Opferns nur Lippendienste; dennoch steht der Charakter einer nicht unbeträchtlichen Zahl in Einklang mit den Werten, zu denen sie sich bekennen. Viele religiöse bzw. sozialistisch oder kommunistisch orientierte Gemeinschaften, die im Laufe der Jahrhunderte entstanden, haben die gleichen Bedürfnisse bekräftigt und zum Ausdruck gebracht. Der Wunsch zu geben motiviert alle jene, die ohne Vergütung ihr Blut spenden; ähnlich selbstlos ist das Verhalten von Menschen, die ihr Leben riskieren, um das Leben anderer zu retten. Die Bereitschaft zu schenken manifestiert sich in jedem, der wirklich liebt. »Falsche Liebe«, das heißt Egoismus zu zweit, macht die Menschen noch selbstsüchtiger (und das ist oft genug der Fall). Wahre Liebe vermehrt die Fähigkeit zu lieben und anderen etwas zu geben. In der Liebe zu einem bestimmten Menschen liebt der wahre Liebende die ganze Welt.* Im Gegensatz dazu gibt es nicht wenige Menschen, hauptsächlich jüngere, die den Luxus und die Selbstsucht nicht ertragen können, die sie in ihren wohlhabenden Familien umgibt. Ganz im Gegensatz zu den Erwartungen ihrer Eltern, die meinen, daß ihre Kinder »alles haben, was sie sich wünschen« rebellieren diese gegen ihr totes und isoliertes Leben. Denn in Wirklichkeit haben sie »nicht alles, was sie sich wünschen« und sie sehnen sich nach dem, was sie nicht haben.

Bemerkenswerte Beispiele solchen Verhaltens lieferten in der Vergangenheit die Söhne und Töchter der Oberschicht des Römischen Reiches, die sich der Religion der Armut und Liebe verschrieben; ein anderes ist der Buddha, der als Prinz aufwuchs und dem jedes Vergnügen und jeder Luxus zur Verfügung standen, die er sich nur wünschen konnte, der aber entdeckte, daß Haben und Konsumieren unglücklich machen. Ein Beispiel aus der neueren Geschichte (2. Hälfte des 19. Jahrhunderts) sind die Söhne und Töchter der russischen Oberklasse, die Narodniki. Außer-

* Eine der bedeutendsten Quellen zum Verständnis des natürlichen menschlichen Impulses zu geben und zu teilen ist das klassische Werk P. A. Kropotkins, *Gegenseitige Hilfe in der Entwicklung* (dt. 1904). Zwei weitere wichtige Werke sind *The Gift Relationship: From Human Blood to Social Policy* von Richard Titmuss (es enthält Beispiele selbstlosen Gebens und den Hinweis, daß unser Wirtschaftssystem die Menschen an der freien Ausübung ihres Rechtes zu geben hindere) und Edmund S. Phelps, Hrsg., *Altruism, Morality and Economic Theory*.

stande, das Leben des Müßiggangs und der Ungerechtigkeit zu ertragen, in das sie hineingeboren wurden, verließen diese jungen Menschen ihre Familien und schlossen sich den armen Bauern an, lebten mit ihnen und bereiteten auf diese Weise den Boden für den revolutionären Kampf in Rußland.

Ein ähnliches Phänomen ist unter den Söhnen und Töchtern der begüterten Schicht in den Vereinigten Staaten und der Bundesrepublik zu beobachten, denen das Leben in ihrer luxuriösen Wohlhabenheit langweilig und sinnlos erscheint. Vor allem aber finden sie die Gleichgültigkeit der Welt gegenüber den Armen ebenso unerträglich wie das allmähliche Zutreiben auf den atomaren Krieg aus egoistischen Motiven. Deshalb lösen sie sich aus ihrer häuslichen Umgebung und suchen nach einem neuen Lebensstil – ohne befriedigendes Resultat, denn konstruktive Bemühungen scheinen keine Chance zu haben. Viele von ihnen zählten ursprünglich zu den sensibelsten und idealistischsten ihrer Generation, da es ihnen aber an Tradition, Reife, Erfahrung und politischer Einsicht fehlt, sind viele inzwischen verzweifelt, überschätzen in narzißtischer Verblendung ihre eigenen Fähigkeiten und Möglichkeiten und versuchen mit Hilfe von Gewalt das Unmögliche zu erreichen. Sie haben sich zu sogenannten revolutionären Gruppen zusammengeschlossen und möchten die Welt durch Akte des Terrors und der Zerstörung retten, ohne einzusehen, daß sie lediglich die allgemeine Tendenz zu Gewalt und Inhumanität verstärken. Sie haben ihre Liebesfähigkeit verloren und sie durch den Wunsch ersetzt, ihr Leben zu opfern. (Selbstaufopferung erscheint häufig Menschen als Lösung, die ein leidenschaftliches Verlangen haben, zu lieben, denen aber die Fähigkeit zu lieben fehlt oder verlorengegangen ist, und die die Opferung ihres eigenen Lebens als den höchsten Ausdruck ihrer Liebesfähigkeit erfahren.) Aber diese zur Selbstaufopferung entschlossenen jungen Menschen unterscheiden sich sehr wesentlich von den *liebenden Märtyrern,* die leben wollen, weil sie das Leben lieben, und die den Tod nur akzeptieren, um sich nicht selbst zu verraten. Unsere zur Zerstörung und Selbstaufopferung bereiten jungen Frauen und Männer sind Angeklagte, aber sie sind auch Ankläger, da sie Beispiele dafür sind, daß in unserer Gesellschaftsordnung manche unserer besten jungen Menschen so in Isolation und Hoffnungslosigkeit geraten, daß kein anderer Weg aus ihrer Verzweiflung herausführt als Fanatismus und Zerstörung.

Das menschliche Verlangen, ein Gefühl des Einsseins mit anderen zu erleben, wurzelt in den Existenzbedingungen der Spezies Mensch und stellt eine der stärksten Antriebskräfte des menschlichen Verhaltens dar. Durch die Kombination von minimaler instinktiver Determinierung und maximaler Entwicklung der geistigen Fähigkeiten haben wir Menschen unsere ursprüngliche Einheit mit der Natur verloren. Um uns nicht vollkommen isoliert zu fühlen (und damit dem Wahnsinn preisgegeben zu sein) müssen wir ein neues Gefühl des Einsseins – mit unseren Mitmenschen und mit der Natur – entwickeln. Dieses menschliche Bedürfnis nach dem Einswerden mit anderen wird auf vielfache Weise erlebt: in der Bindung an die Mutter, an ein Idol, an den Stamm, die Nation, die (eigene) Klasse, die Religion, eine Studentenverbindung, die Berufsorganisation. Diese Bindungen überschneiden sich natürlich vielfach und nehmen gelegentlich ekstatische Formen an, wie bei den Mitgliedern religiöser Sekten, einem Lynchmob oder den Exzessen nationaler Hysterie im Krieg. Beim Ausbruch des Ersten Weltkrieges kam es zu einem der dramatischsten Fälle einer irrationalen Eruption des Verlangens nach Einssein. Über Nacht gaben Menschen lebenslange Überzeugungen wie Pazifismus, Antimilitarismus oder Sozialismus auf; Wissenschaftler warfen ihre jahrzehntelange Schulung in Objektivität, kritischem Denken und Unparteilichkeit über Bord, um an diesem großen *Wir*-Gefühl teilzuhaben.

Das Verlangen, mit anderen eins zu sein, manifestiert sich sowohl in den niedrigsten Verhaltensweisen, in Akten des Sadismus und der Zerstörung, als auch in den höchsten: in Solidarität aufgrund eines Ideals oder einer Überzeugung. Es ist auch die Hauptantriebsfeder des Bedürfnisses, sich anzupassen: die Angst, zum Außenseiter zu werden, ist noch größer als die Angst vor dem Tode. Entscheidend für jede Gesellschaft ist die *Art* von Einheitserlebnis und von Solidarität, die sie fördert bzw. unter den gegebenen Bedingungen ihrer sozioökonomischen Struktur fördern *kann*.

Diese Überlegungen lassen den Schluß zu, daß beide Tendenzen im Menschen vorhanden sind: die eine, zu *haben* – zu besitzen –, eine Kraft, die letztlich ihre Stärke dem biologisch gegebenen Wunsch nach Überleben verdankt; die andere, zu *sein* – die Bereitschaft, zu teilen, zu geben und zu opfern, die ihre Stärke den spezifischen Bedingungen der menschlichen Existenz verdankt, speziell in dem eingeborenen Bedürfnis durch Einssein mit anderen die eigene Isolierung zu überwinden. Aus der Existenz dieser beiden gegensätzlichen Anlagen in jedem Menschen ergibt sich, daß die Gesellschaftsstruktur und deren Werte und Normen darüber entscheiden, welche von beiden dominant wird. Gesellschaften, die das Besitzstreben und damit den Habenmodus der Existenz begünstigen, basieren auf dem einen menschlichen Potential; Gesellschaften, die das Sein und Teilen fördern, wurzeln in dem anderen. Wir müssen uns entscheiden, welches dieser beiden Potentiale wir kultivieren wollen, uns dabei aber bewußt sein, daß unsere Entscheidung weitgehend von der sozioökonomischen Struktur der jeweiligen Gesellschaft abhängt, die uns die eine oder die andere Lösung bevorzugen läßt.

Aufgrund meiner Beobachtungen von Gruppenverhalten neige ich zu der Annahme, daß die beiden Extreme, die den tiefverwurzelten und kaum noch änderbaren Haben- oder Seinstypus repräsentieren, eine kleine Minderheit bilden, und daß in der überwältigenden Mehrheit aller Menschen beide Möglichkeiten real vorhanden sind; welche hervortritt und welche verdrängt wird, hängt von Umweltfaktoren ab.

Diese meine Annahme widerspricht dem verbreiteten psychoanalytischen Dogma, daß die Umwelt zwar im Säuglingsalter und in der frühen Kindheit entscheidenden Einfluß auf die Persönlichkeitsentwicklung habe, daß jedoch nach dieser Periode der Charakter fixiert und durch äußere Einwirkung kaum veränderbar sei. Dieses psychoanalytische Dogma konnte so populär werden, weil die Grundbedingungen der Kindheit bei den meisten Menschen auch in den späteren Lebensjahren fortbestehen, da sich ihre gesellschaftliche Situation ja im allgemeinen nicht verändert. Es gibt jedoch zahlreiche Fälle, in denen ein drastischer Wechsel der Umwelt tiefgreifende Veränderungen des Verhaltens bewirkte; das bedeutet: wenn die negativen Anlagen nicht mehr gefördert werden, wachsen und gedeihen die positiven Kräfte.

Fassen wir zusammen: Die Häufigkeit und Intensität des Wunsches, zu geben, zu teilen und zu opfern, ist nicht überraschend, wenn wir uns die Existenzbedingungen der Spezies Mensch vor Augen halten. Überraschend ist vielmehr, daß dieses menschliche Bedürfnis so stark verdrängt werden konnte, daß Akte des Eigennutzes in der Industriegesellschaft (und in vielen anderen Kulturen) schließlich zur Regel und Akte der Solidarität zur Ausnahme wurden. Aber paradoxerweise läßt sich gerade dieses Phänomen auf das Bedürfnis nach Einssein zurückführen. Eine Gesellschaft, die auf den Prinzipien Erwerb-Profit-Eigentum basiert, bringt einen besitzorientierten sozialen Charakter hervor, und sobald das vorherrschende Verhaltensmuster etabliert ist, will niemand ein Außenseiter oder gar ein Ausgestoßener sein; um diesem Risiko zu entgehen, paßt

sich jeder der Mehrheit an, die durch nichts anderes miteinander verbunden ist als durch ihren gegenseitigen Antagonismus.
Infolge der vorherrschenden Mentalität der Selbstsucht meinen die Machthaber unserer Gesellschaft, man könne die Menschen nur durch materielle Vorteile, das heißt durch Belohnungen, motivieren, und Appelle an die Solidarität und Opferbereitschaft würden kein Gehör finden. Deshalb erfolgen solche Aufrufe außer in Kriegszeiten selten und man läßt sich die Chance entgehen, sich durch die positiven Ergebnisse eines Besseren belehren zu lassen.
Nur eine von Grund auf veränderte sozioökonomische Struktur und ein völlig anderes Bild der menschlichen Natur könnten zeigen, daß Bestechung nicht die einzige (oder die beste) Möglichkeit ist, um Menschen zu beeinflussen.

6

WEITERE ASPEKTE VON HABEN UND SEIN

Sicherheit – Unsicherheit

Sich nicht vorwärts zu bewegen, zu bleiben, wo man ist, zu regredieren, kurz, sich auf das zu verlassen, was man hat, ist eine sehr große Versuchung, denn was man *hat,* kennt man; man fühlt sich darin sicher, man kann sich daran festhalten. Wir haben Angst vor dem Schritt ins Ungewisse, ins Unsichere, und vermeiden ihn deshalb; denn obzwar der *Schritt* nicht gefährlich erscheinen mag, *nachdem* man ihn getan hat, so scheint doch vorher, was sich daraus ergibt riskant und daher angsterregend. Nur das Alte, Erprobte ist sicher oder wenigstens scheint es das zu sein. Jeder neue Schritt birgt die Gefahr des Scheiterns, und das ist einer der Gründe, weshalb der Mensch die Freiheit fürchtet.*

Natürlich ist das »Alte und Gewohnte« in jedem Lebensstadium etwas anderes. Als Säugling haben wir nur unseren Körper und die Brust der Mutter (ohne zunächst zwischen beiden unterscheiden zu können). Dann beginnen wir uns in der Welt zu orientieren, wir beginnen uns einen Platz in der Welt zu schaffen, wir beginnen Dinge *haben* zu wollen. Wir *haben* Mutter, Vater, Geschwister, Spielsachen, später »erwerben« wir Wissen, haben einen Arbeitsplatz, eine gesellschaftliche Stellung, eine Frau, Kinder und sogar eine Art Leben nach dem Tode durch den Erwerb einer Begräbnisstätte, einer Lebensversicherung und durch einen »Letzten Willen«, das Testament.

Trotz dieser Sicherheit des Habens bewundern wir aber jene Menschen,

* Dies ist das Hauptthema in *Die Furcht vor der Freiheit.*

die eine Vision von etwas Neuem haben, die neue Wege bahnen, die den Mut haben, voranzuschreiten. In der Mythologie verkörpert der *Held* symbolisch diese Existenzform. Der Held ist ein Mensch, der den Mut hat, zu verlassen, was er hat – sein Land, seine Familie, sein Eigentum – und in die Fremde hinauszuziehen, nicht ohne Furcht, aber ohne ihr zu erliegen. In der buddhistischen Tradition ist Buddha der Held, der all seinen Besitz aufgibt, jegliche Gewißheit, die ihm die Hindutheologie bietet, seinen Rang, seine Familie, und einen Weg geht, der zur Freiheit von aller Gier führt. Abraham und Moses sind solche Heldengestalten in der jüdischen Tradition. Der christliche Held ist Jesus, der nichts hat und – in den Augen der Welt – nichts ist, doch aus überquellender Liebe zu allen Menschen handelt.

Die Griechen haben weltliche Helden, deren Ziel der Sieg, die Befriedigung ihres Stolzes und Eroberung ist. Doch wie die religiösen Helden wagen Herkules und Odysseus sich hinaus, ohne sich von den Risiken und Gefahren abschrecken zu lassen, die ihrer warten. Auch der Held im Märchen entspricht dem gleichen Ideal: Er verläßt die Heimat, drängt vorwärts und kann die Unsicherheit ertragen.

Wir bewundern diese Helden, weil wir im Tiefsten fühlen, daß ihr Weg auch der unsere sein sollte – wenn wir ihn einschlagen könnten. Aber da wir Angst haben, glauben wir, daß wir es nicht können und daß nur der Held es kann. Der Held wird zu einem Idol; wir übertragen auf ihn unsere Fähigkeit, voranzuschreiten, und dann bleiben wir, wo wir sind, denn »wir sind keine Helden«.

Diese Überlegungen könnten so verstanden werden, daß es zwar bewundernswert, aber im Grunde verrückt und gegen das eigene Interesse ist, ein Held zu sein. Das stimmt jedoch keinesfalls. Die Vorsichtigen, die Besitzenden wiegen sich in Sicherheit, doch notwendigerweise sind sie alles andere als sicher. Sie sind abhängig von ihrem Besitz, ihrem Geld, ihrem Prestige, ihrem Ego – das heißt von etwas, das sich außerhalb ihrer selbst befindet. Aber was wird aus ihnen, wenn sie verlieren, was sie haben? Und in der Tat gibt es nichts, was man haben und nicht auch verlieren kann. Am offenkundigsten natürlich Besitz, und damit gewöhnlich auch Stellung und Freunde – und man kann jeden Augenblick sein Leben verlieren, irgendwann verliert jeder es unausbleiblich.

Wer bin ich, wenn ich bin, was ich habe, und dann verliere, was ich habe? Nichts als ein besiegter, gebrochener, erbarmenswerter Mensch, Zeugnis einer falschen Lebensweise. Ibsen ist mit seinem Peer Gynt eine überzeugende Darstellung eines solchen egozentrischen Menschen gelungen. Peer ist nur von sich erfüllt; in seinem extremen Egoismus glaubt er, *er selbst* zu sein, da *er* ein »Bündel von Begierden« ist. Am Ende seines Lebens erkennt er, daß er aufgrund dieser Habenstruktur seiner Existenz nie er selbst gewesen ist, daß er wie eine Zwiebel ohne Kern ist, ein Unfertiger, der nie er selbst war.

Die Angst und Unsicherheit, die durch die Gefahr entsteht, zu verlieren, was man hat, existiert im Seinsmodus nicht. Wenn *ich bin, wer ich bin* und nicht, was ich *habe,* kann mich niemand berauben oder meine Sicherheit und mein Identitätsgefühl bedrohen. Mein Mittelpunkt ist in mir selbst – die Fähigkeit zu sein und meine essentiellen Kräfte auszudrücken, ist Teil meines Charakters und hängt von mir ab. Dies gilt für die normalen Lebensumstände und natürlich nicht für extreme Situationen wie Krankheiten mit unerträglichen Schmerzen, Folter oder andere Fälle, in denen die meisten Menschen ihrer Fähigkeit zu sein beraubt sind.

Während beim Haben das, was man hat, sich durch Gebrauch verringert, nimmt das Sein durch die Praxis zu. (Der »brennende Dornbusch«, der sich nicht verzehrt, ist das biblische Symbol für dieses Paradox.) Die Kräfte der Vernunft, der Liebe, des künstlerischen und intellektuellen Schaffens – alle wesentlichen Fähigkeiten wachsen, wenn man sie ausübt. Was man gibt, verliert man nicht, sondern im Gegenteil, man verliert, was man festhält. Im Seinsmodus liegt die einzige Bedrohung meiner Sicherheit in mir selbst: im mangelnden Glauben an das Leben und an meine produktiven Kräfte; in regressiven Tendenzen; in innerer Faulheit, in der Bereitschaft, andere über mein Leben bestimmen zu lassen. Aber diese Gefahren sind nicht *inhärent* im Sein, so wie die Gefahr des Verlusts inhärent im Haben ist.

Solidarität – Antagonismus

Von dem Erlebnis des Liebens, des Gernhabens, des Sich-Freuens über etwas, ohne dieses *haben* zu wollen, hat Suzuki gesprochen, als er das japanische und das englische Gedicht miteinander verglich (siehe das erste Kapitel). Für den modernen westlichen Menschen ist es in der Tat nicht leicht, sich zu freuen, ohne zu haben. Doch es ist uns auch nicht ganz fremd. Suzukis Beispiel von der Blume würde nicht gelten, wenn der Wanderer statt dessen einen Berg, eine Wiese oder etwas anderes, das man nicht mitnehmen kann, betrachtete. Freilich würden viele oder die meisten Menschen den Berg nicht wirklich *sehen*, außer als Klischee; statt ihn zu *sehen*, würden sie seinen Namen oder seine Höhe wissen oder ihn besteigen wollen (was eine andere Form der Besitzergreifung sein kann). Aber einige können ihn wirklich sehen und sich an ihm freuen. Dasselbe gilt für das Interesse an Musik. Es kann ein Akt des Besitzergreifens sein, wenn ich mir eine Schallplatte kaufe, auf der Musik ist, die ich gern mag, und vielleicht »konsumieren« die meisten Menschen, denen Kunst gefällt, diese nur; aber es gibt doch wohl noch eine Minderheit, die mit echter Freude, ohne den Impuls zu »haben« reagiert.

Manchmal kann man die Reaktion am Gesichtsausdruck der Menschen ablesen. Vor kurzem sah ich im Fernsehen einen Film über die hervorragenden Akrobaten und Jongleure des chinesischen Zirkus. Die Kamera schwenkte häufig zu den Zuschauern, um die Reaktion einzelner aufzunehmen. Die meisten Gesichter leuchteten auf, wurden lebendig, verschönt durch die anmutigen, lebendigen Darbietungen. Nur eine Minderheit schien unbewegt und kalt zu bleiben.

Das gleiche Entzücken ohne Besitzwunsch ist oft im Verhalten gegenüber kleinen Kindern zu beobachten. Auch hier vermute ich, daß eine Menge Selbsttäuschung im Spiel ist, denn wir sehen uns gern in der Rolle des Kinderfreunds. Aber obwohl Skepsis am Platz ist, glaube ich doch, daß echte, spontane Reaktionen auf Kinder nicht selten sind. Der Grund dafür mag zum Teil sein, daß die meisten Menschen keine Angst vor Kindern haben, wohl aber vor Jugendlichen und Erwachsenen. Diese Angstfreiheit gestattet uns zu lieben, was wir sonst nicht können, wenn uns die Furcht im Wege steht.

Die relevantesten Beispiele für Freude ohne das Verlangen zu besitzen findet man in den zwischenmenschlichen Beziehungen. Ein Mann und eine Frau mögen einander aus vielen Gründen anziehen: wegen ihrer Grundhaltung, ihres Geschmacks, ihrer Ideen, ihres Temperaments, ihrer gesamten Persönlichkeit; doch nur bei jenen, die *haben* müssen, was ihnen gefällt, wird diese Zuneigung gewohnheitsmäßig das Verlangen nach sexuellem Besitz erwecken. Diejenigen, in denen der Seinsmodus ausschlaggebend ist, werden die Gesellschaft eines Mannes oder einer Frau genießen und auch erotisch anziehend finden können, ohne sie oder ihn »pflücken« zu müssen, wie es in Tennysons Gedicht heißt.

Der Habentypus möchte den Menschen, den er liebt oder bewundert, *besitzen*. Dies kann man im Verhältnis zwischen Eltern und Kindern, Lehrern und Schülern und unter Freunden beobachten. Beide Partner wollen den anderen zur alleinigen Verfügung haben und begnügen sich nicht damit, die Nähe des anderen zu genießen; deshalb sind sie auf andere eifersüchtig, die den gleichen Menschen »haben« wollen. Jeder klammert sich an den anderen wie ein Schiffbrüchiger an eine Planke. Beziehungen, die wesentlich besitzorientiert sind, sind bedrückend, belastend, voll von Eifersucht und Konflikten.

Allgemeiner gesprochen ist im Habenmodus das Verhältnis zwischen den Menschen durch Rivalität, Antagonismus und Furcht gekennzeichnet. Das antagonistische Element innerhalb der Habenbeziehung rührt her von deren Natur: Wenn Haben die Basis meines Identitätsgefühls ist, weil »ich bin, was ich habe«, dann muß der Besitzwunsch zum Verlangen führen, viel, mehr, am meisten zu haben. Mit anderen Worten, *Habgier* ist die natürliche Folge der Habenorientierung. Es kann die Habgier des Geizigen, die Habgier des Profitjägers oder die Habgier des Schürzenjägers sein. Was auch immer seine Gier entfacht, er wird nie genug haben, er wird niemals »zu-frieden« sein. Im Gegensatz zu körperlichen Bedürfnissen wie Hunger, bei denen es physiologisch bedingte Grenzen gibt, ist die *psychische* Gier – und jede Gier ist psychisch, selbst wenn sie über den Körper befriedigt wird – unersättlich, da die innere Leere und Langeweile, die Einsamkeit und die Depression, die sie eigentlich überwinden soll, selbst durch die Befriedigung der Gier nicht beseitigt werden können. Da man das, was man hat, auf die eine oder andere Weise einbüßen kann, muß man außerdem ständig mehr haben wollen, um sein Leben vor dieser Gefahr zu schützen. Wenn jeder mehr möchte, muß jeder die bösen Absichten seiner Nachbarn fürchten, ihm wegzunehmen, was er hat; um solchen Angriffen vorzubeugen, muß man selbst stärker und aggressiver werden. Da die Produktion, so groß sie auch sein mag, niemals mit *unbegrenzten* Wünschen Schritt halten kann, muß zwischen den Individuen im Kampf um den größten Anteil Konkurrenz und Zwietracht herrschen. Und selbst wenn ein Stadium absoluten Überflusses erreicht werden könnte, würde der Kampf weitergehen. Wer von der Natur mit schwächerer Gesundheit und geringerer Attraktivität, mit weniger Gaben und Talenten ausgestattet wäre, würde die anderen, die »mehr« haben, bitter beneiden.

Daß der Habenmodus und die daraus resultierende Habgier zwangsläufig zu Feindseligkeiten und Kampf zwischen den Menschen führen, gilt sowohl für Völker als auch für einzelne Menschen. Denn solange die Völker aus Menschen bestehen, deren hauptsächliche Motivation das Haben und die Gier ist, werden sie notwendigerweise Krieg führen. Es ist unvermeidlich, daß sie einem anderen Volk neiden, was dieses hat, und versuchen, das, was sie begehren, durch Krieg, ökonomischen Druck und Drohungen zu bekommen. Hauptsächlich werden sie diese Methoden gegen schwächere Völker anwenden, und sie werden Bündnisse mit anderen Staaten schließen, um stärker zu sein als ein stärkeres Volk, das angegriffen werden soll. Sogar wenn nur eine leidliche Chance besteht zu gewinnen, wird ein Volk Krieg führen, nicht weil es ihm wirtschaftlich schlecht geht, sondern weil das Verlangen, mehr zu haben und zu erobern, tief im Habenmodus verwurzelt ist.

Natürlich gibt es Zeiten des Friedens. Aber man muß zwischen dauerhaftem Frieden und der Art von Frieden unterscheiden, der eine Zeit des Kräftesammelns und der Aufrüstung ist – mit anderen Worten zwischen Frieden, der ein Zustand von andauernder Harmonie, und Frieden, der im Grunde nichts als ein langer Waffenstillstand ist. Obwohl das 19. und das 20. Jahrhundert Zeiten des Waffenstillstands kannten, sind sie doch geprägt durch einen dauernden Kriegszustand zwischen den Hauptakteuren auf der historischen Bühne. Friede als der Zustand anhaltender harmonischer Beziehungen zwischen Völkern ist nur möglich, wenn die Habenstruktur durch die Struktur des Seins ersetzt wird. Die Vorstellung, man könne Frieden haben, während man das Streben nach Besitz und Gewinn unterstützt, ist eine Illusion, und zwar eine gefährliche, denn sie hindert die Menschen zu erkennen, daß sie sich einer klaren Alternative stellen müssen: entweder Veränderung des Charakters oder ewiger Krieg. Tatsächlich ist diese Alternative alt; die Führer haben den Krieg gewählt und die Menschen sind ihnen gefolgt. Heute und in Zukunft, als Folge der unglaublich anwachsenden Zerstörungskraft der neuen Waffen, ist die Alternative nicht länger Krieg – sondern gegenseitiger Selbstmord.

Was für den Krieg zwischen den Völkern gilt, ist ebenso gültig für den Klassenkampf. Es gab den Kampf zwischen den Klassen, zwischen den Ausbeutern und den Ausgebeuteten, in Gesellschaften, die auf dem Prinzip der Habgier begründet waren, immer schon. Es gab ihn dort nicht, wo es keine Ausbeutung gab, weil sie wirtschaftlich nicht möglich war. Aber notwendigerweise gibt es in jeder Gesellschaft, sogar in der reichsten, Klassen, wenn die Orientierung auf das Haben hin vorherrscht. Wie gesagt, setzt man grenzenlose Bedürfnisse voraus, kann selbst die ausgedehnteste Produktion nicht Schritt halten mit den Phantasievorstellungen, mehr zu haben als die anderen. Notwendigerweise werden die, die stärker, klüger oder durch irgendwelche Umstände begünstigt sind, versuchen, sich eine Vorrangstellung zu sichern, und sie werden mit Zwang und Gewalt oder durch Gesetze versuchen, die zu übervorteilen, die weniger Macht haben als sie. Unterdrückte Klassen werden ihre Beherrscher stürzen, um selbst Herrscher zu werden und so endlos weiter. Der Klassenkampf kann mildere Formen annehmen, aber er kann nicht aufhören, solange Habgier das Herz des Menschen beherrscht. Die Vorstellung einer klassenlosen Gesellschaft in einer sogenannten sozialistischen Welt, die vom Geist der Habgier voll ist, ist ebenso illusionär – und gefährlich – wie die Idee eines immerwährenden Friedens zwischen habgierigen Völkern.

Im Seinsmodus hat diese Art von privatem Haben (Privateigentum) wenig gefühlsmäßige Betonung, denn ich brauche etwas nicht zu besitzen, um es genießen, ja sogar, um es benützen zu können. Im Seinsmodus kann mehr als ein Mensch, können in der Tat Millionen Menschen sich an der gleichen Sache erfreuen, da keiner von ihnen sie *haben* muß, um sie genießen zu können. Diese Tatsache verhindert nicht nur Streit, sie bewirkt eines der tiefsten Erlebnisse menschlichen Glücks, *geteilte Freude*. Nichts vereinigt Menschen mehr (ohne ihre Individualität einzuengen) als ihre gemeinsame Bewunderung und Liebe für einen Menschen; als ein Gedanke, ein Symbol, ein Ritual, ja selbst Leiden, die sie teilen. Ein solches Erlebnis macht die Beziehung zwischen zwei Menschen lebendig und erhält sie lebendig, es ist die Grundlage aller großen religiösen, politischen und philosophischen Bewegungen. Dies gilt natürlich nur solange und in dem Maße, als der einzelne wirklich liebt und bewundert. Sobald religiöse und politische Bewegungen verknöchern, sobald die Bürokratie den Menschen durch Suggestion und Drohungen gängelt, werden weniger die Erfahrungen geteilt als die materiellen Dinge.

Im Liebesakt hat die Natur gleichsam den Prototyp – oder das Symbol – gemeinsam erlebter Lust geschaffen, wenn es sich auch empirisch nicht immer um geteilte Lust handelt. Häufig sind die Partner so narzißtisch, selbstbezogen und possessiv, daß man bestenfalls von *gleichzeitiger*, aber nicht von *geteilter* Lust sprechen kann.

Die Natur liefert jedoch ein noch eindeutigeres Symbol für den Unterschied zwischen Haben und Sein. Die Erektion des Penis ist vollkommen funktional. Der Mann *hat* nicht eine Erektion wie einen Besitz oder eine dauernde Eigenschaft (obwohl es jedem freisteht, darüber zu spekulieren, wieviele Männer wünschen, sie *hätten* eine) – der Penis *ist* im Zustand der Erektion, solange der Mann erregt ist, solange er die Person begehrt, die seine Erregung hervorgerufen hat. Wird diese Erregung aus irgendeinem Grund gestört, *hat* er – nichts. Und im Gegensatz zu praktisch allen anderen Verhaltensformen kann die Erektion weder vorgetäuscht noch erzwungen werden. George Groddek, einer der bedeutendsten, wiewohl ein relativ wenig bekannter Psychoanalytiker pflegte zu sagen, daß ein Mann schließlich nur ein paar Minuten lang ein Mann sei. Meistens sei er ein kleiner Junge. Groddek meinte natürlich nicht, daß der Mann als Gesamtpersönlichkeit zum kleinen Jungen wird, sondern gerade in dem Punkt, der für viele Männer der Beweis ist, daß sie Männer sind. (Vgl. meine Untersuchung »Geschlecht und Charakter«, 1943.)

Freude – Vergnügen

Eckhart lehrte, daß Lebendigkeit *Freude* bewirkt. Der moderne Leser schenkt dem Wort »Freude« vielleicht keine besondere Beachtung und liest darüber hinweg, als ob Eckhart »Vergnügen« geschrieben hätte. Doch die Unterscheidung zwischen Freude und Vergnügen ist wesentlich, speziell in bezug auf den Haben- und Seinsmodus. Der Unterschied ist nicht leicht zu verstehen, da wir in einer Welt »freudlosen Vergnügens« leben.

Was ist Vergnügen? Obwohl das Wort auf verschiedene Weise verwendet wird, könnte man es dem üblichen Sprachgebrauch folgend am besten als Befriedigung eines Verlangens definieren, zu der es nicht unbedingt der Aktivität (im Sinne von Lebendigkeit) bedarf. Ein solches Vergnügen kann äußerst intensiv sein: das Vergnügen, gesellschaftlichen Erfolg zu haben, mehr Geld zu verdienen, in der Lotterie zu gewinnen, das konventionelle sexuelle Vergnügen, nach »Herzenslust« zu essen, ein Rennen zu gewinnen, der euphorische Zustand, der durch Alkohol, Drogen oder Trance entsteht, das Vergnügen, seinen Sadismus zu befriedigen oder sein Verlangen, zu töten oder Lebendiges zu zerstückeln.

Um reich und berühmt zu werden, ist es freilich notwendig, sehr aktiv im Sinne von geschäftig zu sein, nicht aber im Sinne von »innerer Geburt«. Hat man sein Ziel erreicht, so empfindet man vielleicht Erregung oder »intensive Befriedigung«, man glaubt, am »Gipfel« zu sein. Am Gipfel wovon? Vielleicht auf einem Gipfel der Erregung, der Befriedigung oder eines tranceähnlichen oder orgiastischen Zustandes. In diesen Zustand wurde man jedoch durch Leidenschaften getrieben, die zwar menschlich, aber dennoch insofern pathologisch sind, als sie nicht zu einer wirklich adäquaten Lösung der menschlichen Problematik führen und den Menschen nicht stärken und wachsen lassen, sondern ihn im Gegenteil früher oder später verkrüppeln. Die Vergnügungen der radikalen Hedonisten, die Befriedigungen immer neuer Gelüste, rufen *Nervenkitzel* verschiedenen Grades hervor, aber sie erfüllen den Menschen nicht mit *Freude*. Die Freudlosigkeit seines Lebens zwingt ihn im Gegenteil, immer wieder nach neuen und noch aufregenderen Genüssen zu suchen.

Der moderne Mensch ist in dieser Hinsicht in der gleichen Lage wie die Hebräer vor 3000 Jahren. Als Moses zu den Hebräern über eine ihrer schwersten Sünden sprach, sagte er: »Weil du dem Herrn, deinem Gott nicht gedient hast mit Freude und Lust deines Herzens, obwohl du Überfluß hattest an allem.« (Deuteronomium 28, 47) Freude ist eine Begleiterscheinung produktiver Tätigkeit. Sie ist kein »Gipfelerlebnis«, das kulminiert und abrupt endet, sondern eher ein Plateau, ein emotionaler Zustand, der die produktive Entfaltung der essentiellen Fähigkeiten des Menschen begleitet. Freude ist nicht die Ekstase, das Feuer des Augenblicks, sondern die Glut, die dem Sein innewohnt.

Vergnügungen und Nervenkitzel hinterlassen ein Gefühl der Traurigkeit, wenn der Höhepunkt überschritten ist. Denn die Erregung wurde ausgekostet, aber das Gefäß ist nicht gewachsen. Die inneren Kräfte haben nicht zugenommen. Man hat versucht, die Langeweile unproduktiver Beschäftigung zu durchbrechen, es ist einem gelungen, für einen Augenblick alle Energien auf ein Ziel zu konzentrieren – außer Vernunft und Liebe; man wollte ein Übermensch werden, ohne ein Mensch zu sein. Im Augenblick des Triumphs glaubt man, sein Ziel erreicht zu haben – aber auf den Triumph folgt tiefe Niedergeschlagenheit, weil man erkennen muß, daß sich im eigenen Inneren nichts geändert hat. Der alte Satz »nach dem Koitus ist das Tier traurig« *(Post coitum animal triste est)* drückt das gleiche Phänomen in bezug auf lieblosen Sex aus – ebenfalls ein mit starker Erregung verbundenes Gipfelerlebnis und daher enttäuschend, sobald es vorüber ist. Freude fühlt man nur, wenn physische Intimität gleichzeitig die Intimität des Liebens ist.

Wie zu erwarten, spielt Freude in den religiösen und philosophischen Systemen, die im Sein den Sinn des Lebens sehen, eine zentrale Rolle. Der Buddhismus lehnt »Vergnügen« ab, die letzte Stufe, Nirwana, wird jedoch als Zustand der Freude beschrieben, wie aus den Berichten und Bildern vom Tode Buddhas hervorgeht. (Ich bin dem verstorbenen D. T. Suzuki zu Dank verpflichtet, der mich anhand des berühmten Bildes vom Tode Buddhas auf diese Tatsache aufmerksam machte.)

Das Alte Testament und die spätere jüdische Tradition warnen zwar vor der Lust, die mit der Befriedigung von Begierden verbunden ist, sehen aber in der Freude die Grundstimmung, die das Sein begleitet. Das Buch der Psalmen endet mit der Folge von fünfzehn Gesängen, die ein einziger Hymnus an die Freude sind und die dynamischen Psalmen, die in Furcht und Trauer beginnen, enden in Freude.*

Der Sabbat ist der Tag der Freude und in der messianischen Zeit wird in der ganzen Welt Freude herrschen. Die prophetische Literatur ist überreich an Verkündigungen der Freude, etwa in den folgenden Passagen: »Alsdann wird sich die Jungfrau am Reigen erfreuen, und jung und alt wird fröhlich sein; ich werde ihre Trauer in Freude wandeln . . .« (Jeremia 31, 13) und: »Ihr werdet mit Freuden Wasser schöpfen . . .« (Jesaja 12, 3); Jerusalem wird von Gott »die Stätte der Wonne« genannt (Jeremia 49, 25). Die gleiche Bedeutung der Freude finden wir im Talmud: »Die Freude, die aus der Erfüllung einer religiösen Pflicht kommt, ist der einzige Weg zum heiligen Geist.« (Berachoth 31, a) Freude wird als so fundamental angesehen, daß nach talmudischem Gesetz die Trauer um einen nahen Verwandten, dessen Tod weniger als eine Woche zurückliegt, durch die Freude des Sabbat unterbrochen werden muß. Die chassidische Bewegung, deren Motto der Vers aus den Psalmen »Dienet dem Herrn mit Freuden« war, schuf einen Lebensstil, in dem Freude ein wesentliches Element war. Traurigkeit und Niedergeschlagenheit galten als Anzeichen spiritueller Verwirrung, wenn nicht gar als Sünde.

Im Christentum weist schon die Bezeichnung der Evangelien – Frohe Botschaft – auf die zentrale Bedeutung von Frohsinn und Freude hin. Im Neuen Testament wird mit Freude belohnt, wer dem Haben entsagt, während Traurigkeit das Los desjenigen ist, der an seinem Besitz festhält. (Siehe dazu Matthäus 13, 44 und Matthäus 19, 22.) Aus vielen Aussprüchen Jesu erhellt, daß für ihn Freude eine Begleiterscheinung des Lebens im Seinsmodus war. In seiner letzten Rede an die Apostel spricht Jesus über die Freude in ihrer letzten Bedeutung: »Dies habe ich zu euch ge-

* Ich habe diese Psalmen in *Die Herausforderung Gottes und des Menschen* untersucht.

redet, damit meine Freude in euch sei und eure Freude vollkommen werde.« (Johannes 15, 11)

Wie bereits erwähnt, spielt Freude eine hervorragende Rolle im Denken Eckharts. Der Gedanke der schöpferischen Kräfte des Lachens und der Freude hat vielleicht seinen schönsten poetischen Ausdruck gefunden, wenn Eckhart sagt, daß wenn der Vater den Sohn anlacht und der Sohn zurücklacht, entsteht Vergnügen, aus diesem Vergnügen entsteht Freude, aus der Freude Liebe und aus der Liebe entsteht die Dreifaltigkeit, deren eine Gestalt der Heilige Geist ist. (Siehe Pfeiffer-Übersetzung, nicht von Quint authentisiert.)

Spinoza räumt der Freude in seinem anthropologisch-ethischen System einen beherrschenden Platz ein. »Freude«, sagt er, »ist Übergang des Menschen von geringerer zu größerer Vollkommenheit. Trauer ist Übergang des Menschen von größerer zu geringerer Vollkommenheit.« (Ethik III, Def. der Affekte, 2, 3).

Spinozas Äußerung wird erst dann ganz verständlich, wenn wir sie in den Kontext seines ganzen Systems stellen. Um nicht zu verfallen, muß der Mensch versuchen, sich dem »Musterbild der menschlichen Natur« zu nähern, d. h. ein optimal freier, rationaler, aktiver Mensch zu werden; er muß werden, was er sein kann, muß die seiner Natur inhärenten Möglichkeiten ausschöpfen. Gut ist für Spinoza das, »wovon wir gewiß wissen, daß es ein Mittel ist, dem Musterbild der menschlichen Natur, das wir uns vorsetzen, näher und näher zu kommen . . . schlecht dagegen das, wovon wir gewiß wissen, daß es uns hindert, diesem Musterbild zu entsprechen.« (Ethik IV, Vorrede) Freude ist gut, Trauer (tristitia, besser mit Traurigkeit, Schwermut übersetzt) ist schlecht; Freude ist Tugend, Traurigkeit ist Sünde.

Freude also ist es, was wir auf unserem Weg hin zum Ziel der Selbstverwirklichung erleben.

Sünde und Vergebung

Im jüdischen und christlichen theologischen Denken ist der klassische Begriff der Sünde im Grunde identisch mit *Ungehorsam* gegenüber dem Willen Gottes. Dies ist offenkundig im Ungehorsam Adams, der allgemein als Ursprung der ersten Sünde angesehen wird. Nach jüdischer Tradition galt dieser Akt des Ungehorsams im Gegensatz zur christlichen

Auffassung nicht als »Ursünde«, die sich auf alle seine Nachkommen vererbte, sondern nur als *erste* Sünde – nicht automatisch allen seinen Nachfahren anhaftend.

Beiden gemeinsam ist jedoch die Auffassung, daß Ungehorsam gegenüber Gott *Sünde ist,* wie auch immer die Gebote lauten. Das ist nicht verwunderlich, wenn wir uns vor Augen halten, daß das Inbild Gottes in diesem Abschnitt der biblischen Geschichte das einer strengen Autorität war, das der Rolle eines orientalischen »Königs der Könige« entsprach. Es ist aber auch nicht überraschend, wenn wir uns vergegenwärtigen, daß sich die Kirche fast von Anbeginn einer gesellschaftlichen Ordnung anpaßte, die – damals wie heute, im Feudalismus ebenso wie im Kapitalismus – vom einzelnen strikte Einhaltung der Gesetze fordern muß, um funktionsfähig zu sein, ob diese nun seinen wahren Interessen dienen oder nicht. Inwieweit diese Gesetze autoritär oder liberal sind und mit welchen Mitteln ihre Befolgung erzwungen wird, ändert wenig am Kernpunkt: der Mensch muß die Autorität fürchten lernen; und nicht nur in Gestalt der »Gesetzeshüter«, weil diese eine Waffe tragen. Diese Furcht ist kein ausreichendes Mittel, um das reibungslose Funktionieren des Staates zu garantieren; der Bürger muß diese Furcht verinnerlichen und dem Ungehorsam eine moralische und religiöse Qualität verleihen: die der Sünde.

Der Mensch respektiert die Gesetze nicht nur aus Angst vor Strafe, sondern auch, weil Ungehorsam in ihm Schuldgefühle auslöst. Von diesen Schuldgefühlen entbindet ihn die Vergebung, die nur von der Autorität gewährt werden kann. Voraussetzung solcher Vergebung ist, daß der Sünder bereut, daß er bestraft wird und sich erneut unterwirft, indem er die Strafe annimmt. Die Reihenfolge Sünde (Ungehorsam) → Schuldgefühle → neuerliche Unterwerfung (und Bestrafung) → Vergebung ist insofern ein Teufelskreis, als jeder Akt des Ungehorsams zu verstärktem Gehorsam führt. Nur wenige lassen sich nicht auf diese Weise einschüchtern. Prometheus ist ihr Held. Trotz der unerhört grausamen Strafe, die Zeus über ihn verhängt, unterwirft er sich weder noch fühlt er sich schuldig. Er wußte, daß es ein Akt der Solidarität war, den Göttern das Feuer zu stehlen und es den Menschen zu geben; daß er ungehorsam gewesen war, aber nicht gesündigt hatte. Wie viele andere liebende Helden (Märtyrer) der Menschheit, hatte er die Gleichsetzung von Ungehorsam und Sünde durchbrochen.

Die Gesellschaft besteht jedoch nicht aus Helden. Solange die Tafel nur für eine Minderheit gedeckt war, während die Mehrheit ihren Zwecken zu dienen hatte und sich mit den Überresten zufriedengeben mußte, war es notwendig, das Gefühl zu kultivieren, daß Ungehorsam Sünde sei. Staat und Kirche taten dies mit vereinten Kräften. Sie arbeiteten zusammen, da sie beide ihre eigenen Hierarchien zu schützen hatten. Der Staat brauchte die Religion, um eine Ideologie zu haben, die Ungehorsam zur Sünde erklärte, die Kirche braucht Gläubige, die der Staat in der Tugend des Gehorsams geschult hatte. Beide bedienten sich der Institution der Familie, die die Funktion hatte, das Kind von dem Augenblick an, in dem es zum ersten Mal einen eigenen Willen bekundete, zum Gehorsam zu erziehen (gewöhnlich spätestens mit dem Beginn der Reinlichkeitserziehung). Der »Eigenwille« des Kindes mußte gebrochen werden, um sicherzustellen, daß es später als Bürger wunschgemäß funktionieren würde.

Im üblichen theologischen und säkularen Sprachgebrauch ist Sünde ein an autoritäre Strukturen gebundener Begriff, und diese Strukturen entsprechen dem Habenmodus der Existenz, in welchem die Mitte des Menschen nicht in ihm selbst liegt, sondern in der Autorität, der er sich unterwirft. Wir verdanken unser Wohlbefinden nicht unserer eigenen produktiven Aktivität, sondern unserem passiven Gehorsam und dem dadurch erkauften Wohlwollen der Autorität. Wir *haben* ein (säkulares oder religiöses) Oberhaupt (König/Königin oder Gott), in das wir Vertrauen haben, wir *haben* Sicherheit, solange wir – niemand *sind.* Man darf sich nicht durch die Tatsache täuschen lassen, daß die Unterjochung nicht unbedingt als solche bewußt wird; daß sie auch milde Formen annehmen kann; daß die psychische und die gesellschaftliche Struktur nicht absolut, sondern nur teilweise autoritär sein mag. Tatsache ist, daß *wir in dem Maße, in welchem wir die autoritäre Struktur unserer Gesellschaft internalisiert haben, im Habenmodus leben.*

Thomas von Aquins Auffassung von Autorität, Ungehorsam und Sünde ist eine humanistische, wie Alfons Auer sehr eingehend dargelegt hat. Thomas' Begriff der Sünde ist nicht der des Ungehorsams gegenüber irrationaler Autorität, sondern der der Verletzung des menschlichen Wohlseins.* So kann Thomas erklären, daß Gott von uns nie beleidigt werden

* Ich bin Herrn Professor Auer zu Dank verpflichtet, der mir Einblick in sein noch unveröffentlichtes Manuskript über die Autonomie des Sittlichen nach Thomas von Aquin gewährte. Auers Abhandlung erleichtert sehr das Verständnis der ethischen Konzeptionen Thomas'. Dasselbe gilt für Auers Artikel »Ist die Sünde eine Beleidigung Gottes?«

kann, außer wir handeln gegen unser eigenes Wohlsein. (Siehe Thomas von Aquin, s. c. gent. 3, 122.) Um diesen Standpunkt verstehen zu können, müssen wir uns klarmachen, daß für Thomas das menschliche *Glück (bonum humanum)* weder die willkürliche Erfüllung rein subjektiver Wünsche oder triebhafter Begierden (»natürlich« im stoischen Sinn), noch das Ergebnis göttlicher Willkür ist. Es ist für ihn determiniert durch unser rationales Verständnis der menschlichen Natur und der darauf basierenden Normen, die optimales Wachstum und Wohlbefinden gewährleisten. (Als gehorsamer Sohn der Kirche und gehorsames Mitglied seines Ordens und als Verteidiger der bestehenden gesellschaftlichen Ordnung gegen die revolutionären Sekten war Thomas kein reiner Repräsentant einer nichtautoritären Ethik; die Verwendung des Wortes Ungehorsam für beide Arten des Ungehorsams trug dazu bei, die Widersprüchlichkeit seines Standpunkts zu verschleiern.)

Während Sünde im Sinne von Ungehorsam Bestandteil der autoritären *Habenstruktur* ist, hat dieser Begriff im nichtautoritären Seinsmodus eine völlig andere Bedeutung. Auch diese andere Bedeutung ist in der Geschichte des Sündenfalls enthalten und wird klar, wenn man diese Geschichte anders als üblich interpretiert. Gott hatte den Menschen im Garten Eden ausgesetzt und ihn davor gewarnt, vom Baum des Lebens und vom Baum der Erkenntnis von gut und böse zu essen. Da er sah, daß »es nicht gut ist, daß der Mensch allein sei«, schuf er die Frau. Mann und Frau sollten eins werden. Sie waren beide nackt »und sie schämten sich nicht«. Diese Feststellung wird gewöhnlich, vom Standpunkt der konventionellen Sexualmoral her interpretiert, die annimmt, daß sie sich natürlich schämen würden, wenn ihre Genitalien nicht bedeckt sind. Aber es ist zu bezweifeln, ob dies alles ist, was der Text zu sagen hat. In einer tieferen Schicht könnte der Satz implizieren: Obwohl sie einander unverhüllt gegenübertraten, erlebten sie einander nicht als Fremde, als voneinander getrennte Individuen, sondern als »eins«.

Diese prähumane Situation ändert sich radikal nach dem Sündenfall, als sie im vollen Sinne Menschen werden, ausgestattet mit Vernunft, mit der Fähigkeit, zwischen gut und böse zu unterscheiden; mit Bewußtsein voneinander als separate Wesen; Bewußtsein der Tatsache, daß ihre ursprüngliche Einheit zerbrochen ist, daß sie einander fremd geworden sind. Sie sind sich nahe und dennoch fühlen sie sich getrennt und fern voneinander. Sie empfinden die tiefste Scham, die es gibt: einem Mitmenschen »nackt« gegenüberzutreten und sich dabei der gegenseitigen Entfremdung, der tiefen Kluft bewußt zu sein, die sie voneinander trennen. »Sie machten sich Schurze« und versuchten auf diese Weise, die volle menschliche Begegnung zu vermeiden, die Nacktheit, in der sie einander sehen. Aber weder Scham noch Schuld lassen sich beseitigen, indem man sie verbirgt. Sie suchten nicht, sich in Liebe zu nähern; vielleicht begehrten sie einander körperlich, aber körperliche Vereinigung kann die menschliche Entfremdung nicht heilen. Daß sie einander nicht lieben, geht aus ihrem Verhalten hervor: Eva versucht nicht, Adam zu beschützen und Adam will der Bestrafung entgehen, indem er Eva als die Schuldige bezichtigt, statt sie zu verteidigen.

Welcher Sünde haben sie sich schuldig gemacht? Einander als getrennte, isolierte, egoistische Menschen gegenüberzutreten, die ihre Trennung nicht durch den Akt liebender Vereinigung überwinden können. Diese Sünde ist in der menschlichen Existenz verwurzelt. Da die ursprüngliche Harmonie mit der Natur verlorengegangen ist, die das Tier kennzeichnet, dessen Leben durch eingebaute Instinkte bestimmt wird, kann der Mensch dem Bewußtsein seiner totalen Trennung von jedem anderen Menschen nicht entrinnen. In der katholischen Theologie ist diese Form der Existenz – völlige Trennung und Entfremdung voneinander ohne die Brücke der Liebe – die Definition von »Hölle«. Dieser Zustand ist unerträglich. Wir müssen diese Qual der absoluten Isolierung auf irgendeine Weise überwinden: durch Unterwerfung oder durch Beherrschung oder durch den Versuch, Vernunft und Bewußtsein zum Schweigen zu bringen. Doch alle diese Bemühungen versprechen nur kurzfristigen Erfolg und blockieren den Weg, der zu einer wirklichen Lösung führt. Es gibt nur eine Möglichkeit, sich vor dieser Hölle zu retten: aus dem Gefängnis seiner Egozentrik auszubrechen, die Hand auszustrecken und »eins mit der Welt« zu werden. Wenn egozentrisches Getrenntsein eine Todsünde ist, dann wird diese Sünde durch den Akt des Liebens gesühnt. Das englische Wort *atonement* (Sühne) drückt diese Auffassung aus, denn es kommt etymologisch von »at-onement«, dem mittelenglischen Wort für Vereinigung. Die Sünde des Getrenntseins braucht nicht *vergeben* zu werden, da es sich nicht um einen Akt des Ungehorsams handelt, aber sie muß *geheilt* werden, und Liebe, nicht Aufsichnehmen von Strafe ist das Mittel zu ihrer Heilung.

Rainer Funk hat mich darauf aufmerksam gemacht, daß diese Definition von Sünde als Getrenntsein auch von einigen Kirchenvätern geäußert wurde, die sich dem nichtautoritären Sündenbegriff Jesu anschlossen. So sagt Origines (in Ezech., Lom. 9, n, 1), daß dort wo Sünde herrscht, auch Zwietracht herrsche, wo aber die Tugend herrsche, herrsche auch die Einigkeit, das Eins-sein. Maximus Confessor erklärt, durch Adams Sünde habe sich die Menschheit, die ein harmonisches Ganzes ohne Konflikt zwischen mein und dein sein sollte, in eine Staubwolke von Einzelwesen verwandelt. Ähnliche Vorstellungen in bezug auf die Zerstörung der ursprünglichen Einheit in Adam tauchen auch in den Schriften des Hl. Augustinus und, worauf Professor Auer hinweist, auch in den Lehren Thomas von Aquins auf. Zusammenfassend stellt de Lubac fest, daß als Werk der »Wiederherstellung« die Erlösung notwendig wird, um die verlorene Einheit wieder zu erlangen, als »Wiederherstellung des übernatürlichen Eins-seins mit Gott und gleichzeitig des Eins-seins der Menschen untereinander. (Siehe dazu auch das Kapitel »Das Konzept der Sünde und Reue« in *Die Herausforderung Gottes und des Menschen.*)

Fassen wir also zusammen: Im Habenmodus und somit in der autoritären Struktur ist Sünde Ungehorsam und wird durch Reue, Bestrafung und erneute Unterwerfung getilgt. Im Seinsmodus, der nichtautoritären Struktur, ist Sünde ungelöste Entfremdung und wird durch volle Entfaltung von Vernunft und Liebe, durch *Eins-sein* überwunden.

Man kann die Geschichte des Sündenfalls in der Tat sowohl in der einen als auch in der anderen Weise interpretieren, da die Geschichte selbst autoritäre und befreiende Elemente enthält. Aber für sich genommen sind die Auffassungen von Sünde einmal als Ungehorsam und das andere Mal als Entfremdung einander diametral entgegengesetzt.

Im Alten Testament scheint die Geschichte des Turmbaus zu Babel den gleichen Gedanken zu enthalten; der Mensch hat hier einen Zustand der Harmonie erreicht, symbolisiert durch die Tatsache, daß die ganze Menschheit die gleiche Sprache spricht. Durch ihren eigenen Machthunger, durch das Verlangen, den großen Turm zu *haben,* zerstören die Menschen ihre Einigkeit und werden uneins. In gewissem Sinn ist der Turmbau zu Babel der zweite »Sündenfall«, die Sünde des historischen Menschen. Die Geschichte wird durch die Tatsache, daß Gott sich vor ihrer Einigkeit und der damit verbundenen Macht fürchtet, weiter kompliziert. ». . . Und der Herr sprach: siehe, sie sind ein Volk und haben alle eine Sprache. Und dies ist erst der Anfang ihres Tuns, nunmehr wird ihnen nichts unmöglich sein, was immer sie sich vornehmen, wohlan, laßt uns hinabfahren und daselbst ihre Sprache verwirren, daß keiner mehr des andern Sprache verstehe.« (Gen. 11, 6–7) Das gleiche Problem besteht natürlich auch schon in der Geschichte des ersten Sündenfalls, wo Gott ebenfalls die Macht fürchtet, die der Mensch erhalten würde, wenn er von den Früchten der beiden Bäume äße, dem Baum der Erkenntnis und dem Baum des Lebens.

Angst vor dem Sterben – Bejahung des Lebens

Es ist vorhin schon gesagt worden: Wenn das Gefühl der Sicherheit auf dem beruht, was man hat, dann ist Angst vor dem Verlust des Besitzes die unausbleibliche Folge. An dieser Stelle möchte ich diesen Gedanken einen Schritt weiter verfolgen.
Es mag einem vielleicht möglich erscheinen, sich nicht an Besitztümer zu hängen und daher auch keine Angst vor ihrem Verlust zu haben. Aber gilt das auch in bezug auf die Angst, das Leben zu verlieren, die Angst vor dem Sterben? Haben alle Menschen Angst vor dem Sterben? Oder nur Alte und Kranke? Oder belastet das Wissen, daß wir sterben müssen, unser ganzes Leben und wird die Angst vor dem Sterben nur intensiver und bewußter, je näher wir durch Alter oder Krankheit an die Grenzen des Lebens gelangen?
Wir bräuchten großangelegte, systematische psychoanalytische Untersuchungen mit dem Ziel, dieses Phänomen von der Kindheit bis ins hohe Alter zu studieren, und dabei sowohl bewußte als auch unbewußte Manifestationen der Angst vor dem Sterben einzubeziehen. Solche Studien müßten sich nicht auf Individuen beschränken, sondern könnten große Gruppen mit Hilfe vorhandener Methoden der Soziopsychoanalyse untersuchen. Da es keine solchen Studien gibt, müssen wir aus vielen verstreuten Einzeldaten vorläufige Schlußfolgerungen ziehen.
Das bemerkenswerteste Faktum ist vielleicht der eingefleischte Wunsch nach Unsterblichkeit, der sich wie bereits erwähnt in den vielen Riten und Glaubensinhalten manifestiert, die die Konservierung des menschlichen Körpers zum Ziel haben. Auf der anderen Seite spricht die heute übliche, spezifisch amerikanische Leugnung des Todes durch die »Verschönerung« der Leiche für die Angst vor dem Tode, indem man das Bewußtsein vom Tode verdrängt.
Es gibt nur einen Weg, diese Angst wirklich zu überwinden – Buddha, Jesus, die Stoiker, Meister Eckhart haben ihn uns gelehrt: *sich nicht an das Leben zu klammern, es nicht als einen Besitz zu betrachten.*

Die Angst vor dem Tod und dem Sterben ist eigentlich nicht das, als was sie erscheint: Angst, nicht weiterzuleben. Wie Epikur sagte: Der Tod geht uns nichts an, denn solange wir sind, ist der Tod noch nicht da; aber wenn der Tod da ist, sind wir nicht mehr (Diogenes Laertius). Freilich kann man sich vor dem Leiden und den Schmerzen fürchten, die dem Sterben vorausgehen können – aber das ist etwas anderes als die Angst vor dem Sterben. Aber während es somit scheinen könnte, daß die Angst vor dem Sterben irrational sei, trifft das nicht zu, wenn das Leben als ein Besitz erlebt wird. Man hat dann nicht vor dem Sterben Angst, sondern davor, *zu verlieren, was ich habe,* meinen Körper, mein Ego, meine Besitztümer und meine Identität, die Angst, in den Abgrund der Nichtidentität zu blicken, »verloren« zu gehen.

In dem Maße, in dem wir im Habenmodus leben, müssen wir das Sterben fürchten, und keine rationale Erklärung wird uns von dieser Angst befreien. Aber sie kann selbst noch in der Stunde des Todes gemildert werden – durch Bekräftigung der Liebe zum Leben, durch Erwiderung der Liebe anderer, die unsere eigene Liebe entfachen kann. Aber die Bekämpfung der Angst vor dem Sterben sollte nicht als Vorbereitung auf den Tod beginnen, sondern ein Teil des ständigen Bemühens sein, *immer mehr vom Haben- in den Seinszustand überzugehen.* Der Weise denkt über das Leben nach und nicht über den Tod, sagt Spinoza.

Die Anleitung zum Sterben ist in der Tat dieselbe wie die Anleitung zum Leben. Je mehr man sich des Verlangens nach Besitz in allen seinen Formen und besonders seiner Ichbezogenheit entledigt, um so geringer ist die Angst vor dem Sterben, da man nichts zu verlieren hat.*

Hier und Jetzt – Vergangenheit, Zukunft

Der Seinsmodus existiert nur im *hic et nunc*, dem »Hier und Jetzt«, und nicht in der Vergangenheit, Gegenwart oder Zukunft.

Im Habenmodus ist der Mensch an das gebunden, was er in der *Vergangenheit* angehäuft hat: Geld, Land, Ruhm, sozialen Status, Wissen, Kinder, Erinnerungen. Er denkt über die Vergangenheit nach und versucht zu fühlen, indem er sich an vergangene Gefühle (oder was er dafür hält)

* Ich beschränke diese Erörterung auf die Angst vor dem Sterben als solche und klammere das nahezu unlösbare Problem des Schmerzes, den wir durch unseren Tod jenen, die uns lieben, zufügen, aus meiner Betrachtung aus.

erinnert (das ist das Wesen der Sentimentalität). Er *ist* die Vergangenheit. Er kann sagen: »Ich bin, was ich war.«

Zukunft ist die Vorwegnahme dessen, was Vergangenheit werden wird; ebenso wie die Vergangenheit wird sie im Habenmodus erlebt. Das kommt in der Redewendung »das ist ein Mann, der eine Zukunft *hat*« zum Ausdruck. Damit meint man, daß er viele Dinge *haben* wird, obwohl er sie jetzt noch nicht hat. Der Werbespruch von Ford: »Sie haben einen Ford in Ihrer Zukunft« betont das *Haben* in der Zukunft, so wie man bei vielen Termingeschäften Waren in der Zukunft kauft oder verkauft. Das fundamentale Erlebnis des Habens ist dasselbe, ob es sich um Vergangenheit oder Zukunft handelt.

Die *Gegenwart* ist der Punkt, an dem Vergangenheit und Zukunft aufeinandertreffen, eine Grenzstation in der Zeit, aber qualitativ nicht anders als die beiden Reiche, die sie miteinander verbindet.

Das Sein steht nicht notwendigerweise außerhalb der Zeit, aber die Zeit ist nicht die Dimension, die das Sein beherrscht. Der Maler ringt mit Farbe, Leinwand und Pinsel, der Bildhauer mit Stein und Meißel, doch der schöpferische Akt, ihre »Vision« des Werkes, das sie erschaffen, transzendiert die Zeit. Diese Vision ist das Werk eines Augenblicks, oder vieler Augenblicke, aber »Zeit« wird in der Vision nicht erlebt. Das gleiche gilt für den Denker. Die Niederschrift seiner Gedanken erfolgt in der Zeit, aber ihre Konzeption ist ein schöpferisches Ereignis außerhalb der Zeit. Und dasselbe trifft für jede Manifestation des Seins zu. Das Erlebnis des Liebens, der Freude, des Erfassens einer Wahrheit geschieht nicht in der Zeit, sondern im Hier und Jetzt. Das *Hier und Jetzt ist Ewigkeit,* d. h. Zeitlosigkeit; Ewigkeit ist nicht, wie oft fälschlich angenommen wird, die ins Unendliche verlängerte Zeit.

Eine wichtige Einschränkung muß jedoch hinsichtlich dessen, was über das Verhältnis zur Vergangenheit gesagt wurde, gemacht werden: Meine Bemerkungen bezogen sich auf das Erinnern, das Nachdenken und Grübeln über die Vergangenheit; für eine solche Habenmentalität ist die Vergangenheit tot. Aber man kann die Vergangenheit auch zum Leben erwecken. Man kann eine Situation der Vergangenheit mit der gleichen Frische erleben, als geschehe sie im Hier und Jetzt; das heißt, man kann die Vergangenheit wiedererschaffen, ins Leben zurückrufen (die Toten auferstehen lassen, symbolisch gesprochen). Soweit einem dies gelingt, hört die Vergangenheit auf, vergangen zu sein, sie *ist* das Hier und Jetzt. Auch die Zukunft kann man erleben, als sei sie das Hier und Jetzt. Dies geschieht, wenn ein künftiger Zustand im eigenen Bewußtsein so vollkommen vorweggenommen wird, daß es sich nur noch »objektiv«, d. h. als äußeres Faktum, nicht aber um das subjektive Erleben der Zukunft handelt. Solcherart ist die Natur des echten utopischen Denkens (im Gegensatz zum utopischen Tagträumen); dies ist aber auch die Basis echten Glaubens, der nicht der äußeren Realisierung in der »Zukunft« bedarf, um das Erlebnis real werden zu lassen.

Die ganze Konzeption von Vergangenheit, Gegenwart und Zukunft, d. h. der Zeit, ist wegen unserer körperlichen Existenz unvermeidbar: die begrenzte Lebensdauer, die konstanten Bedürfnisse des Körpers, der versorgt werden muß, die physische Welt, die wir in ihrem So-sein benützen müssen, um uns zu erhalten. Natürlich kann der Mensch nicht in der Ewigkeit leben; da er sterblich ist, kann er der Zeit nicht entfliehen. Der Rhythmus von Nacht und Tag, Schlafen und Wachen, von Wachsen und Altern, die Notwendigkeit, uns durch Arbeit am Leben zu erhalten und uns zu verteidigen – alle diese Faktoren zwingen uns, die Zeit zu *respektieren,* wenn wir leben wollen – und unser Körper zwingt uns leben zu wollen. Im Seinsmodus respektieren wir die Zeit, aber wir unterwerfen uns ihr nicht. Aber der Respekt wird zur *Unterwerfung* unter die Zeit, wenn der Habenmodus vorherrscht. In dieser Existenzform sind nicht nur die Dinge »Dinge«, sondern alles Lebendige wird zum Ding. Im Seinsmodus ist die Zeit entthront; sie ist nicht länger der Tyrann, der unser Leben beherrscht.

In der industriellen Gesellschaft ist alles dem Diktat der Zeit unterworfen. Die heutige Produktionsweise erfordert, für jeden Handgriff eine bestimmte Zeitspanne vorzusehen. Nicht nur die Arbeit am Fließband, in weniger krudem Sinn die meisten unserer Tätigkeiten werden von der Uhr geregelt. Die Maschine muß maximal genutzt werden und zwingt daher den Menschen ihren eigenen Rhythmus auf.

Durch die Maschine ist die Zeit zur Beherrscherin des Menschen geworden. Nur in seiner Freizeit scheint der Mensch eine gewisse Wahl zu haben. Doch gewöhnlich organisiert er seine Freizeit genauso wie seine Arbeit; oder er rebelliert gegen den Tyrannen Zeit durch völlige Faulheit, indem er nichts anderes tut als die Forderungen der Zeit zu mißachten und die Illusion von Freiheit zu nähren, während er in Wirklichkeit nur für einen Sonntag dem Zeitgefängnis entronnen ist.

DRITTER TEIL

Der neue Mensch und die neue Gesellschaft

7

RELIGION, CHARAKTER UND GESELLSCHAFT

In diesem Kapitel versuche ich zu zeigen, daß eine Wechselwirkung zwischen gesellschaftlichen Veränderungen und Wandlungen des sozialen Charakters besteht; fernerhin, daß »religiöse« Impulse die nötige Energie beisteuern, die Männer und Frauen brauchen, um tiefgreifende gesellschaftliche Umwälzungen zu bewirken; und schließlich, daß es eines profunden Wandels des Herzens bedürfen wird, wenn eine neue Gesellschaft entstehen soll, daß ein neues Objekt der Hingabe an die Stelle unserer Götzen treten muß.*

Die Grundlagen des sozialen Charakters

Ausgangspunkt dieser Reflexionen ist die Feststellung, daß die Charakterstruktur des durchschnittlichen Individuums und die sozioökonomische Struktur der Gesellschaft, der dieses angehört, miteinander in Wechselbeziehung stehen. Das Ergebnis der Interaktion zwischen individueller psychischer Struktur und sozioökonomischer Struktur bezeichne ich als *sozialen Charakter*. Die sozioökonomische Struktur einer Gesellschaft formt den sozialen Charakter ihrer Mitglieder dergestalt, daß sie tun *wollen*, was sie tun *sollen*. Gleichzeitig beeinflußt der soziale Charakter die sozioökonomische Struktur der Gesellschaft: in der Regel wirkt er als Zement, der der Gesellschaftsordnung zusätzliche Stabilität verleiht; unter besonderen Umständen liefert er den Sprengstoff zu ihrem Umbruch.

* Dieses Kapitel stützt sich weitgehend auf meine früheren Arbeiten, speziell *Die Furcht vor der Freiheit* und *Psychoanalyse und Religion*, in denen ich die wichtigsten Werke der reichhaltigen Literatur zu diesem Thema zitiere.

Das Verhältnis zwischen sozialem Charakter und Gesellschaftsstruktur ist niemals statisch, da beide Elemente nie endende Prozesse darstellen. Eine Veränderung eines der beiden Faktoren hat eine Veränderung beider zur Folge. Viele politische Revolutionäre meinen, zuerst müßten die politische und die ökonomische Struktur radikal verändert werden, dann werde als zweiter und fast zwangsläufiger Schritt ein Wandel der menschlichen Psyche erfolgen. Mit anderen Worten, die neue Gesellschaft werde, sobald sie erst verwirklicht sei, quasi automatisch den neuen Menschen hervorbringen. Sie übersehen dabei, daß die neue Elite, die vom gleichen Charakter motiviert wird wie die alte, dazu neigt, innerhalb der neuen soziopolitischen Institutionen, welche die Revolution geschaffen hat, die Bedingungen der alten Gesellschaft wiederherzustellen; daß der Sieg der Revolution ihre Niederlage als Revolution bedeutet, wenn auch nicht als historische Phase, die den Weg für die sozioökonomische Entwicklung ebnete, welche schließlich versackte, ohne ihre Ziele zu erreichen. Die Französische und Russische Revolution sind deutliche Beispiele. Es ist bemerkenswert, daß Lenin, der zunächst geglaubt hatte, charakterliche Qualitäten seien für die Eignung eines Menschen zum Revolutionär nicht entscheidend, seine Ansicht im letzten Jahr seines Lebens grundlegend änderte, als er Stalins charakterliche Mängel klar erkannte. In seinem Testament forderte er deshalb, Stalin dürfe wegen dieser Mängel nicht zu seinem Nachfolger bestellt werden.

Das andere Extrem stellen jene dar, die behaupten, zunächst gelte es, die Natur des Menschen zu verändern – sein Bewußtsein, seine Wertvorstellungen, seinen Charakter – erst dann könne eine wahrhaft humane Gesellschaft errichtet werden. Die Geschichte der Menschheit hat bewiesen, daß sie unrecht haben. Rein psychische Veränderungen sind stets auf die Privatsphäre bzw. auf kleine Gruppen beschränkt geblieben oder haben sich als völlig unwirksam erwiesen, wenn sittliche Werte gepredigt, aber ganz andere praktiziert wurden.

Sozialer Charakter und »religiöse« Bedürfnisse

Der soziale Charakter hat eine weitere wichtige Funktion außer derjenigen, den Bedarf der Gesellschaft an einem bestimmten Charaktertypus zu decken und die im Charakter wurzelnden Bedürfnisse des einzelnen zu befriedigen. Darüber hinaus muß der soziale Charakter das inhärente religiöse Bedürfnis jedes Menschen erfüllen. Zur Klarstellung: Wie ich den

Begriff »religiös« hier verwende, bezeichnet er weder ein System, das notwendigerweise mit einem Gottesbegriff oder mit Idolen operiert noch gar ein System, das den Anspruch erhebt, eine Religion zu sein, sondern *jedes von einer Gruppe geteilte System des Denkens und Handelns, das dem einzelnen einen Rahmen der Orientierung und ein Objekt der Verehrung bietet.* In diesem weitgefaßten Sinn ist in der Tat keine Gesellschaft der Vergangenheit, der Gegenwart und selbst der Zukunft vorstellbar, die nicht »religiös« wäre.

Diese Definition von »religiös« sagt nichts über den spezifischen Inhalt aus. Objekt der Verehrung können Tiere oder Bäume sein, Idole aus Gold oder Holz, ein unsichtbarer Gott, ein Heiliger oder ein diabolischer Führer; die Vorfahren, die Nation, die Klasse oder Partei, Geld oder Erfolg. Die jeweilige Religion kann den Hang zur Destruktivität fördern oder die Bereitschaft zur Liebe, die Herrschsucht oder die Solidarität; sie kann die Entfaltung der seelischen Kräfte begünstigen oder lähmen. Die Anhänger einer bestimmten Überzeugung mögen ihr System als ein religiöses ansehen, das sich grundsätzlich von den Ideologien des profanen Bereichs unterscheidet, oder sie mögen glauben, keine Religion zu haben und ihre Hingabe an bestimmte angeblich diesseitige Ziele wie Macht, Geld oder Erfolg einzig und allein mit praktischen Notwendigkeiten erklären. Die Frage ist jedoch nicht: *Religion oder nicht?*, sondern vielmehr: *Welche Art von Religion?* Fördert sie die menschliche Entwicklung, die Entfaltung spezifisch menschlicher Kräfte, oder lähmt sie das individuelle Wachstum?

Eine bestimmte Religion ist, sofern es ihr gelingt, das menschliche Verhalten zu motivieren, mehr als eine Sammlung von Doktrinen und Überzeugungen; sie ist in einer spezifischen Charakterstruktur des Individuums und, falls sie von einer Gruppe geteilt wird, in deren sozialem Charakter verwurzelt. Unsere religiöse Grundhaltung ist somit als Aspekt unserer Charakterstruktur anzusehen, denn *wir sind, was wir verehren, und was wir verehren, das motiviert unser Verhalten.* Häufig ist sich der einzelne jedoch des wirklichen Gegenstands seiner persönlichen Verehrung gar nicht bewußt und verwechselt seinen »offiziellen« Glauben mit seiner wahren, wenn auch *geheimen* Religion. Wenn ein Mann beispielsweise die Macht verehrt, sich aber offiziell zu einer Religion der Liebe bekennt, dann ist die Religion der Macht sein geheimer Glaube, während seine sogenannte offizielle Religion, beispielsweise das Christentum, nichts weiter als eine Ideologie für ihn ist.

Das religiöse Bedürfnis wurzelt in den Existenzbedingungen der *Spezies Mensch.* Der Mensch ist ebenso eine eigene Spezies wie der Schimpanse, das Pferd oder die Schwalbe. Jede Spezies ist anatomisch und physiologisch durch bestimmte Eigenschaften und Charakteristika definiert. Biologisch gesehen besteht Übereinstimmung darüber, was den Menschen als Spezies charakterisiert. Ich habe vorgeschlagen, die Spezies Mensch, d. h. die menschliche Natur, auch *psychisch* zu definieren. In der biologischen Evolution tritt die Spezies Mensch in dem Augenblick auf, als zwei Tendenzen der tierischen Evolution zusammentreffen. Die eine Tendenz ist die *ständig abnehmende Determinierung des Verhaltens durch Instinkte* (»Instinkt« wird hier nicht in dem früher gebräuchlichen Sinn eines Lernerfahrungen ausschließenden Verhaltensimpulses verwendet, sondern im Sinne »organischer Triebe«). Selbst wenn man die vielen kontroversen Auffassungen in bezug auf die Natur der Instinkte in Betracht zieht, besteht doch Einigkeit darüber, daß das tierische Verhalten um so weniger durch phylogenetisch programmierte Instinkte determiniert ist, je höher das Tier auf der Stufenleiter der Evolution steht.

Der Prozeß abnehmender Determinierung des Verhaltens durch Instinkte kann als Kontinuum gesehen werden, an dessen Nullende die niedrigsten Formen tierischer Evolution mit dem höchsten Grad an instinktiver Determinierung rangieren; mit fortschreitender Evolution verringert sich diese und erreicht mit den Säugetieren eine bestimmte Ebene; bei den Primaten ist diese Determinierung noch geringer, aber selbst hier besteht noch eine große Kluft zwischen den kleineren, langschwänzigen Affen und den Menschenaffen (wie R. M. Yerkes und A. V. Yerkes 1929 in ihrer klassischen Untersuchung nachgewiesen haben). Bei der Spezies *Homo sapiens* ist die instinktive Determinierung auf ein Minimum reduziert.

Die zweite in der tierischen Evolution auffallende Tendenz ist das *Wachstum des Gehirns, speziell des Neocortex.* Auch in dieser Hinsicht ist die Evolution als Kontinuum aufzufassen: an einem Ende rangieren die niedrigsten Tierarten mit der primitivsten Nervenstruktur und einer relativ kleinen Zahl von Neuronen; am anderen der *Homo sapiens* mit einer größeren und komplexeren Hirnstruktur, insbesondere mit einem Neocortex, der dreimal so groß ist wie der unserer Primaten-Vorfahren, und einer immensen Zahl interneuronaler Verbindungen.

Angesichts dieser Fakten kann die Spezies Mensch als jener Primat definiert werden, welcher an dem Punkt der Evolution auftrat, als die in-

stinktive Determinierung ein Minimum und die Entwicklung des Gehirns ein Maximum erreicht hatte. Diese Verbindung von minimaler instinktiver Determinierung und maximaler Gehirnentwicklung war in der tierischen Evolution nie zuvor aufgetreten und stellt biologisch gesehen ein völlig neues Phänomen dar.

Da die Spezies Mensch kaum von Instinkten motiviert ist, die ihr sagen, wie sie zu handeln hat, und sie andererseits über Selbstbewußtsein, Vernunft und Phantasie verfügt – neue Qualitäten, die über die Fähigkeit selbst der klügsten Primaten zu instrumentalem Denken hinausgehen – brauchte sie einen *Orientierungsrahmen* und ein *Objekt der Verehrung,* um überleben zu können.

Ohne eine »Landkarte« unserer natürlichen und gesellschaftlichen Umwelt – ohne ein strukturiertes und kohärentes Bild der Welt und des Platzes, den wir darin einnehmen – wäre der Mensch verwirrt und unfähig, zielgerichtet und konsequent zu handeln, denn er hätte keine Orientierungsmöglichkeit und fände keinen festen Punkt, der es ihm gestattet, alle die Eindrücke zu ordnen, die auf ihn einstürmen. Unsere Welt erscheint uns sinnvoll, und der Konsens mit unseren Mitmenschen gibt uns die Gewißheit, daß unsere Ideen richtig sind. Selbst wenn unser Weltbild falsch ist, erfüllt es seine psychologische Funktion. Aber es war nie völlig falsch oder vollkommen richtig, sondern stets eine annähernde Erklärung der Phänomene, die ausreichte, um dem Menschen das Leben zu ermöglichen. Unser Weltbild entspricht nur in dem Maße der Wahrheit wie unsere *Praxis* frei von Widersprüchen und Irrationalität ist.

Das Bemerkenswerteste ist, daß es keine Kultur gibt, die ohne einen solchen Orientierungsrahmen auskäme. Das gleiche gilt für jedes Individuum. Oft leugnet der einzelne, ein solches Weltbild zu besitzen, und bildet sich ein, auf die verschiedenen Phänomene und Ereignisse seines Lebens von Fall zu Fall und gestützt auf sein eigenes Urteil zu reagieren. Aber es ist leicht nachzuweisen, daß der Betreffende lediglich seine eigene Weltanschauung für selbstverständlich hält, weil sie ihm als die einzig vernünftige erscheint und ihm überhaupt nicht bewußt ist, daß alle seine Vorstellungen von einem allgemein akzeptierten Bezugsrahmen ausgehen. Wenn ein solcher Mensch mit einer fundamental anders gearteten Lebensanschauung konfrontiert wird, bezeichnet er diese als »verrückt«, »irrational« oder »kindisch«, während ihm seine Ansichten »logisch« erscheinen. Das tiefsitzende Bedürfnis nach einem Bezugsrahmen springt besonders bei Kindern ins Auge. In einem bestimmten Alter neigen Kinder dazu, sich unter Verwendung der wenigen Daten, über die sie verfügen, in scharfsinniger Weise ihren eigenen Orientierungsrahmen zu basteln.

Aber ein Weltbild allein reicht als Richtschnur des Handelns nicht aus; wir brauchen auch ein Ziel, an dem wir uns orientieren können. Tiere haben keine derartigen Probleme. Ihre Instinkte versehen sie sowohl mit einem »Weltbild« als auch mit Zielen. Aber da uns die Determinierung durch den Instinkt fehlt und wir andererseits ein Gehirn haben, das es uns gestattet, uns viele Richtungen vorzustellen, in die wir gehen können, brauchen wir ein Objekt totaler Hingabe, einen Brennpunkt für all unser Streben und zugleich eine Grundlage für unsere tatsächlichen – nicht nur die proklamierten – Werte. Wir brauchen ein solches Objekt der Verehrung, um unsere Energien in eine Richtung zu lenken, um unsere isolierte Existenz mit all ihren Zweifeln und Unsicherheiten zu transzendieren und um unser Bedürfnis, dem Leben einen Sinn zu geben, erfüllen zu können.

Die sozioökonomische Struktur, die Charakterstruktur und die religiöse Struktur sind voneinander untrennbar. Wenn das religiöse System nicht dem vorherrschenden sozialen Charakter entspricht, wenn es in Widerspruch zur gesellschaftlichen Praxis steht, ist es nur eine Ideologie. Die eigentlich wirksame religiöse Struktur verbirgt sich dahinter, auch wenn sie uns nicht als solche bewußt wird – es sei denn, die der religiösen Charakterstruktur inhärenten menschlichen Energien wirken als Sprengstoff und tendieren dazu, die gegebenen sozioökonomischen Bedingungen zu unterminieren. Wie es jedoch immer Ausnahmen von dem vorherrschenden sozialen Charakter gibt, so gibt es auch Ausnahmen von dem dominanten religiösen Charakter. Diese Menschen sind oft die Führer religiöser Revolutionen oder begründen neue Religionen.

Eine spezifisch »religiöse« Orientierung ist der Erlebniskern aller »Hochreligionen«, doch im Laufe ihrer Entwicklung wurde sie weitgehend pervertiert. Wie der einzelne seine persönliche Orientierung bewußt einschätzt, ist nicht maßgebend; er kann »religiös« sein, ohne sich dafür zu halten, und er kann ebensogut nicht religiös sein, obwohl er sich als Christ fühlt. Wir haben keine Bezeichnung für den *Erlebnisgehalt* einer Religion, abgesehen von ihren begrifflichen und institutionellen Aspekten. Ich verwende daher Anführungszeichen, wenn ich »religiös« im Sinne einer *erlebten* subjektiven Orientierung verwende, ungeachtet des konzeptionellen Rahmens, innerhalb dessen sich die »Religiosität« eines Menschen äußert.*

Ist die westliche Welt christlich?

Den Geschichtsbüchern und der allgemeinen Meinung zufolge ging die Christianisierung Europas in zwei Etappen vor sich: Zunächst nahm das Römische Reich unter Konstantin den neuen Glauben an, und dann folgte im 8. Jahrhundert die Bekehrung der Heiden Nordeuropas durch Bonifatius, den »Apostel der Deutschen«, und andere. *Aber wurde Europa denn je wirklich christianisiert?*

Obwohl diese Frage üblicherweise bejaht wird, zeigt eine gründlichere Analyse, daß die Bekehrung Europas zum Christentum weitgehend an der Oberfläche blieb; daß man höchstens von einer zeitlich begrenzten Bekehrung zwischen dem 12. und dem 16. Jahrhundert sprechen könnte und daß in den Jahrhunderten davor und danach die Religion im großen und ganzen eine Ideologie blieb, begleitet von einer mehr oder weniger weitgehenden Unterwerfung unter die Kirche; und daß sie nicht mit einem Wandel des Herzens, d. h. einer Veränderung des Charakters einherging. Ausnahmen sind allerdings die zahlreichen echt christlichen Bewegungen.

In diesen vier Jahrhunderten begann die eigentliche Christianisierung Europas. Die Kirche versuchte, in Fragen des Eigentums, der Preise und der Unterstützung der Armen die Anwendung christlicher Grundsätze durchzusetzen. Viele, zum Teil ketzerische Prediger und Sekten traten auf, die die Rückkehr zu den Glaubenssätzen Christi einschließlich der Verurteilung von Eigentum forderten. Die Mystik, die mit Meister Eckhart ihren Höhepunkt erreichte, spielte in dieser antiautoritär-humanistischen Bewegung eine entscheidende Rolle, und nicht zufällig schlossen sich dieser Bewegung viele Frauen als Predigerinnen und Anhängerinnen an. Die Idee einer Weltreligion bzw. eines einfachen, undogmatischen Christentums wurde von vielen christlichen Denkern verkündet. Selbst der Gottesbegriff der Bibel wurde in Frage gestellt. In ihrer Philosophie und ihren Utopien setzten die theologischen und nichttheologischen Humanisten der Renaissance die Linie des 13. Jahrhunderts fort; in der Tat existiert

* Niemand hat das Thema atheistischer Religiosität tiefer und kühner behandelt als Ernst Bloch (1972).

zwischen dem späten Mittelalter (der »mittelalterlichen Renaissance«) und der eigentlichen Renaissance keine scharfe Trennungslinie. Zur Charakterisierung des Geistes, der in der Blüte- und Spätzeit der Renaissance herrschte, zitiere ich aus der Zusammenfassung von Frederick B. Artz:
»In bezug auf die Gesellschaft vertraten die großen Denker des Mittelalters die Ansicht, daß vor Gottes Angesicht alle Menschen gleich seien und selbst der geringste unendlich wertvoll sei. In wirtschaftlicher Hinsicht lehrten sie, daß Arbeit eine Quelle der Menschenwürde, nicht der Degradierung sei, daß kein Mensch für einen Zweck benutzt werden solle, der nicht seinem Wohl diene, und daß Löhne und Preise von Gerechtigkeit diktiert sein müßten. In bezug auf die Politik lehrten sie, daß der Staat eine moralische Funktion zu erfüllen habe, daß die Gesetze und ihre Anwendung vom christlichen Geist der Gerechtigkeit getragen sein sollten und daß das Verhältnis zwischen Herrschern und Beherrschten stets auf gegenseitige Verpflichtung gegründet sein solle. Staat, Eigentum und Familie sind von Gott denjenigen anvertraut, die diesen vorstehen, und müssen dem göttlichen Willen entsprechend geleitet und verwaltet werden. Zu den mittelalterlichen Idealen zählte schließlich auch die feste Überzeugung, daß alle Nationen und Völker eine große Gemeinschaft bilden. Wie Goethe sagte: ›Über den Nationen steht die Menschheit‹, oder wie Edith Cavell 1915 am Abend vor ihrer Hinrichtung an den Rand ihres Buches *Imitation of Christ* schrieb: ›Patriotismus ist nicht genug.‹«
Hätte sich die europäische Geschichte im Geiste des 13. Jahrhunderts weiterentwickelt, hätte sich das wissenschaftliche Denken langsam und ohne Bruch mit dem Geist des 13. Jahrhunderts entfaltet, so wären wir heute vielleicht in einer günstigeren Position. Doch statt dessen verkam die Vernunft zu manipulativer Intelligenz und der Individualismus zur Selbstsucht. Die kurze Periode der Christianisierung endete, und Europa kehrte zu seinem ursprünglichen Heidentum zurück.
So sehr die Auffassungen auch sonst auseinandergehen mögen, eine Überzeugung haben alle christlichen Religionen miteinander gemein: den Glauben an Jesus als Retter, der aus Liebe zu seinen Mitmenschen sein Leben gab. Er war der Held der Liebe, ein Held ohne Macht, der keine Gewalt anwandte, der nicht herrschen wollte, der nichts *haben* wollte. Er war ein Held des Seins, des Gebens, des Teilens. Diese Eigenschaften beeindruckten die Armen Roms zutiefst, und auch einige der Reichen, die an ihrem Egoismus zu ersticken drohten. Jesus appellierte an die Her-

zen der Menschen, wenn er auch vom intellektuellen Standpunkt aus bestenfalls für naiv gehalten wurde. Dieser Glaube an den Helden der Liebe gewann Hunderttausende von Anhängern, von denen viele ihr Leben änderten oder selbst zu Märtyrern wurden.

Der christliche Held war der Märtyrer, denn wie in der jüdischen Tradition bestand die höchste Leistung darin, sein Leben für Gott oder seine Mitmenschen zu opfern. Der Märtyrer ist das genaue Gegenteil des heidnischen Helden, wie ihn die griechischen und germanischen Heldenfiguren darstellen. Das Ziel des heidnischen Helden war, zu erobern, zu besiegen, zu zerstören und zu rauben. Die Erfüllung seines Lebens waren Ehre, Macht, Ruhm und die Gewißheit, der Beste im Töten zu sein. (Augustinus verglich die römische Geschichte mit den Untaten einer Räuberbande.) Für den heidnischen Helden bestand der Wert eines Mannes in seiner Körperkraft und seiner Fähigkeit, Macht zu erringen und zu behalten, und er starb leichten Herzens im Augenblick des Sieges auf dem Schlachtfeld. Homers *Ilias* ist die dichterisch großartige Geschichte glorifizierter Eroberer und Räuber. Wird der Märtyrer durch die Kategorien *Sein,* Geben, Teilen charakterisiert, dann der heidnische Held durch die Kategorien *Haben,* Ausbeuten, gewaltsam Erzwingen. (Dazu ist anzumerken, daß das Auftreten des heidnischen Helden mit dem Sieg des Patriarchats über die matrizentrische Gesellschaft in Zusammenhang steht. Die Herrschaft des Mannes über die Frau ist der erste Akt der Unterjochung und die erste ausbeuterische Anwendung von Gewalt; in allen patriarchalischen Gesellschaften sind diese Prinzipien nach dem Sieg der Männer zum Fundament des männlichen Charakters geworden.)

Welches dieser beiden gegensätzlichen, miteinander nicht zu vereinbarenden Modelle für unsere eigene Entwicklung ist bis zum heutigen Tag in Europa bestimmend? Wenn wir in unser Inneres schauen und uns das Verhalten fast aller Mitmenschen und unserer politischen Führer betrachten, ist nicht zu leugnen, daß unser Vorbild, unser Maßstab für das Gute und Wertvolle immer noch der heidnische Held ist. Die Geschichte Europas und Nordamerikas ist trotz der Bekehrung zum Christentum eine Geschichte der Eroberungen, der Eitelkeit und der Habgier; unsere höchsten Werte sind: stärker als andere zu sein, zu siegen, andere zu unterjochen und auszubeuten. Diese Wertvorstellungen decken sich mit unserem Ideal von »Männlichkeit«: nur wer kämpfen und erobern kann, gilt als Mann; wer keine Gewalt anwendet, ist schwach und damit »unmännlich«.

Der Nachweis erübrigt sich, daß die westliche Geschichte eine Geschichte der Eroberung, Ausbeutung, Gewalt und Unterdrückung ist. Kaum eine Epoche, die nicht davon gekennzeichnet ist, keine Rasse oder Klasse, die frei davon wäre; oft ging die Gewaltanwendung bis zum Völkermord wie bei den Indianern Amerikas, und selbst solche religiöse Unternehmungen wie die Kreuzzüge bilden keine Ausnahme. War dieses Verhalten nur an der Oberfläche ökonomisch und politisch motiviert, und waren die Sklavenhändler, die Herrscher Indiens, die Vernichter der Indianer, die Engländer, die die Chinesen zwangen, Opium in ihr Land zu lassen, die Verantwortlichen für zwei Weltkriege und diejenigen, die für den nächsten Krieg rüsten – waren und sind alle diese in ihrem Innersten Christen? Oder waren vielleicht nur die Anführer raubgierige Heiden, während die breiten Massen der Bevölkerung Christen blieben? Wenn dem so wäre, dann wäre uns wohl leichter ums Herz. Leider ist es nicht so. Zwar stimmt es, daß die Anführer oft beutegieriger waren als ihre Gefolgschaft, weil sie mehr zu gewinnen hatten, aber sie hätten ihre Pläne nicht verwirklichen können, wenn der Wunsch, zu erobern und über andere zu siegen, nicht im sozialen Charakter verwurzelt gewesen wäre und es noch immer ist.

Man braucht sich nur an den Begeisterungstaumel zu erinnern, mit dem sich die Menschen in die verschiedenen Kriege der letzten hundert Jahre stürzten – und heute an die Bereitschaft von Millionen, den nationalen Selbstmord zu riskieren, um das Ansehen als »stärkste Macht« oder die »Ehre« oder den Profit zu retten. Oder, um ein anderes Beispiel zu zitieren – man denke an den rasenden Nationalismus, mit dem viele Menschen die Olympischen Spiele verfolgen, welche angeblich der Sache des Friedens dienen. Die Popularität der Olympiade ist an sich schon ein Ausdruck des westlichen Heidentums. Sie ist eine Feier zu Ehren des heidnischen Helden: des Siegers, des Stärksten, des Durchsetzungsfähigsten, wobei das Publikum bereit ist, die schmutzige Mischung aus Geschäft und Publizität zu übersehen, die die heutige Version der griechischen olympischen Spiele kennzeichnet. In einer christlichen Kultur würde das Passionsspiel an die Stelle der Olympiade treten; doch das einzige berühmte Spiel dieser Art auf der Welt ist die Touristenattraktion in Oberammergau.

Wenn all dies zutrifft, warum sagen sich Europa und Amerika dann nicht ganz offen vom Christentum als nicht mehr zeitgemäß los? Es gibt verschiedene Gründe: So bedarf es der religiösen Ideologie, um Menschen daran zu hindern, ihre Disziplin zu verlieren und so die gesellschaftliche Ordnung zu bedrohen. Aber es gibt noch einen gewichtigeren Grund: Menschen, die an Jesus als den großen Liebenden, den sich selbst aufopfernden Sohn Gottes glauben, können diesen Glauben zu der Einbildung verfremden, daß Jesus *für sie* liebt. Jesus wird somit zum Idol; der Glaube an ihn wird zum Ersatz für den eigenen Akt des Liebens. Vereinfacht lautet die unbewußte Formel: »Christus liebt an unserer Stelle; wir können nach dem Muster des griechischen Helden weitermachen und sind trotzdem gerettet, denn der entfremdete ›Glaube‹ an Christus ist ein Ersatz für die *Nachahmung* Christi.« Daß die christliche Religion auch ein billiger Deckmantel für die eigene Raffsucht war und ist, versteht sich von selbst. Schließlich glaube ich auch, daß der Mensch mit einem so tiefen Bedürfnis zu lieben ausgestattet ist, daß wir uns notwendigerweise schuldig fühlen, wenn wir uns wie Wölfe verhalten. Unser angeblicher Glaube an die Liebe macht uns bis zu einem gewissen Grad unempfindlich für den Schmerz der unbewußten Schuldgefühle, ganz ohne Liebe zu sein.

Die »industrielle Religion«

Die religiöse und philosophische Entwicklung nach dem Ende des Mittelalters ist zu komplex, um in diesem Buch behandelt zu werden. Sie ist durch den Widerstreit zweier Prinzipien charakterisiert: die christliche, spirituelle Tradition in theologischen oder philosophischen Formen, und die heidnische Tradition des Götzendienstes und der Inhumanität, die im Laufe der Entwicklung der »Religion des Industrialismus und der kybernetischen Ära« viele Formen annahm.

Der Humanismus der Renaissance stand in der Tradition des späten Mittelalters und stellte die erste große Blüte des »religiösen« Geistes nach dem Ende des Mittelalters dar. Die Idee der Menschenwürde, der Gedanke, daß die Menschheit eine Einheit bildet, die zu einer universellen politischen und religiösen Einheit führen könne, fand darin ihren unumschränkten Ausdruck. Mit der *Aufklärung* des 17. und 18. Jahrhunderts erlebte der Humanismus eine weitere Blütezeit. Carl Becker (1932) hat gezeigt, bis zu welchem Grade die Philosophie der Aufklärung der »religiösen Grundhaltung« der Theologen des 13. Jahrhunderts entsprach: »Wenn wir die Grundlage dieses Glaubens untersuchen, stellen wir fest, daß die *Philosophen* dem mittelalterlichen Denken in mannigfacher Weise verpflichtet waren, ohne sich dessen bewußt zu sein.« Die Französische Revolution, Kind der Aufklärungsphilosophie, war mehr als eine politische Umwälzung. Wie Tocqueville feststellt (zitiert von Becker), war es eine »politische Revolution, die nach dem Muster einer *religiösen Revolution* vor sich ging und gewisse Aspekte einer solchen annahm. (Hervorhebung durch E. F.) Wie der Islam und die protestantische Revolte überflutete sie die Grenzen von Ländern und Nationen und wurde wie diese durch Predigten und Propaganda verbreitet.«

Auf den radikalen Humanismus des 19. und 20. Jahrhunderts werde ich später, in der Erörterung des humanistischen Protests gegen das Heidentum des industriellen Zeitalters eingehen. Aber um für diese Erörterung eine Grundlage zu schaffen, müssen wir unser Augenmerk jetzt auf das neue Heidentum richten, das sich Seite an Seite mit dem Humanismus entwickelt hat und uns in diesem Augenblick der Geschichte zu vernichten droht.

Die erste Veränderung, die der Entwicklung der »industriellen Religion« den Weg bereitete, war die Eliminierung des mütterlichen Elements aus der Kirche durch Luther. Obwohl es als unnötige Abschweifung erscheinen mag, muß ich näher auf diese Frage eingehen, da sie für unser Verständnis der Entwicklung der neuen Religion und des neuen sozialen Charakters maßgeblich ist.

Die menschliche Gesellschaft ist nach einem von zwei Prinzipien organisiert: dem patrizentrischen (oder patriarchalischen) oder dem matrizentrischen (oder matriarchalischen). Das matrizentrische Prinzip hat sein Zentrum in der Figur der liebenden Mutter, wie J. J. Bachofen und L. H. Morgan erstmals gezeigt haben. Das mütterliche Prinzip ist das der *bedingungslosen* Liebe; die Mutter liebt ihre Kinder, nicht, weil sie ihr Freude machen, sondern, weil sie ihre Kinder (oder die einer anderen Frau) sind. Deshalb kann die Liebe der Mutter auch nicht durch »gutes Benehmen« erworben oder durch »schlechtes Benehmen« verloren werden. Mutterliebe ist *Gnade und Barmherzigkeit* (im Hebräischen *rachamim,* das auf *rechem,* »Gebärmutter«, zurückgeht).

Im Gegensatz dazu ist die väterliche Liebe *an Bedingungen geknüpft;* sie hängt von den Leistungen und dem guten Betragen des Sohnes ab; der Vater liebt den Sohn am meisten, der ihm am ähnlichsten ist, d. h., dem er sein Eigentum hinterlassen möchte. Die Liebe des Vaters kann verloren werden, aber sie kann auch durch Reue und erneute Unterwerfung wiedererworben werden. Die väterliche Liebe ist *Gerechtigkeit.*

Diese zwei Prinzipien, das weiblich-mütterliche und das männlich-väterliche, sind nicht nur ein Ausdruck der Tatsache, daß jeder Mensch männliche und weibliche Elemente in sich vereinigt; sie entsprechen dem Bedürfnis jedes Menschen nach Gnade *und* Gerechtigkeit. Die tiefste Sehnsucht der Menschheit scheint einer Konstellation zu gelten, in der beide Pole (Mütterlichkeit und Väterlichkeit, weiblich und männlich, Gnade und Gerechtigkeit, Fühlen und Denken, Natur und Intellekt) in einer Synthese vereinigt sind, in der beide Pole ihren Antagonismus verlieren und statt dessen einander färben. Während eine solche Synthese im Patriarchat nicht voll verwirklicht werden kann, existierte sie bis zu einem gewissen Grad in der römisch-katholischen Kirche. Die Jungfrau Maria, die Kirche als alles liebende Mutter, der Papst und der Priester als mütterliche Figuren repräsentierten die mütterliche, bedingungslose, alles verzeihende Liebe – Seite an Seite mit den väterlichen Elementen einer straff organisierten patriarchalischen Bürokratie, an deren Spitze der Papst seine Herrschaft ausübt.

Diesen mütterlichen Elementen der Religion entsprach das Verhältnis zur Natur im Produktionsprozeß: Die Arbeit des Bauern wie auch des Handwerkers war kein feindseliger, ausbeuterischer Angriff auf die Natur. Sie war eine Form der Zusammenarbeit mit ihr: keine Vergewaltigung, sondern eine Umgestaltung der Natur in Einklang mit ihren Gesetzen.

Luther etablierte in Nordeuropa eine rein patriarchalische Form des Christentums, die sich auf den städtischen Mittelstand und die weltlichen Fürsten stützte. Das wesentliche dieses neuen sozialen Charakters ist die Unterwerfung unter die patriarchalische Autorität, wobei *Arbeit* der einzige Weg ist, um Liebe und Anerkennung zu erlangen.

Hinter der christlichen Fassade entstand eine neue *geheime* Religion – die »industrielle Religion« – die in der Charakterstruktur der modernen Gesellschaft wurzelt, aber nicht als Religion anerkannt ist. Die industrielle Religion ist mit echtem Christentum unvereinbar. Sie reduziert die Menschen zu Dienern der Wirtschaft und der Maschinen, die sie mit ihren eigenen Händen gebaut haben.

Die industrielle Religion stützt sich auf einen neuen sozialen Charakter, dessen Kern aus folgenden Elementen besteht: Angst vor männlicher Autorität und Unterwerfung unter diese; Heranzüchtung von Schuldgefühlen bei Ungehorsam; Auflösung der Bande menschlicher Solidarität durch die Vorherrschaft des Eigennutzes und des gegenseitigen Antagonismus. »Heilig« sind in der industriellen Religion die Arbeit, das Eigentum, der Profit und die Macht, obwohl sie – in den Grenzen ihrer allgemeinen Prinzipien – auch den Individualismus und die persönliche Freiheit förderte. Durch die Umwandlung des Christentums in eine rein patriarchalische Religion war es möglich, die industrielle Religion in christliche Terminologie zu kleiden.

Der »Marktcharakter« und die »kybernetische Religion«

Der wichtigste Schlüssel zum Verständnis sowohl der Charakterstruktur als auch der geheimen Religion unserer heutigen Gesellschaft ist die Veränderung, die sich zwischen dem Frühkapitalismus und der zweiten Hälfte des 20. Jahrhunderts im sozialen Charakter vollzog. Der autoritär-zwanghaft-hortende Charakter, der sich im 16. Jahrhundert zu entwikkeln begann und bis zum Ende des 19. Jahrhunderts zumindest in der Mittelklasse vorherrschte, mischte sich allmählich mit dem *Marktcharakter*, oder wurde durch ihn verdrängt. (Ich habe die verschiedenen Charakterorientierungen in Psychoanalyse und Ethik eingehend dargestellt.)
Ich habe die Bezeichnung »Marktcharakter« (marketing character) gewählt, weil der einzelne sich selbst als Ware und den eigenen Wert nicht als »Gebrauchswert«, sondern als »Tauschwert« erlebt. Der Mensch wird zur Ware auf dem »Persönlichkeitsmarkt«. Das Bewertungsprinzip ist dasselbe wie auf dem Warenmarkt, mit dem einzigen Unterschied, daß hier »Persönlichkeit« und dort Waren feilgeboten werden. Entscheidend ist in beiden Fällen der Tauschwert, für den der »Gebrauchswert« eine notwendige, aber keine ausreichende Voraussetzung ist.
Obwohl das Verhältnis von beruflichen und menschlichen Qualitäten als Voraussetzung des Erfolges schwankt, spielt der »Persönlichkeitsfaktor« immer eine maßgebliche Rolle. Der Erfolg hängt weitgehend davon ab, wie gut sich ein Mensch auf dem Markt verkauft, ob er »gewinnt« (im Wettbewerb ...), wie anziehend seine »Verpackung« ist; ob er »heiter«, »solide«, »aggressiv«, »zuverlässig« und »ehrgeizig« ist; aus welchem Milieu er stammt, welchem Klub er angehört, und ob er die »richtigen« Leute kennt.
Der bevorzugte Typus hängt bis zu einem bestimmten Grad von dem Berufszweig ab, in dem ein Mensch arbeiten möchte. Der Börsenmakler, der Verkäufer, die Sekretärin, der Bahnbeamte, der Universitätsprofessor

und der Hotelmanager – sie alle müssen bestimmten Stereotypen entsprechen, die ungeachtet aller Unterschiede eine Bedingung erfüllen müssen: gefragt zu sein.

Die Einstellung des einzelnen zu sich selbst wird somit durch den Umstand geprägt, daß Eignung und Fähigkeit, eine bestimmte Aufgabe zu erfüllen, nicht ausreichen; um Erfolg zu haben, muß man imstande sein, in der Konkurrenz mit vielen anderen seine Persönlichkeit vorteilhaft präsentieren zu können. Wenn es zum Broterwerb genügen würde, sich auf sein Wissen und Können zu verlassen, dann stünde das eigene Selbstwertgefühl im Verhältnis zu den jeweiligen Fähigkeiten, das heißt zum Gebrauchswert eines Menschen. Aber da der Erfolg weitgehend davon abhängt, wie gut man seine Persönlichkeit verkauft, erlebt man sich als Ware oder richtiger: gleichzeitig als Verkäufer *und* zu verkaufende Ware. Der Mensch kümmert sich nicht mehr um sein Leben und sein Glück, sondern um seine Verkäuflichkeit.

Das oberste Ziel des Marktcharakters ist die vollständige Anpassung, um unter allen Bedingungen des Persönlichkeitsmarktes begehrenswert zu sein. Der Mensch dieses Typus *hat* nicht einmal ein Ego (wie die Menschen des 19. Jahrhunderts), an dem er festhalten könnte, das ihm gehört, das sich nicht wandelt. Denn er ändert sein Ich ständig nach dem Prinzip: »Ich bin so, wie du mich haben möchtest.«

Menschen mit einer solchen Charakterstruktur haben kein Ziel, außer ständig in Bewegung zu sein und alles mit größtmöglicher Effizienz zu tun; fragt man sie, *warum* alles so rasch und effizient erledigt werden muß, erhält man keine echte Antwort, nur Rationalisierungen wie: »Um mehr Arbeitsplätze zu schaffen«, oder: »Damit die Firma weiterexpandiert.« Philosophischen oder religiösen Fragen, etwa *wozu* man lebt und warum man in die eine und nicht die andere Richtung geht, bringen sie (zumindest bewußt) wenig Interesse entgegen. Sie haben ihre großen, sich ständig wandelnden Egos, aber keiner von ihnen hat ein Selbst, einen Kern, ein Identitätsbewußtsein. Die »Identitätskrise« der modernen Gesellschaft ist darauf zurückzuführen, daß ihre Mitglieder zu selbst-losen Werkzeugen geworden sind, deren Identität auf ihrer Zugehörigkeit zu Großkonzernen (oder anderen aufgeblähten Bürokratien) beruht. Wo kein echtes Selbst existiert, kann es auch keine Identität geben.

Der Marktcharakter liebt nicht und haßt nicht. Diese »altmodischen« Gefühle passen nicht zu einer Charakterstruktur, die fast ausschließlich auf der intellektuellen Ebene funktioniert und sowohl positive als auch negative Emotionen meidet, da diese mit dem Hauptanliegen des Marktcharakters kollidieren: dem Verkaufen und Tauschen oder genauer, dem *Funktionieren* nach der Logik der »Megamaschine«, deren Bestandteil sie sind, ohne Fragen zu stellen, außer, wie gut sie funktionieren, was an ihrem Aufstieg in der bürokratischen Hierarchie abzulesen ist.

Da der Marktcharakter weder zu sich selbst noch zu anderen eine tiefe Bindung hat, geht ihm nichts wirklich nahe, nicht weil er so egoistisch ist, sondern weil seine Beziehung zu anderen und zu sich selbst so dünn ist. Das mag auch erklären, warum sich diese Menschen keine Sorgen über die Gefahren nuklearer und ökologischer Katastrophen machen, obwohl sie alle Fakten kennen, die eine solche Gefahr ankündigen. Daß sie keine Angst um sich selbst zu haben scheinen, könnte man durch die Annahme erklären, daß sie sehr mutig und selbstlos seien; aber ihre Gleichgültigkeit gegenüber dem Schicksal ihrer Kinder und Enkel schließt eine solche Erklärung aus. Ihre Leichtfertigkeit in allen diesen Bereichen ist eine Folge des Verlusts an emotionalen Bindungen, selbst jenen gegenüber, die ihnen am »nächsten« stehen. In Wirklichkeit steht dem Marktcharakter niemand nahe, nicht einmal er selbst.

Die rätselhafte Frage, warum die heutigen Menschen zwar gerne kaufen und konsumieren, aber an dem Erworbenen so wenig hängen, findet ihre überzeugendste Antwort im Phänomen des Marktcharakters. Aufgrund seiner allgemeinen Beziehungsunfähigkeit ist er auch Dingen gegenüber gleichgültig. Was für ihn zählt, ist vielleicht das Prestige oder der Komfort, den bestimmte Dinge gewähren, aber die Dinge als solche haben keine Substanz. Sie sind total austauschbar, ebenso wie Freunde und Liebespartner, die genauso ersetzbar sind, da keine tieferen Bindungen an sie bestehen.

Das Ziel des Marktcharakters, *optimales Funktionieren unter den jeweiligen Umständen,* bewirkt, daß er auf die Welt vorwiegend zerebral reagiert. Vernunft im Sinne von *Verstehen* ist eine Gabe, die dem *Homo sapiens* vorbehalten ist; über *manipulative Intelligenz* als Instrument zur Erreichung konkreter Ziele verfügen sowohl Tiere als auch Menschen. Manipulative Intelligenz ohne Kontrolle durch die Vernunft ist gefährlich, da die Menschen dadurch auf Bahnen geraten können, die vom Standpunkt der Vernunft selbstzerstörerisch sind. Je scharfsinniger die von der Vernunft nicht kontrollierte manipulative Intelligenz ist, desto gefährlicher ist sie.

Kein Geringerer als Charles Darwin hat auf die tragischen Folgen hingewiesen, die rein wissenschaftlicher, entfremdeter Intellekt für die Persönlichkeit eines Menschen haben kann. In seiner Autobiographie schreibt er, daß er bis zum 30. Lebensjahr großes Vergnügen an Musik, Dichtung und bildender Kunst fand, daß er jedoch danach viele Jahre lang allen Geschmack an diesen Interessen verlor: »Mein Verstand scheint sich in eine Art Maschine verwandelt zu haben, die aus großen Datensammlungen allgemeingültige Gesetze filtert... Der Verlust dieser Vorlieben ist ein Verlust an Glück, der möglicherweise dem Intellekt, mit größerer Wahrscheinlichkeit aber der moralischen Substanz des Charakters schadet, da er die emotionale Seite unserer Natur schwächt.« (Ich fand diese Passage bei E. F. Schumacher in *Es geht auch anders.*)

Der Prozeß, den Darwin hier beschreibt, hat sich seit seiner Zeit in beschleunigtem Tempo fortgesetzt; die Trennung des Intellekts vom Herzen ist fast vollständig. Interessanterweise scheint die Mehrheit der führenden Wissenschaftler in den exaktesten und revolutionärsten Disziplinen (beispielsweise in der theoretischen Physik) von dieser Verkümmerung der Vernunft ausgenommen gewesen zu sein; es waren dies Menschen, die sich intensiv mit philosophischen und religiösen Fragen auseinandersetzten. (Ich denke an Gelehrte wie Einstein, Bohr, Szillard, Heisenberg und Schrödinger.)

Die Herrschaft des zerebralen, manipulativen Denkens entwickelt sich parallel zu einer Atrophie der Gefühlswelt. Da sie nicht gepflegt und gebraucht wird, sondern das optimale Funktionieren eher behindert, ist das Gefühlsleben verkümmert bzw. auf der Entwicklungsstufe des Kindes stehengeblieben. Die Folge ist, daß Marktcharaktere in Gefühlsdingen merkwürdig naiv sind. Oft fühlen sie sich von »emotionalen Menschen« angezogen, aber aufgrund ihrer Naivität können sie nicht unterscheiden, ob diese echt sind oder schwindeln. Das erklärt vielleicht, warum im geistig-seelischen und religiösen Bereich so viele Schwindler Erfolg haben; es mag auch erklären, warum Politiker, die starke Gefühle zum Ausdruck bringen, den Marktcharakter stark beeindrucken – und warum dieser nicht zwischen einem echt religiösen Menschen und einem Public-Relations-Produkt unterscheiden kann, das religiöse Gefühle nur vortäuscht.

Der Terminus »Marktcharakter« ist nicht die einzige Bezeichnung für diesen Menschentypus. Man kann ihn auch mit dem Marxschen Begriff des *entfremdeten Charakters* beschreiben; Menschen dieses Typus sind ihrer Arbeit, sich selbst, ihren Mitmenschen und der Natur entfremdet.

In der Sprache der Psychiatrie könnte dieser Charaktertyp als schizoider Charakter bezeichnet werden; doch dieser Begriff ist insofern etwas irreführend, als ein Schizoider, der mit anderen Schizoiden zusammenlebt, gute Leistungen erbringt und Erfolg hat, überhaupt nicht an jenem Unbehagen leidet, das ihn in einer »normaleren« Umgebung befallen würde. Während der letzten Durchsicht dieses Buches hatte ich Gelegenheit, Michael Maccobys demnächst erscheinendes Werk *The Gamesmen: The New Corporate Leaders* im Manuskript zu lesen. In dieser tiefschürfenden Studie analysiert Maccoby die Charakterstruktur von 250 Managern und Ingenieuren von zwei der bestgeleiteten amerikanischen Konzernen. Viele seiner Befunde bestätigen meine Darstellung des kybernetischen Menschen, wie ich ihn nenne, insbesondere das Vorherrschen der intellektuellen Sphäre und die Atrophie des emotionalen Bereichs. Wenn man bedenkt, daß die von Maccoby interviewten Manager zu den führenden Persönlichkeiten der amerikanischen Gesellschaft zählen oder zählen werden, dann sind seine Ergebnisse von beträchtlicher sozialer Relevanz. Die statistischen Daten, die Maccoby aufgrund persönlicher Befragungen präsentiert (die sich über jeweils drei bis zwanzig Sitzungen erstreckten), geben ein profiliertes Bild dieses Charaktertyps:*

Tiefes wissenschaftliches Interesse, Wunsch zu verstehen, dynamisches Arbeitsgefühl, beseelt:	0%
Konzentriert, anregend, stolz auf eigene Leistung, Handwerkereinstellung, aber ohne tiefergehendes wissenschaftliches Interesse an der Natur der Dinge:	22%
Die Arbeit selbst stimuliert Interesse, das sich jedoch nicht aufrechterhält:	58%
Mäßig produktiv, nicht konzentriert. Interesse an der Arbeit ist vorwiegend instrumental, um Sicherheit und Einkommen zu gewährleisten:	18%
Passiv, unproduktiv, diffus:	2%
Lehnt die Arbeit und die Realität ab:	0%
	100%

* Ich zitiere sie hier mit Genehmigung des Autors. Siehe auch eine parallele Studie von Ignacio Millan, *The Character of Mexican Executives*, die bald veröffentlicht werden wird.

Zweierlei fällt auf: 1. es fehlt das tiefe Interesse zu verstehen (die »Vernunft«); 2. die große Mehrheit ist entweder durch das nicht stetige Interesse an der Arbeit als solcher motiviert, oder die Arbeit ist ein Mittel, das ökonomische Sicherheit garantiert.
Einen scharfen Gegensatz dazu bildet das Profil, das die »Liebesskala« ergibt, wie Maccoby es nennt:

Liebend, affirmativ, schöpferisch anregend:	0%
Verantwortungsbewußt, warm, liebevoll, aber nicht stark liebesfähig:	5%
Mäßig an anderen interessiert, mit der Möglichkeit zur Liebesfähigkeit:	40%
Konventionelles Interesse am Mitmenschen, anständig, rollenorientiert:	41%
Passiv, lieblos, desinteressiert an anderen Menschen:	13%
Lebensfeindlich, hartherzig:	1%
	100%

Keine der untersuchten Personen konnte uneingeschränkt als liebesfähig bezeichnet werden, obwohl fünf Prozent als »warm und liebevoll« eingestuft wurden. Alle übrigen sind an ihren Mitmenschen mäßig oder in konventioneller Weise interessiert oder aber völlig ablehnend und lebensfeindlich – in der Tat ein erschreckendes Bild emotionaler Unterentwicklung im Gegensatz zu der Dominanz des Zerebralen.
Die »kybernetische Religion« des Marktcharakters entspricht dessen gesamter Persönlichkeitsstruktur. Hinter einer Fassade von Agnostizismus oder Christentum verbirgt sich eine zutiefst heidnische Religion, wenn die Betreffenden sie auch nicht als solche erkennen. Diese Religion ist schwer zu beschreiben, da wir auf ihre Existenz nur aufgrund von Handlungen bzw. Unterlassungen schließen können, nicht aufgrund bewußter Gedanken über Religion oder kirchlicher Dogmen. Am auffallendsten ist auf den ersten Blick, daß sich der Mensch selbst zum Gott gemacht hat, da er inzwischen die technischen Fähigkeiten zu einer »zweiten Erschaffung« der Welt besitzt, die an die Stelle der ersten Schöpfung des Gottes der traditionellen Religion getreten ist. Man kann es auch so formulieren: Wir haben die Maschine zur Gottheit erhoben und werden selbst Gott gleich, indem wir sie bedienen. Welche Formulierung wir wählen, ist nicht wich-

tig; entscheidend ist, daß sich der Mensch im Augenblick seiner größten *Ohnmacht* einbildet, dank seiner wissenschaftlichen und technischen Fortschritte *allmächtig* zu sein.

Je mehr wir in unserer Isolierung gefangen sind, je unfähiger wir werden, emotional auf die Welt zu reagieren und je unvermeidlicher uns gleichzeitig ein katastrophales Ende erscheint, desto bösartiger wird die neue Religion. Wir sind nicht länger Herren der Technik, sondern werden zu ihren Sklaven – und die Technik, einst ein wichtiges schöpferisches Element, zeigt uns ihr anderes Gesicht als Göttin der Zerstörung (wie die indische Göttin Kali), der Männer und Frauen sich selbst und ihre Kinder zu opfern bereit sind. Während sie bewußt noch an der Hoffnung auf eine bessere Zukunft festhält, verdrängt die kybernetische Menschheit die Tatsache, daß sie begonnen hat, die Göttin der Zerstörung zu ihrem Idol zu erheben.

Für diese These gibt es viele Beweise, aber keiner ist zwingender als diese beiden Tatsachen: 1. daß die großen (und auch einige kleinere) Mächte fortfahren, Atomwaffen von immer größerem Vernichtungspotential herzustellen, und daß sie sich nicht zu der einzigen vernünftigen Lösung durchringen können: zur Vernichtung aller Nuklearwaffen und der Atomkraftwerke, die das Material zur Produktion der Kernwaffen herstellen; und 2. daß praktisch nichts unternommen wird, um die Gefahr einer ökologischen Katastrophe zu bannen. Kurz, es wird nichts getan, um das Überleben der Menschheit zu sichern.

Der humanistische Protest

Die Entmenschlichung des sozialen Charakters und die Ausbreitung der industriellen bzw. der kybernetischen Religion hat eine Protestbewegung, einen neuen Humanismus, auf den Plan gerufen, dessen Wurzeln auf den christlichen und philosophischen Humanismus vom späten Mittelalter bis zur Aufklärung zurückreichen. Dieser Protest fand seinen Ausdruck sowohl in theistisch-christlichen als auch in pantheistischen oder nichttheistischen philosophischen Formulierungen. Er kam von zwei verschiedenen Seiten: von politisch konservativen Romantikern und von marxistischen und anderen Sozialisten (und einigen Anarchisten). Rechte und Linke waren sich in ihrer Kritik am industriellen System und dem Schaden, den es dem Menschen zufügt, einig. Katholische Denker wie Franz von Baader und konservative Politiker wie Benjamin Disraeli formulierten das Problem oft mit den gleichen Worten wie Marx.

Die beiden Lager unterschieden sich hinsichtlich der Art und Weise, in der verhindert werden soll, daß menschliche Wesen in Dinge verwandelt werden. Die Romantiker auf der Rechten meinten, der einzige Ausweg bestehe darin, den ungehemmten »Fortschritt« des industriellen Systems aufzuhalten und zu früheren Formen der gesellschaftlichen Ordnung, wenn auch mit bestimmten Modifikationen, zurückzukehren.

Der Protest von links kann als *radikaler Humanismus* bezeichnet werden, obwohl er manchmal in theistischen, manchmal in nontheistischen Begriffen geäußert wurde. Die Sozialisten meinten, daß die ökonomische Entwicklung nicht aufzuhalten sei, daß man nicht zu vergangenen Formen gesellschaftlicher Ordnung zurückkehren könne und daß die Rettung nur darin bestehen könne, vorwärtszugehen und eine neue Gesellschaft aufzubauen, in der die Menschen von Entfremdung, von Versklavung durch die Maschine und dem Schicksal der Enthumanisierung befreit sind. Der Sozialismus stellte eine Synthese der religiösen Tradition des Mittelalters und der sich nach der Renaissance entwickelnden wissenschaftlichen Denkweise und Entschlossenheit zum politischen Handeln dar. Er war, wie der Buddhismus, eine »religiöse« Massenbewegung, die, obwohl sie sich profaner und atheistischer Begriffe bediente, den Menschen von Selbstsucht und Habgier befreien wollte.

Ich muß hier wenigstens einen kurzen Kommentar zu meiner Interpretation des Marxschen Denkens einfügen – angesichts dessen völliger Perversion durch den Sowjetkommunismus und den westlichen Reformsozialismus zu einem Materialismus, dessen Ziel »Reichtum für alle« ist. Wie Hermann Cohen, Ernst Bloch und eine Reihe anderer Theoretiker in den letzten Jahrzehnten festgestellt haben, war der Sozialismus das profane Äquivalent des prophetischen Messianismus. Man kann diese These vielleicht am besten durch ein Zitat aus dem *Codex* des Maimonides erhärten, wo das Messianische Zeitalter wie folgt beschrieben wird:

»Die Weisen und Propheten sehnten sich nicht nach den Tagen des Messias, damit Israel die Welt beherrsche oder die Heiden unterwerfe oder von allen Nationen gepriesen werde oder damit das Volk esse, trinke und jubiliere. Sie hofften vielmehr, daß Israel dann frei sein werde und sich dem Gesetz und seiner Weisheit widmen könne, ohne von jemandem unterdrückt und gestört zu werden, und daß es dadurch des Lebens in der kommenden Welt würdig sein werde.

In dieser Zeit wird es weder Hunger noch Krieg, weder Eifersucht noch Streit geben. Irdische Güter* werden in Fülle vorhanden, ein angenehmes Leben für jeden erreichbar sein. Die ganze Welt wird nur von dem einen Wunsch beseelt sein: Gott zu erkennen. Das israelische Volk wird sehr weise sein, es wird um die Dinge wissen, die jetzt noch verborgen sind, und wird seinen Schöpfer begreifen, soweit dies dem menschlichen Verstand überhaupt möglich ist, denn es steht geschrieben: Die Erde wird so voll des Wissens um den Herrn sein wie die Ozeane voll des Wassers. (Jesaja 11, 9).«

Dieser Schilderung zufolge besteht das Ziel der Geschichte darin, es dem Menschen zu ermöglichen, sich ganz dem Studium der Weisheit und der Erkenntnis Gottes zu widmen, nicht der Macht oder dem Luxus. Im Messianischen Zeitalter herrscht auf der ganzen Welt Friede und materieller Überfluß; es gibt keinen Neid. Dieser Abschnitt hat große Ähnlichkeit mit der Marxschen Auffassung vom Ziel der Geschichte, die er gegen Ende des III. Bandes des *Kapitals* ausdrückte:

»Das Reich der Freiheit beginnt in der Tat erst da, wo das Arbeiten, das durch Not und äußere Zweckmäßigkeit bestimmt ist, aufhört; es liegt also der Natur der Sache nach jenseits der Sphäre der eigentlichen materiellen Produktion. Wie der Wilde mit der Natur ringen muß, um seine Bedürfnisse zu befriedigen, um sein Leben zu erhalten und zu reproduzieren, so muß es der Zivilisierte, und er muß es in allen Gesellschaftsformen und unter allen möglichen Produktionsweisen. Mit seiner Entwicklung erweitert sich dies Reich der Naturnotwendigkeit, weil die Bedürfnisse; aber zugleich erweitern sich die Produktivkräfte, die diese befriedigen. Die Freiheit in diesem Gebiet kann nur darin bestehn, daß der vergesellschaftete Mensch, die assoziierten Produzenten, diesen ihren Stoffwechsel mit der Natur rationell regeln, unter ihre gemeinschaftliche Kontrolle bringen, statt von ihm als von einer blinden Macht beherrscht zu werden; ihn mit dem geringsten Kraftaufwand und unter den, ihrer menschlichen Natur würdigsten und adäquatesten Bedingungen vollziehn. Aber es bleibt dies immer ein Reich der Notwendigkeit. Jenseits desselben beginnt die menschliche Kraftentwicklung, die sich als Selbstzweck gilt, das wahre Reich der Freiheit, das aber nur auf jenem Reich der Notwen-

* Meine Übersetzung des hebräischen Textes anstelle von »Segnungen« (blessings) in der Herschman-Übersetzung (Yale University Press).

digkeit als seiner Basis aufblühn kann. Die Verkürzung des Arbeitstags ist die Grundbedingung.«

Ebenso wie Maimonides – und im Gegensatz zu christlichen und zu anderen jüdischen Heilslehren – postuliert Marx keine endgültige eschatologische Lösung; die Diskrepanz zwischen Mensch und Natur bleibt bestehen, doch das Reich der Notwendigkeit wird so weit wie möglich unter menschliche Kontrolle gebracht: ». . . aber es bleibt dies immer ein Reich der Notwendigkeit«. Das Ziel ist *»die menschliche Kraftentwicklung, die sich als Selbstzweck gilt, das wahre Reich der Freiheit«* (Hervorhebung durch E. F.). Maimonides' Überzeugung, daß »die ganze Welt von dem Wunsch beseelt sein wird, Gott zu erkennen«, entspricht der Marxschen Formulierung von der »Entwicklung der menschlichen Fähigkeiten als . . . Selbstzweck«.

Haben und Sein als zwei verschiedene Formen menschlicher Existenz sind der Kern der Marxschen Ideen über die Entstehung des neuen Menschen. Mit diesen Kategorien schreitet Marx von ökonomischen Kategorien zu psychologischen und anthropologischen Kategorien vor, die gleichzeitig zutiefst »religiös« sind, wie wir in unserer Erörterung des Alten und Neuen Testaments und Meister Eckharts gesehen haben. Marx schreibt: »Das Privateigentum hat uns so dumm und einseitig gemacht, daß ein Gegenstand erst der *unsrige* ist, wenn wir ihn haben, er also als Kapital für uns existiert, oder von uns unmittelbar besessen, gegessen, getrunken, an unsrem Leib getragen, von uns bewohnt etc., kurz *gebraucht* wird . . . An die Stelle *aller* physischen und geistigen Sinne ist daher die einfache Entfremdung *aller* dieser Sinne, der Sinn des *Habens* getreten. Auf diese absolute Armut mußte das menschliche Wesen reduziert werden, damit es seinen inneren Reichtum aus sich herausgebäre. (Über die Kategorie des *Habens* siehe Heß in den 21 Bogen.)«*

Marx faßte seine Konzeption des Seins und des Habens in dem folgenden Satz zusammen: »Je weniger du *bist,* je weniger du dein Leben äußerst, um so mehr *hast* du, um so größer ist dein *entäußertes* Leben . . . . Alles, was dir der Nationalökonom an Leben nimmt und an Menschheit, das alles ersetzt er dir in *Geld* und *Reichtum.*«

Das Habengefühl, von dem Marx hier spricht, ist genau dasselbe wie die »Ich-Gebundenheit« Eckharts, die Gier nach Dingen und die damit verbundene Selbstsucht. Marx bezieht sich auf den *Habenmodus* der Exi-

* Diese und die folgenden Passagen stammen aus den »Ökonomisch-Philosophischen Manuskripten«.

stenz, nicht auf den Besitz als solchen, auch nicht auf das unentfremdete Privateigentum als solches. Das Ziel ist weder Reichtum und Luxus noch Armut – beides wird von Marx als Laster angesehen. Ziel ist es »zu gebären«.

Was ist dieser Akt des Gebärens? Es ist der aktive, unentfremdete Ausdruck unserer Fähigkeiten in bezug auf die jeweiligen Objekte. Marx fährt fort: »Jedes seiner *menschlichen* Verhältnisse zur Welt, Sehn, Hören, Riechen, Schmecken, Fühlen, Denken, Anschauen, Empfinden, Wollen, Tätigsein, Lieben, kurz alle Organe seiner Individualität ... sind in ihrem *gegenständlichen* Verhalten oder in ihrem *Verhalten zum Gegenstand* die Aneignung desselben. Die Aneignung der menschlichen Wirklichkeit ...« Dies ist die Form der Aneignung im Seinsmodus, nicht im Habenmodus. Marx drückte diese Form der nichtentfremdeten Aktivität in folgendem Passus aus: »Setze den *Menschen* als *Menschen* und sein Verhältnis zur Welt als ein menschliches voraus, so kannst du Liebe nur gegen Liebe austauschen, Vertrauen nur gegen Vertrauen etc. Wenn du die Kunst genießen willst, mußt du ein künstlerisch gebildeter Mensch sein; wenn du Einfluß auf andere Menschen ausüben willst, mußt du ein wirklich anregend und fördernd auf andre Menschen wirkender Mensch sein. Jedes deiner Verhältnisse zum Menschen – und zu der Natur – muß eine *bestimmte*, dem Gegenstand deines Willens entsprechende *Äußerung* deines *wirklichen individuellen* Lebens sein. Wenn du liebst ohne Gegenliebe hervorzurufen, das heißt, wenn dein Lieben als Lieben nicht die Gegenliebe produziert, wenn du durch eine *Lebensäußerung* als liebender Mensch dich nicht zum *geliebten* Menschen machst, so ist deine Liebe ohnmächtig, ein Unglück.«

Doch Marx' Ideen wurden bald pervertiert, vielleicht weil er hundert Jahre zu früh lebte. Sowohl er als auch Engels waren überzeugt, daß der Kapitalismus seine Möglichkeiten bereits ausgeschöpft habe und die Revolution daher unmittelbar bevorstehe. Darin irrten sie jedoch gründlich, wie Engels nach dem Tod von Marx feststellte. Sie hatten ihre neue Lehre am Gipfelpunkt der kapitalistischen Entwicklung verkündet, ohne vorauszusehen, daß es mehr als hundert Jahre dauern würde, bis der Kapitalismus abgewirtschaftet hatte und die letzte Krise begann. Es war eine historische Notwendigkeit, daß eine am Höhepunkt kapitalistischer Machtentfaltung verkündete antikapitalistische Idee vollständig verformt und vom kapitalistischen Geist durchtränkt wurde – nur so konnte sie Erfolg haben. Das geschah auch tatsächlich. Die westlichen Sozialdemokraten und ihre erbitterten Gegner, die Kommunisten innerhalb und außerhalb der Sowjetunion, verwandelten den Sozialismus in ein rein ökonomisches Konzept, dessen Ziel der maximale Konsum und der maximale Einsatz von Maschinen war. Chruschtschew mit seinem »Gulaschkommunismus« ließ in seiner einfachen und volkstümlichen Art die Katze aus dem Sack: Das Ziel des Sozialismus bestand darin, der gesamten Bevölkerung die gleichen Konsumgenüsse zu bieten, die der Kapitalismus einer Minderheit vorbehält. Sozialismus und Kommunismus wurden auf das Fundament des bürgerlichen Materialismusbegriffes gestellt. Einige Sätze aus den Frühschriften Marx' (die man sonst gern als »idealistische« Irrtümer des »jungen« Marx abwertete) wurden zu diesem Zweck ebenso ritualistisch zitiert wie die Worte des Evangeliums im Westen.

Daß Marx auf dem Höhepunkt der kapitalistischen Entwicklung lebte, hatte noch eine weitere Folge: Als Kind seiner Zeit übernahm er notwendigerweise bestimmte Einstellungen und Konzepte der bürgerlichen Theorie und Praxis. So waren beispielsweise gewisse autoritäre Neigungen, die sowohl in seiner Persönlichkeit als auch in seinen Schriften zum Ausdruck kamen, eher vom patriarchalischen Geist der Bourgeoisie geprägt als vom Geist des Sozialismus. In seiner Konzeption eines »wissenschaftlichen« im Gegensatz zu einem »utopischen« Sozialismus folgte er dem Denkschema der klassischen Ökonomen. Diese hatten behauptet, die Wirtschaft folge ganz unabhängig vom menschlichen Willen ihren eigenen Gesetzen, und auch Marx fühlte sich verpflichtet zu beweisen, daß sich der Sozialismus zwangsläufig den ökonomischen Gesetzen entsprechend entwickeln werde. Die Folge war, daß er manchmal zu Formulierungen griff, die als deterministisch mißverstanden werden konnten, da sie dem menschlichen Willen und der Phantasie eine zu geringe Rolle in der historischen Entwicklung einzuräumen schienen. Solche unbeabsichtigten Konzessionen an den Geist des Kapitalismus förderten den Prozeß der Deformierung des Marxschen Systems, bis sich dieses nicht mehr grundlegend vom Kapitalismus unterschied.

Würde Marx seine Ideen heute, am Anfang des Verfalls des Kapitalismus, verkünden, dann hätte seine wirkliche Botschaft die Chance, Einfluß auszuüben oder gar zu siegen, falls eine solche historische Mutmaßung überhaupt legitim ist. Wie die Dinge stehen, sind selbst die Worte »Sozialismus« und »Kommunismus« kompromittiert. Jedenfalls müßte jede sozialistische oder kommunistische Partei, die den Anspruch erheben wollte, Marxsches Denken zu repräsentieren, von der Überzeugung ausgehen, daß die sowjetischen Regimes in keiner Hinsicht sozialistische Systeme sind, daß der Sozialismus unvereinbar mit einem bürokratischen, dingzentrierten, konsumorientierten Gesellschaftssystem ist, mit dem Materialismus und mit der Zerebralisierung, die sowohl das sowjetische als auch das kapitalistische System kennzeichnen.

Die Korruption des Sozialismus erklärt, warum echtes radikal-humanistisches Gedankengut oft von Gruppen und einzelnen ausgeht, die sich nicht mit den Marxschen Ideen identifizieren oder diese sogar ablehnen, wobei es sich in manchen Fällen um ehemals aktive Mitglieder der kommunistischen Bewegung handelt.

Es ist zwar unmöglich, hier alle radikalen Humanisten seit Marx anzuführen, einige Beispiele ihres Denkens seien jedoch im folgenden angeführt: Thoreau, Emerson, Albert Schweitzer, Ernst Bloch, Ivan Illich; die jugoslawischen Philosophen des »Praxis«-Kreises, darunter M. Marcovic, G. Petrovic, S. Stojanovic, R. Supek, P. Vranicki; der Nationalökonom E. F. Schumacher; der Politiker Erhard Eppler; viele religiöse oder radikalhumanistische Gemeinschaften, die im 19. und 20. Jahrhundert in Europa und Amerika entstanden, wie die Kibbuzim, die Hutteriten, die »Communautées de Travail« und Hunderte andere.

Obzwar die Konzeptionen der genannten radikalen Humanisten weitgehend differierten und einander manchmal völlig zu widersprechen scheinen, stimmen sie in den folgenden Punkten alle miteinander überein:

- daß die Produktion den Menschen und nicht den Erfordernissen der Wirtschaft zu dienen habe;
- daß ein neues Verhältnis zwischen Mensch und Natur hergestellt werden müsse, das auf Kooperation und nicht auf Ausbeutung beruht;
- daß der wechselseitige Antagonismus durch Solidarität ersetzt werden muß;
- daß das oberste Ziel aller gesellschaftlichen Arrangements das menschliche Wohlergehen und die Verhinderung menschlichen Leids sein müsse;
- daß nicht maximaler Konsum, sondern vernünftiger Konsum erstrebenswert sei, der das menschliche Wohl fördert;
- daß der einzelne zu aktiver Mitwirkung am gesellschaftlichen Leben motiviert werden solle.*

Albert Schweitzer geht von der radikalen Prämisse einer unmittelbar bevorstehenden Krise der westlichen Kultur aus. »Nun ist für alle offenbar«,

* Die Standpunkte der sozialistischen Humanisten wurden in E. Fromm (Herausgeber), *Socialist Humanism,* dargestellt.

erklärt er, »daß die Selbstvernichtung der Kultur im Gange ist. Auch was von ihr noch steht ist nicht mehr sicher. Es hält noch aufrecht, weil es nicht dem zerstörenden Drucke ausgesetzt war, dem das andere zum Opfer fiel. Aber es ist ebenfalls auf Geröll gebaut. Der nächste Bergrutsch kann es mitnehmen ... Die Kulturfähigkeit des modernen Menschen ist herabgesetzt, weil die Verhältnisse, in die er hineingestellt ist, ihn verkleinern und psychisch schädigen.«*

Schweitzer charakterisiert den Menschen des Industriezeitalters als »unfrei ... ungesammelt ... unvollständig ... in Gefahr, der Humanitätslosigkeit zu verfallen« und fährt fort: »Da nun noch hinzukommt, daß die Gesellschaft durch ihre ausgebildete Organisation eine bislang unbekannte Macht im geistigen Leben geworden ist, ist seine Unselbständigkeit ihr gegenüber derart, daß er schon fast aufhört, ein geistiges Eigendasein zu führen, ... So sind wir in ein neues Mittelalter eingetreten. Durch einen allgemeinen Willensakt ist die Denkfreiheit außer Gebrauch gesetzt, weil die vielen sich das Denken als freie Persönlichkeiten versagen und sich in allem nur von der Zugehörigkeit zu Gemeinschaften leiten lassen ... Mit der preisgegebenen Unabhängigkeit des Denkens haben wir, wie es nicht anders sein konnte, den Glauben an die Wahrheit verloren. Unser geistiges Leben ist desorganisiert. *Die Überorganisierung unserer öffentlichen Zustände läuft auf ein Organisieren der Gedankenlosigkeit hinaus.«* (Hervorhebung durch E. F.)

Schweitzer sieht die Industriegesellschaft nicht nur durch Mangel an Freiheit gekennzeichnet, sondern auch durch »Überanstrengung«. »Seit zwei oder drei Generationen leben so und so viele Menschen nur noch als *Arbeitende* und nicht mehr als *Menschen.«* Die menschliche Substanz verkümmert, und bei der Erziehung der Kinder durch solche verkümmerten Eltern fehlt ein wesentlicher Faktor für deren menschliche Entwicklung. »Später, selber der Überbeschäftigung unterworfen, verfällt er mehr und mehr dem Bedürfnis nach äußerlicher Zerstreuung ... *Absolute Untätigkeit, Ablenkung von sich selbst und Vergessen sind ein physisches Bedürfnis für ihn.* (Hervorhebung durch E. F.) Schweitzer plädiert deshalb für eine Verkürzung der Arbeitszeit und gegen übermäßigen Konsum und Luxus.

Ebenso wie der Dominikanermönch Eckhart betont der protestantische Theologe Schweitzer, daß sich der Mensch nicht in eine Atmosphäre gei-

* Dieses und die folgenden Zitate stammen aus *Die Schuld der Philosophie an dem Niedergang der Kultur,* 1923. Das Werk wurde zwischen 1900 und 1917 konzipiert.

stigen Egotismus, fern von den Geschäften der Welt, zurückziehen solle, sondern die Aufgabe habe, ein aktives Leben zu führen, durch das er zur geistigen Vervollkommnung beitragen kann. »Wenn unter den modernen Menschen so wenige mit intaktem menschlichem und sittlichem Empfinden sind, so ist es nicht zum wenigsten, weil sie fortwährend ihre persönliche Sittlichkeit auf dem Altar des Vaterlandes opferten, *statt in Spannung mit der Kollektivität zu bleiben und Kraft zu sein, die die Kollektivität zur Vollendung antreibt.*« (Hervorhebung durch E. F.)

Schweitzer kommt zu dem Schluß, daß die gegenwärtige kulturelle und gesellschaftliche Ordnung auf eine Katastrophe zutreibe, aus der eine neue Renaissance, »viel größer als die Renaissance«, hervorgehen werde; und daß wir uns durch eine neue Gesinnung und eine neue Grundhaltung erneuern müssen, wenn wir nicht zugrunde gehen wollen. Das Wichtigste an dieser Renaissance wird das »Prinzip der Betätigung« sein, »das uns das rationale Denken in die Hand gibt«, [es] »ist das einzig rationale und zweckmäßige Prinzip des durch Menschen zu produzierenden Geschehens«. Schweitzer schließt, indem er seinem Glauben Ausdruck gibt »daß diese Umwälzung sich ereignen wird, wenn wir uns nur entschließen, denkende Menschen zu werden«.

Vermutlich weil Schweitzer Theologe war und zumindest als Philosoph durch sein Konzept der »Ehrfurcht vor dem Leben« als Basis der Ethik am bekanntesten wurde, ist vielfach übersehen worden, daß er einer der radikalsten Kritiker der Industriegesellschaft war und deren Mythos von Fortschritt und allgemeinem Glück entlarvte. Er erkannte die Zersetzung der menschlichen Gesellschaft durch die Praxis des Industriezeitalters; schon zu Beginn dieses Jahrhunderts sah er die Schwäche und Abhängigkeit der Menschen, die destruktive Wirkung des Leistungszwanges, die Vorzüge verringerter Arbeit und verringerten Konsums. Er postulierte die Notwendigkeit einer Renaissance des kollektiven Lebens, das im Geiste der Solidarität und der Ehrfurcht vor dem Leben organisiert werden sollte.

Diese Darstellung von Schweitzers Denken soll nicht ohne den Hinweis abgeschlossen werden, daß Schweitzer im Gegensatz zu dem metaphysischen Optimismus des Christentums ein metaphysischer Skeptiker war. Das ist einer der Gründe, warum er stark vom buddhistischen Denken angezogen wurde, wonach das Leben keinen von einem höheren Wesen verliehenen und garantierten Sinn hat. Er kam zu folgendem Schluß: »Wenn man die Welt so nimmt, wie sie ist, dann ist es unmöglich, sie mit einer Bedeutung auszustatten, die die Ziele und Bestrebungen der Menschheit sinnvoll erscheinen läßt.« Die einzig sinnvolle Lebensweise ist demnach die des aktiven Eingreifens in die Welt; es geht dabei nicht um Aktivität um ihrer selbst willen, sondern ganz spezifisch um die Aktivität des Gebens und Sorgens für den Mitmenschen. Dies war die Botschaft, die Schweitzer in seinen Schriften verbreitete und die er selbst lebte. In einem Brief an Professor Jacobi schrieb Schweitzer: »Die Religion der Liebe kann ohne eine die Welt beherrschende Persönlichkeit existieren.« (Divine Light, 2, 1, 1967)

Im Denken Buddhas, Eckharts, Marx' und Schweitzers sind bemerkenswerte Parallelen festzustellen: ihre radikale Forderung nach Aufgabe der Habenorientierung; ihre antiautoritäre Position und ihr Eintreten für völlige Unabhängigkeit; ihre metaphysische Skepsis; ihre »gottlose« Religiosität und ihre Forderung nach gesellschaftlicher Aktivität im Geiste der Nächstenliebe und menschlichen Solidarität. Diese Lehrer waren sich jedoch der genannten Elemente manchmal nicht bewußt. Eckhart beispielsweise ist sich seines Nontheismus normalerweise nicht bewußt; Marx seiner Religiosität. Die Probleme der Interpretation sind speziell bei Eckhart und Marx so komplex, daß ich mich außerstande sehe, im Rahmen dieses Buches eine adäquate Darstellung der nichttheistischen Religion des sozial engagierten Aktivismus zu geben, der diese Lehrer zu den Begründern einer neuen Religiosität werden ließ, die den Bedürfnissen des neuen Menschen entspricht. Ich hoffe, mich in einem Folgeband ausschließlich mit der nichttheistischen Religiosität auseinanderzusetzen und dort die Ideen dieser Denker eingehend zu analysieren.

Selbst Autoren, die man nicht als radikale Humanisten bezeichnen kann, da sie die entpersönlichte, mechanistische Einstellung unserer Epoche kaum transzendieren (wie die Verfasser der beiden vom Club of Rome initiierten Untersuchungsberichte), haben erkannt, daß eine radikale psychische Veränderung des Menschen die einzige Alternative zu einer ökonomischen Katastrophe darstellt. Mesarovic und Pestel fordern ein »neues Weltbewußtsein, ... eine neue Ethik im Gebrauch materieller Schätze ..., eine neue Einstellung zur Natur, die auf Harmonie statt auf Unterwerfung beruht, ... ein Gefühl der Identifizierung mit künftigen Generationen ... Zum ersten Mal im Leben des Menschen auf der Erde wird er aufgefordert, nicht alles zu tun, was er tun *kann;* er wird aufgefordert, seine wirtschaftliche und technologische Entwicklung zu bremsen oder zumindest in eine andere Richtung zu lenken; er wird von allen künftigen Generationen der Erde aufgefordert, seinen Reichtum mit den Armen zu teilen – nicht im Geiste der Wohltätigkeit, sondern weil er es als Notwendigkeit empfindet. Er wird aufgefordert, von nun an für das organische Wachstum des gesamten Weltsystems Sorge zu tragen. Kann er guten Gewissens nein sagen?« Mesarovic und Pestel schließen mit der Feststellung, daß der Homo sapiens ohne diese tiefgreifenden Veränderungen »praktisch zum Untergang verurteilt« sei.

Die zitierte Studie weist einige Mängel auf, deren gewichtigster mir zu sein scheint, daß sie die politischen, sozialen und psychologischen Faktoren außer acht läßt, die jeglicher Veränderung im Wege stehen. Dem für nötig erachteten Wandel generell die Richtung zu weisen, ist nutzlos, wenn nicht gleichzeitig der ernsthafte Versuch gemacht wird, die realen Hindernisse zu untersuchen, die alle Vorschläge scheitern lassen. (Es ist zu hoffen, daß der Club of Rome das Problem der gesellschaftlichen und politischen Umwälzungen in Angriff nehmen wird, die die Voraussetzung zur Erreichung der bereits formulierten Ziele sind.) Das ändert jedoch nichts an der Tatsache, daß diese Autoren erstmals einen Überblick über die ökonomischen Bedürfnisse und Ressourcen der ganzen Welt zu geben versuchten und daß sie, wie ich in der Einleitung bemerkte, zum ersten Mal die Forderung nach einem ethischen Wandel erhoben – nicht aufgrund ethischer Überzeugungen, sondern als rationale Konsequenz ökonomischer Analysen.

In den letzten Jahren sind in der Bundesrepublik und in den USA zahlreiche Bücher erschienen, in denen die gleichen oder ähnliche Forderungen erhoben werden: Die Wirtschaft ist den Bedürfnissen der Bevölkerung unterzuordnen; zum einen aus Gründen des nackten Überlebens, zum anderen um des menschlichen Wohles willen. (Ich habe etwa 35 Bücher zu diesem Thema gelesen oder durchgesehen, doch es sind mindestens doppelt so viele auf dem Markt.) Die meisten Autoren stimmen darin überein, daß eine Steigerung des materiellen Konsums nicht notwendigerweise ein erhöhtes Wohlbefinden bewirkt; daß die notwendigen gesellschaftlichen Umwälzungen von einem Wandel der charakterologischen und psychischen Strukturen begleitet sein müssen; daß es innerhalb von weniger als hundert Jahren zu einer Katastrophe kommen wird, wenn wir nicht aufhören, die Naturschätze der Erde zu verschwenden und die ökologischen Grundlagen für das Überleben des Menschen zu zerstören. Ich erwähne im folgenden nur einige der hervorragendsten Vertreter dieser neuen humanistischen Nationalökonomie.

Der Wirtschaftstheoretiker E. F. Schumacher weist in seinem Buch *Es geht auch anders* darauf hin, daß unsere Niederlagen die Folgen unserer Erfolge sind und daß wir die Technik den wahren menschlichen Bedürfnissen unterordnen müssen. »Die Wirtschaft als Lebensinhalt ist eine tödliche Krankheit«, schreibt er, »denn unbegrenztes Wachstum paßt nicht in eine begrenzte Welt. Daß die Wirtschaft nicht Lebensinhalt sein *sollte,* ist der Menschheit von allen ihren großen Lehrern gesagt worden; daß sie es nicht sein *kann,* ist heute evident. Will man diese tödliche Krankheit genauer beschreiben, so könnte man sagen, sie habe Ähnlichkeit mit einer Sucht wie dem Alkoholismus oder dem Drogenmißbrauch. Es spielt keine große Rolle, ob diese Sucht eine mehr egotistische oder eine mehr altruistische Form annimmt, ob sie in kraß materialistischer Weise Befriedigung sucht oder eines künstlerischen, kulturellen oder wissenschaftlichen Anstrichs bedarf. Gift ist Gift, auch wenn es in Silberpapier verpackt ist . . . Wenn die geistige Kultur, die Kultur des inneren Menschen, vernachlässigt wird, dann bleibt die Selbstsucht die dominierende Macht. Ein auf Egoismus basierendes System wie der Kapitalismus paßt besser zu dieser Orientierung als ein System der Liebe zu seinen Mitmenschen.«
Schumacher hat seine Prinzipien in die Realität umgesetzt, indem er Kleinmaschinen konzipierte, die den Bedürfnissen der nichtindustrialisierten Länder gerecht werden. (Besonders bemerkenswert ist es, daß seine Bücher jedes Jahr populärer geworden sind – und zwar nicht aufgrund einer großen Werbekampagne, sondern dank der Mundpropaganda seiner Leser.)
Paul und Anne Ehrlich sind zwei amerikanische Autoren, deren Denken dem Schumachers sehr ähnelt. In ihrem Buch *Population, Resources, Environment: Issues in Human Ecology* kommen sie hinsichtlich der »gegenwärtigen Weltsituation« zu folgenden Schlüssen:

1. Angesichts des heutigen Standes der Technik bzw. der gegenwärtigen Verhaltensmuster ist unser Planet bereits jetzt stark übervölkert.
2. Die große absolute Bevölkerungszahl und die hohen Geburtenraten stellen schwere Hindernisse für die Lösung menschlicher Probleme dar.
3. Die Grenzen der menschlichen Fähigkeit, mit konventionellen Methoden Nahrungsmittel zu produzieren, sind nahezu erreicht. Versorgungs- bzw. Verteilungsprobleme haben bereits bewirkt, daß etwa die Hälfte der Menschheit unterernährt bzw. unrichtig ernährt ist. Zehn bis zwanzig Millionen Menschen sterben jährlich an Unterernährung.

4. Die Bemühungen um eine Steigerung der Nahrungsmittelproduktion haben weitere ökologische Belastungen zur Folge, wodurch die Fähigkeit der Erde, Nahrungsmittel hervorzubringen, letzten Endes *abnehmen* wird. Es ist nicht sicher, ob die Umweltverseuchung schon so weit fortgeschritten ist, daß sie nicht mehr rückgängig gemacht werden kann; unter Umständen hat die Fähigkeit unseres Planeten, menschliches Leben zu ermöglichen, bereits dauerhaften Schaden erlitten. Technologische »Errungenschaften« wie Autos, Pestizide und anorganischer Stickstoffdünger tragen wesentlich zur Vergiftung der Umwelt bei.
5. Es gibt Gründe für die Annahme, daß sich mit dem Bevölkerungswachstum die Wahrscheinlichkeit weltweiter tödlicher Epidemien und eines thermonuklearen Krieges erhöht. Beides könnte das Bevölkerungsproblem durch eine fatale »Sterberatenlösung« beheben; beides ist potentiell imstande, die Zivilisation zu vernichten, ja den *Homo sapiens* von der Erde verschwinden zu lassen.
6. Es gibt kein technologisches Allheilmittel für den Problemkomplex, der die Bevölkerungs-, Nahrungsmittel- und Umweltkrise verursacht, wenn auch durch richtig angewandte Technologie in Bereichen wie Umweltschutz, Kommunikationswesen und Geburtenkontrolle weitgehend Abhilfe geschaffen werden kann. *Echte Lösungen setzen einen dramatischen und rapiden Wandel menschlicher Einstellungen voraus*, speziell in den Bereichen des reproduktiven Verhaltens, des Wirtschaftswachstums, der Technologie, des Umweltschutzes und der Konfliktlösung. (Hervorhebung von E. F.)

Erhard Epplers Buch *Ende oder Wende* zählt ebenfalls zu den bedeutsamen neueren Arbeiten auf diesem Gebiet. Eppler kommt darin zu ähnlichen Schlußfolgerungen wie Schumacher, wenn er sie auch weniger radikal formuliert. Seine Position ist insofern von besonderem Interesse, als er der Vorsitzende der Sozialdemokratischen Partei in Baden-Württemberg und ein überzeugter Protestant ist. Ich selbst habe bereits in zwei früheren Werken, *Der moderne Mensch und seine Zukunft* und *Die Revolution der Hoffnung* ähnliche Überzeugungen vertreten wie in dem vorliegenden Band.
Selbst unter den Autoren des Sowjetblocks, wo der Gedanke an Produktionsbeschränkungen stets tabu gewesen ist, melden sich inzwischen Stimmen zu Wort, die dafür eintreten, eine Wirtschaft ohne Wachstum in Erwägung zu ziehen. Der in der DDR lebende dissidente Marxist Wolfgang

Harich schlägt ein statisches Modell, ein globales wirtschaftliches Gleichgewicht vor, das allein Gleichheit garantieren und die Gefahr einer irreparablen Schädigung der Biosphäre abwenden könne. 1972 veranstalteten die bedeutendsten Naturwissenschaftler, Ökonomen und Geographen der Sowjetunion eine Konferenz über den Themenkreis »Mensch und Umwelt«. Auf der Tagesordnung standen die Forschungsergebnisse des Club of Rome, über die mit Sympathie und Respekt diskutiert wurde und deren Vorzüge man anerkannte, ohne mit den Ergebnissen im einzelnen übereinzustimmen. (Über dieses Treffen wird in *Technologie und Politik* berichtet; siehe Bibliographie.)

Der Humanismus, der allen diesen Versuchen einer gesellschaftlichen Reorganisation zugrunde liegt, findet seinen bedeutsamsten anthropologischen und historischen Ausdruck in L. Mumfords *The Pentagon of Power* sowie in allen seinen vorausgegangenen Werken.

8

VORAUSSETZUNGEN FÜR DIE VERÄNDERUNG DES MENSCHEN UND DIE UMRISSE DES NEUEN MENSCHEN

Angenommen, die Voraussetzung ist richtig, daß uns nur ein fundamentaler Wandel der menschlichen Charakterstruktur, das heißt ein Zurückdrängen der Haben- zugunsten der Seinsorientierung, vor einer psychologischen und ökonomischen Katastrophe retten kann, so stellt sich die Frage: Sind tiefgreifende charakterologische Veränderungen möglich, und wie kann man sie herbeiführen?

Ich bin überzeugt, daß sich der menschliche Charakter in der Tat ändern *kann,* wenn die folgenden Voraussetzungen gegeben sind:

- Wir leiden und sind uns dessen bewußt.
- Wir haben die Ursache unseres Unbehagens erkannt.
- Wir sehen eine Möglichkeit, unser Unbehagen zu überwinden.
- Wir sehen ein, daß wir uns bestimmte Verhaltensnormen zu eigen machen und unsere gegenwärtige Lebenspraxis ändern müssen, um unser Unbehagen zu überwinden.

Diese vier Punkte entsprechen den Vier Edlen Wahrheiten, die den Kern der Lehre Buddhas über die allgemeinen menschlichen Existenzbedingungen bilden.

Das gleiche Prinzip der Wandlung, das die Lehre Buddhas kennzeichnet, liegt auch dem Marxschen Erlösungsbegriff zugrunde. Um das zu verstehen, muß man sich bewußtmachen, daß der Kommunismus für Marx, wie er selbst sagte, kein Endziel, sondern eine Stufe in der menschlichen Entwicklung darstellte, durch die der Mensch von jenen sozioökonomischen Bedingungen befreit werden sollte, die ihn unmenschlich machen: zu einem Gefangenen der Dinge, der Maschinen und seiner eigenen Gier.

Marx' erster Schritt war, der Arbeiterklasse seiner Zeit, der, wie er glaubte, entfremdetsten und elendsten Klasse, bewußtzumachen, *daß* sie litt. Er versuchte, die Illusionen zu zerstören, die den Arbeitern das Elend ihrer eigenen Lage verschleierten. Sein zweiter Schritt war, ihnen die *Ursachen* ihres Leidens klarzumachen, die seiner Ansicht nach im Wesen des Kapitalismus und in der von ihm hervorgebrachten Charakterstruktur von Habgier, Geiz und Abhängigkeit begründet lagen. Diese Analyse der Ursachen des Leidens der Arbeiter (aber nicht allein *ihres* Leidens) war ein Teil dessen, was Marx als seine Hauptaufgabe ansah, die Analyse der kapitalistischen Wirtschaft.

Sein dritter Schritt bestand darin, den Menschen zu zeigen, daß man dem Leiden ein Ende bereiten konnte, indem man dessen Ursachen beseitigte. Im vierten Schritt stellte er die Prinzipien der neuen Lebenspraxis dar, die die Menschen von dem Elend befreien sollte, welches die alte Gesellschaft zwangsläufig hervorbrachte.

Freuds Heilmethode war im Grunde ähnlich. Die Patienten konsultierten ihn, weil sie litten und sich dessen *bewußt* waren. Aber sie wußten gewöhnlich nicht, *weshalb* sie litten. Die erste Aufgabe des Psychoanalytikers besteht meist darin, den Patienten zu helfen, ihre Illusionen in bezug auf ihr Leiden aufzugeben und zu erkennen, woraus ihr Mißbehagen in Wahrheit resultiert. Die Diagnose persönlicher oder gesellschaftlicher Störungen ist gewöhnlich eine Frage der Interpretation, und verschiedene Deuter können zu verschiedenen Schlüssen gelangen. Das Bild, das sich der Patient von seinem eigenen Leiden macht, ist meist die unverläßlichste Basis für eine Diagnose. Das Wesentliche des psychoanalytischen Prozesses besteht darin, dem Patienten die *Ursachen* seines Mißbehagens bewußtzumachen.

Aufgrund dieser Erkenntnis kann der Analysierte den nächsten Schritt machen: Er kommt zu der Einsicht, daß sein Leiden heilbar ist, vorausgesetzt, daß dessen Ursachen beseitigt werden. Nach Freuds Auffassung bedeutet das, die Verdrängung bestimmter Kindheitsereignisse aufzuheben. Die traditionelle Psychoanalyse scheint jedoch oft die Notwendigkeit des vierten Punktes zu unterschätzen. Viele Psychoanalytiker sind der Meinung, die Bewußtmachung des Verdrängten habe als solche schon heilende Wirkung. Dies ist tatsächlich oft der Fall, speziell wenn der Patient an scharf umgrenzten Symptomen etwa hysterischer oder zwanghafter Art leidet. Aber ich glaube nicht, daß bei Personen, die unter einem diffusen Unbehagen leiden und deren Charakter verändert werden soll, eine dauerhafte Besserung erzielt werden kann, *falls die angestrebte Cha-*

rakteränderung nicht von einer entsprechenden Änderung ihrer Lebensweise begleitet wird. Beispielsweise kann man die Abhängigkeit eines Menschen bis zum Jüngsten Tag analysieren – die ganze Einsicht wird ihm nichts nützen, solange sich an den Lebensumständen nichts ändert, unter denen er lebte, bevor er seine Einsichten gewann. Ein einfaches Beispiel: Eine Frau, deren Leiden auf ihre Abhängigkeit von ihrem Vater zurückzuführen ist, wird sich trotz aller Einsicht in die tieferen Zusammenhänge nicht ändern können, solange sie an ihrer Lebensweise festhält, d. h. solange sie sich nicht von ihm trennt, seine Gunst weiterhin akzeptiert und die Risiken und Schmerzen scheut, die mit solchen konkreten Schritten zur Unabhängigkeit verbunden sind. *Von der Praxis losgelöste Einsicht ist wirkungslos.*

Der neue Mensch

Die Funktion der neuen Gesellschaft ist es, die Entstehung eines neuen Menschen zu fördern, dessen Charakterstruktur folgende Züge aufweist:

- Die Bereitschaft, alle Formen des Habens aufzugeben, um ganz zu *sein.*
- Sicherheit, Identitätsbewußtsein und Selbstvertrauen, basierend auf dem Glauben an das, was man *ist* und auf dem Bedürfnis, auf die Umwelt bezogen zu sein, ihr Interesse, Liebe und Solidarität entgegenzubringen, statt des Verlangens, zu *haben*, zu besitzen und die Welt zu beherrschen und so zum Sklaven des eigenen Besitzes zu werden.
- Annahme der Tatsache, daß niemand und nichts außer uns selbst dem Leben Sinn gibt, wobei diese radikale Unabhängigkeit und Nichtheit die Voraussetzung für eine volle Aktivität sein kann, die dem Geben und Teilen gewidmet ist.
- Die Fähigkeit, wo immer man ist, voll präsent zu sein.
- Freude aus dem Geben und Teilen, nicht aus dem Horten und der Ausbeutung anderer zu schöpfen.
- Liebe und Achtung gegenüber dem Leben in allen seinen Manifestationen zu empfinden und sich bewußt zu sein, daß weder Dinge noch Macht noch alles Tote heilig sind, sondern das Leben und alles, was dessen Wachstum fördert.
- Bestrebt zu sein, Gier, Haß und Illusionen so weit wie es einem möglich ist, zu reduzieren.
- Imstande zu sein, ein Leben ohne Verehrung von Idolen und ohne Illu-

sionen zu führen, weil eine Entwicklungsstufe erreicht ist, auf der er keiner Selbsttäuschungen mehr bedarf.

- Bestrebt zu sein, die eigene Liebesfähigkeit sowie die Fähigkeit zu kritischem und unsentimentalem Denken zu entwickeln.
- Imstande zu sein, den eigenen Narzißmus zu überwinden und die tragische Begrenztheit der menschlichen Existenz zu akzeptieren.
- Sich bewußt zu sein, daß die volle Entfaltung der eigenen Persönlichkeit und der des Mitmenschen das höchste Ziel des menschlichen Lebens ist.
- Wissen, daß zur Erreichung dieses Zieles Disziplin und Anerkennung der Realität nötig sind.
- Wissen, daß Wachstum nur dann gesund ist, wenn es sich innerhalb einer Struktur vollzieht, und den Unterschied zwischen »Struktur« als Attribut des Lebens und »Ordnung« als Attribut der Leblosigkeit, des Toten, zu kennen.
- Entwicklung der eigenen Phantasie, nicht nur zur Flucht aus unerträglichen Bedingungen, sondern als Vorwegnahme realer Möglichkeiten.
- Andere nicht zu täuschen, sich aber auch von anderen nicht täuschen zu lassen; man kann unschuldig, aber man soll nicht naiv sein.
- Sich selbst zu kennen, nicht nur sein bewußtes, sondern auch sein unbewußtes Selbst – von dem jeder Mensch dennoch ein schlummerndes Wissen in sich trägt.
- Sich eins zu fühlen mit allem Lebendigen und daher das Ziel aufzugeben, die Natur zu erobern, zu unterwerfen, sie auszubeuten, zu vergewaltigen und zu zerstören und statt dessen zu versuchen, sie zu verstehen und mit ihr zu kooperieren.
- Unter Freiheit nicht Willkür zu verstehen, sondern die Chance, man selbst zu sein – nicht als ein Bündel zügelloser Begierden, sondern als fein ausbalancierte Struktur, die in jedem Augenblick mit der Alternative Wachstum oder Verfall, Leben oder Tod konfrontiert ist.
- Wissen, daß das Böse und die Destruktivität notwendige Folgen verhinderten Wachstums sind.
- Wissen, daß nur wenige Menschen Vollkommenheit in allen diesen Eigenschaften erreicht haben, aber nicht den Ehrgeiz zu haben, »das Ziel zu erreichen«, eingedenk, daß ein solcher Ehrgeiz nur eine andere Form von Gier ist.
- Was auch immer der entfernteste Punkt ist, den uns das Schicksal zu erreichen gestattet – glücklich zu sein in diesem Prozeß stetig wachsen-

der Lebendigkeit, denn so bewußt und intensiv zu leben, wie man kann, ist so befriedigend, daß die Sorge darüber, was man erreichen oder nicht erreichen könnte, gar nicht erst aufkommt.

Es würde den Rahmen dieses Buches sprengen, Vorschläge zu machen, was die in der heutigen kybernetischen, bürokratischen Industriegesellschaft – »kapitalistischer« oder »sozialistischer« Prägung – lebenden Menschen tun könnten, um aus ihrer Habenorientierung auszubrechen und den Seinsmodus weiterzuentwickeln. Dazu bedürfte es in der Tat eines eigenen Buches, das den Titel »Die Kunst des Seins« tragen könnte. In den letzten Jahren sind zahlreiche Bücher über Wege zu einem erfüllten Dasein erschienen. Manche davon sind hilfreich, viele andere sind schädlich durch ihre betrügerische Ausbeutung des neuen Marktes mit Käufern, die ihrer Malaise entfliehen wollen. Eine Reihe wertvoller Bücher, die jedem von Nutzen sein könnten, der sich ernsthaft für das Problem des richtigen Weges zum Wohlbefinden interessiert, sind in der Bibliographie angeführt.

9

WESENSZÜGE DER NEUEN GESELLSCHAFT

Eine neue Wissenschaft vom Menschen

Die erste Voraussetzung für den Aufbau einer neuen Gesellschaft ist, sich die nahezu unüberwindbaren Schwierigkeiten bewußtzumachen, die einem solchen Versuch im Wege stehen. Das vage Wissen um diese Hindernisse dürfte einer der Hauptgründe sein, warum so wenig Anstrengungen unternommen werden, um den nötigen Wandel herbeizuführen. »Warum nach dem Unmöglichen streben?« mögen viele denken. »Tun wir lieber weiterhin so, als werde uns der Kurs, den wir steuern, an den Ort der Sicherheit und des Glücks geleiten, der auf unseren Karten verzeichnet ist.« Wer innerlich verzweifelt, nach außen aber eine Maske von Optimismus zur Schau trägt, handelt nicht gerade weise. Wer aber die Hoffnung noch nicht aufgegeben hat, kann nur dann Erfolg haben, wenn er realistisch denkt, alle Illusionen über Bord wirft und den Problemen ins Auge sieht. Diese Nüchternheit unterscheidet die *wachen* von den *träumenden* »Utopisten«.

Nachstehend nur einige der Schwierigkeiten, die es beim Aufbau der neuen Gesellschaft zu überwinden gilt:

- Es ist die Frage zu lösen, wie die industrielle Produktionsweise beibehalten werden kann, ohne in totaler Zentralisierung zu enden, d. h. im Faschismus früherer Prägung oder – wahrscheinlicher – im technokratischen »Faschismus mit einem lächelnden Gesicht«.
- Die gesamtwirtschaftliche Rahmenplanung müßte – unter Verzicht auf die weitgehend zur Fiktion gewordene »freie Marktwirtschaft« – mit einem hohen Maß an Dezentralisierung verbunden werden.

- Das Ziel unbegrenzten wirtschaftlichen Wachstums müßte aufgegeben bzw. durch selektives Wachstum ersetzt werden, ohne das Risiko eines wirtschaftlichen Desasters einzugehen.
- Es gälte, entsprechende Arbeitsbedingungen und eine völlig andere Einstellung zur Arbeit zu schaffen, so daß nicht mehr der materielle Gewinn den Ausschlag gibt, sondern andere psychische Befriedigungen als Motivation wirksam werden können.
- Der wissenschaftliche Fortschritt müßte gefördert und gleichzeitig sichergestellt werden, daß seine praktische Anwendung nicht zur Gefahr für die Menschheit wird.
- Es müßten Bedingungen geschaffen werden, die es dem Menschen ermöglichen, sich wohl zu fühlen, Freude zu empfinden und die ihn von der Sucht nach Maximierung des »Vergnügens« befreien.
- Die Existenzgrundlage des einzelnen wäre zu sichern, ohne ihn von der Bürokratie abhängig zu machen.
- Die Möglichkeit zur »individuellen Initiative« ist vom wirtschaftlichen Bereich (wo sie ohnehin kaum noch existiert) in die übrigen Lebensbereiche zu verlagern.

So wie es in der Entwicklung der Technik unüberwindlich erscheinende Schwierigkeiten gegeben hat, so dünken uns auch die oben angeführten Probleme heute noch unlösbar. Doch die Schwierigkeiten der Technik erwiesen sich als überwindbar, weil sich eine Wissenschaft etablierte, die das Prinzip der Beobachtung und der Kenntnis der Natur als Voraussetzung für deren Beherrschung proklamierte (Francis Bacon: *Novum Organum* 1620). Dieser Wissenschaft des 17. Jahrhunderts haben sich bis zum heutigen Tag in den Industriestaaten die hervorragendsten Köpfe verschrieben, und sie hat die Realisierung der technischen Utopien ermöglicht, von denen der menschliche Geist träumte.

Doch heute, mehr als dreieinhalb Jahrhunderte danach, bedürfen wir einer völlig anders gearteten »neuen Wissenschaft«, für die Vico im 18. Jahrhundert die Grundlagen gelegt hatte. Wir brauchen eine Humanistische Wissenschaft vom Menschen als Basis für die Angewandte Wissenschaft und Kunst der gesellschaftlichen Reorganisation.

Technische Utopien, beispielsweise das Fliegen, sind dank der neuen Naturwissenschaft verwirklicht worden. Die *menschliche* Utopie des Messianischen Zeitalters – eine vereinte neue Menschheit, die frei von ökonomischen Zwängen, Krieg und Klassenkampf in Solidarität und Frieden miteinander lebt – kann Wirklichkeit werden, wenn wir das gleiche Maß an Energie, Intelligenz und Begeisterung dafür aufbringen, das wir für unsere technischen Utopien aufwandten. Man kann nicht U-Boote bauen, indem man Jules Verne liest; wir können keine humanistische Gesellschaft schaffen, indem wir die Propheten lesen.

Ob uns eine solche Umorientierung vom Supremat der Naturwissenschaft auf eine neue Sozialwissenschaft glücken wird, kann niemand vorhersagen. Wenn ja, dann haben wir vielleicht noch eine Überlebenschance, aber nur unter der Voraussetzung, daß viele hervorragende gut ausgebildete, disziplinierte und engagierte Männer und Frauen sich durch die neue Herausforderung an den menschlichen Geist aufgerufen fühlen – und durch die Tatsache, daß dieses Mal *das Ziel nicht Herrschaft über die Natur ist, sondern Herrschaft über die Technik und über irrationale gesellschaftliche Kräfte und Institutionen, die das Überleben der westlichen Gesellschaft, wenn nicht gar der Menschheit bedrohen.*

Es ist meine Überzeugung, daß unsere Zukunft davon abhängt, ob das Bewußtsein der gegenwärtigen Krise die fähigsten Menschen motivieren wird, sich in den Dienst der neuen humanistischen Wissenschaft vom Menschen zu stellen, denn nur ihren konzertierten Anstrengungen kann es gelingen, die »unlösbaren« Probleme zu lösen.

Entwürfe mit so allgemein formulierten Zielen wie »Vergesellschaftung der Produktionsmittel« waren sozialistische und kommunistische Losungen, die davon ablenkten, daß der Sozialismus nirgends verwirklicht war. Schlagworte wie »Diktatur des Proletariats« oder einer »intellektuellen Elite« sind nicht weniger nebulös und irreführend als das Konzept der »freien Marktwirtschaft« oder gar der »freien« Nationen. Die frühen Sozialisten und Kommunisten von Marx bis Lenin hatten keine konkreten Pläne für eine sozialistische oder kommunistische Gesellschaft; das war die große Schwäche des Sozialismus. Neue Gesellschaftsstrukturen, die die Grundlage des Seins bilden sollen, bedürfen vieler Entwürfe, Modelle, Studien und Experimente, die geeignet sind, *die Kluft zwischen dem Möglichen und dem Notwendigen zu überbrücken.* Konkret bedeutet das, daß neben umfassenden, langfristigen Planungen kurzfristige Vorschläge für erste Schritte stehen müssen. Entscheidend ist der Wille und der humanistische Geist derjenigen, die sie ausarbeiten; doch wenn Menschen eine Vision haben und gleichzeitig erkennen, was Schritt für Schritt konkret zu ihrer Verwirklichung getan werden kann, schöpfen sie Mut und ihre Angst weicht der Begeisterung.

Wenn Wirtschaft und Politik der menschlichen Entwicklung untergeordnet werden sollen, dann muß *das Modell der neuen Gesellschaft auf die Erfordernisse des unentfremdeten, seinsorientierten Individuums ausgerichtet werden.* Das bedeutet, daß Menschen weder gezwungen sein sollen, in entwürdigender Armut zu leben – immer noch das Problem des größten Teils der Menschheit – noch durch die inhärenten Gesetze der kapitalistischen Wirtschaft, die eine ständige Zunahme der Produktion und damit auch des Verbrauchs erfordern, zu einer Existenz als *Homo consumens* verurteilt werden dürfen, wie dies heute für die kaufkräftigen Schichten der Industriestaaten zutrifft. Wenn die Menschen jemals freiwerden, d. h. dem Zwang entrinnen sollen, die Industrie durch pathologisch übersteigerten Konsum auf Touren zu halten, dann ist eine radikale Änderung des Wirtschaftssystems vonnöten: dann müssen wir der gegenwärtigen Situation ein Ende machen, in der *eine gesunde Wirtschaft nur um den Preis kranker Menschen möglich ist.* Unsere Aufgabe ist es, eine gesunde Wirtschaft für gesunde Menschen zu schaffen.

Der erste entscheidende Schritt auf dieses Ziel hin ist die Ausrichtung der Produktion auf einen »gesunden und rationalen Konsum«. Die traditionelle Formel: »Produktion für den *Verbrauch* statt für den *Profit*« ist ungenügend, da nicht ausgesprochen wird, ob von *gesundem* oder pathologischem Verbrauch die Rede ist. An diesem Punkt stellt sich eine überaus schwierige Frage: Wer soll entscheiden, welche Bedürfnisse gesund und welche pathogen sind? Soviel steht fest: den Bürger zu zwingen, das zu verbrauchen, was der Staat für das beste hält–selbst wenn es das beste *ist*– kommt nicht in Frage. Bürokratische Kontrolle, die den Konsum gewaltsam drosselt, würde die Menschen nur noch konsumwütiger machen. Zu vernünftigem Verbrauch kann es nur kommen, wenn immer mehr Menschen ihr Konsumverhalten und ihren Lebensstil ändern *wollen.* Und das wird nur dann eintreten, wenn man den Menschen eine Form des Verbrauchs anbietet, die ihnen attraktiver erscheint als die gewohnte. Das kann nicht über Nacht und per Dekret geschehen, sondern bedarf eines langsamen Erziehungsprozesses, in dem die Regierung eine wichtige Rolle spielen muß.

Aufgabe des Staates ist es, dem pathologischen Konsum Normen gesunden Verbrauchs entgegenzusetzen. Die Erarbeitung solcher Normen ist prinzipiell möglich. Die U.S. Food and Drug Administration bietet ein gutes Beispiel; sie stellt fest, welche Nahrungsmittel und Drogen schädlich sind, wobei sie sich auf Expertisen von Wissenschaftlern verschiedener Fachrichtungen stützt, denen umfangreiche Untersuchungen vorausgehen. In ähnlicher Weise könnte man den Wert anderer Waren und Dienstleistungen durch Gremien von Psychologen, Anthropologen, Soziologen, Philosophen, Theologen und Vertretern gesellschaftlich relevanter Gruppen und Verbraucherorganisationen untersuchen lassen. Doch das Urteil darüber, was als lebensfördernd und was als lebensschädigend zu gelten hat, erfordert einen unvergleichlich größeren Forschungsaufwand als die Probleme der FDA. Grundlagenforschung über die Natur menschlicher Bedürfnisse, bisher kaum noch in Angriff genommen, wird eine wesentliche Aufgabe der neuen Wissenschaft vom Menschen sein. Wir werden differenzieren müssen, welche Bedürfnisse in unserem Organismus entspringen; welche das Ergebnis des kulturellen Fortschritts sind; welche einen Ausdruck individuellen Wachstums darstellen; welche synthetisch sind und dem Menschen von der Industrie aufgezwungen werden; welche »aktivieren« und welche »passivieren«; welche in Pathologie und welche in psychischer Gesundheit wurzeln.

Im Gegensatz zur FDA würden die Beschlüsse des zu bildenden humanistischen Expertengremiums nicht Gesetzeskraft erlangen, sondern nur als Richtlinien dienen, die in der Öffentlichkeit zur Diskussion gestellt werden. Die Bedeutung gesunder Nahrungsmittel ist bereits weitgehend ins Bewußtsein der Öffentlichkeit gedrungen; die Untersuchungsergebnisse der Expertenkommission würden der Gesellschaft neue Einsichten vermitteln, welche Bedürfnisse als gesund und welche als pathologisch anzusehen sind.

Die Öffentlichkeit würde erkennen, daß die meisten Formen des Konsums die Passivität fördern; daß das Bedürfnis nach Tempo und Abwechslung, das nur durch »Konsumerismus« befriedigt werden kann, ein Ausdruck der Ruhelosigkeit und der Flucht vor sich selbst ist; sie würde erkennen, daß das ständige Ausschauhalten nach neuen Dingen, die man tun und nach neuen technischen Spielereien, die man ausprobieren kann, nur ein Mittel ist, um sich davor zu schützen, sich selbst oder anderen nahe zu sein.

Die Regierung kann diesen Erziehungsprozeß durch Subventionierung der Produktion wünschenswerter Güter und Dienstleistungen nachhaltig fördern, bis diese rentabel produziert werden können. Diese Aktionen müßten durch eine großangelegte Aufklärungskampagne unterstützt werden, in der für gesunden Konsum geworben wird. Es ist zu erwarten, daß es *durch ein konsequentes Eintreten für vernünftige Formen des Konsums gelingen wird, das Konsumverhalten zu ändern.* Auch wenn die an Gehirnwäsche grenzenden Werbemethoden vermieden werden, die in der Wirtschaft heute üblich sind – und das ist eine wesentliche Voraussetzung – scheint es nicht unrealistisch zu erwarten, daß eine solche Kampagne in ihrer Wirkung nicht weit hinter derjenigen kommerzieller Propagandafeldzüge zurückbleiben würde.

Ein immer wieder erhobener Einwand gegen den Gedanken selektiven Konsums (und selektiver Produktion) nach dem Prinzip »was dient dem menschlichen Wohl?« ist der, daß der Verbraucher in der freien Marktwirtschaft ohnehin genau das bekommt, was er will, und daß sich die »selektive« Produktion daher erübrige. Dieses Argument basiert auf der Annahme, daß die Verbraucher nur Dinge wünschen, die zuträglich für sie sind – was offenkundig nicht stimmt (in bezug auf Drogen oder vielleicht sogar Zigaretten würde das wohl auch niemand behaupten). Der wesentliche Aspekt, den dieses Argument völlig außer acht läßt, ist der, daß die Wünsche des Konsumenten durch den Produzenten erzeugt werden.

Trotz der miteinander konkurrierenden Marken bewirkt die Werbung insgesamt eine Steigerung des Konsumverlangens. Durch ihre Werbung unterstützen alle Firmen im Grunde einander gegenseitig, weil sie die Kauflust generell anheizen; der Käufer hat nur das zweifelhafte Privileg, zwischen verschiedenen miteinander konkurrierenden Produkten zu wählen. Ein Beispiel, das immer wieder als Beweis dafür angeführt wird, daß die Verbraucherwünsche ausschlaggebend seien, ist der Mißerfolg, den Ford mit seinem »Edsel« erlebte. Aber dieser Mißerfolg ändert nichts daran, daß auch die Werbung für den »Edsel« *Propaganda für den Autokauf war* – die allen Marken außer dem Edsel zugute kam. Darüber hinaus beeinflußt die Industrie den Geschmack, indem sie Güter *nicht* produziert, die dem Menschen zuträglicher, aber weniger profitabel wären.

Gesunder Konsum ist nur möglich, wenn wir das Recht der Aktionäre und Konzernleitungen, über ihre Produktion ausschließlich vom Standpunkt des Profits und Wachstums zu entscheiden, drastisch einschränken. Solche Änderungen könnten durch Gesetze herbeigeführt werden, ohne daß die Verfassungen der westlichen Demokratien geändert werden müßten (es gibt bereits eine Reihe von Gesetzen, die im Interesse des öffentlichen Wohls die Eigentumsrechte beschneiden). Worauf es ankommt, ist die Macht, die Richtung der Produktion zu bestimmen, nicht der Kapitalbesitz als solcher. Langfristig werden die Bedürfnisse der Verbraucher darüber entscheiden, was produziert wird, sobald der suggestive Einfluß der Werbung wegfällt. Die existierenden Unternehmen werden ihre Produktionsanlagen umstellen müssen, um die neuen Bedürfnisse befriedigen zu können; wo dies nicht möglich ist, muß die Regierung das nötige Kapital für die Produktion neuer Güter und Dienstleistungen bereitstellen, nach denen Nachfrage besteht.

Alle diese Veränderungen können nur Schritt für Schritt und mit Zustimmung der Bevölkerungsmehrheit vorgenommen werden. Das Endresultat wird ein neues Wirtschaftssystem sein, das vom heutigen westlichen Kapitalismus ebensoweit entfernt ist wie vom zentralistischen Staatskapitalismus sowjetischer Prägung und wie von der totalen Wohlfahrtsbürokratie Schwedens.

Es versteht sich von selbst, daß die Konzerne von Anfang an ihre ungeheure Macht einsetzen werden, um solche Neuansätze im Keim zu erstikken. Nur der überwältigende Wunsch der Allgemeinheit nach gesunden und rationalen Formen des Konsums wäre imstande, den Widerstand der Industrie zu brechen.

Eine wirksame Methode, mit der die Bevölkerung die *Macht des Konsumenten* demonstrieren kann, ist der Aufbau militanter Verbraucherorganisationen, die sich des »Verbraucherstreiks« als Waffe bedienen. Nehmen wir beispielsweise an, zwanzig Prozent der amerikanischen Autokäufer würden beschließen, keine privaten PKWs mehr zu erwerben, weil diese im Gegensatz zu einem gut funktionierenden öffentlichen Verkehrssystem unwirtschaftlich, umweltvergiftend und psychisch schädlich sind – eine Droge, die ein falsches Machtgefühl hervorruft, Neid auslöst und dem einzelnen hilft, vor sich selbst davonzulaufen. Obwohl nur ein Wirtschaftsfachmann beurteilen könnte, wie gefährlich ein solcher Konsumentenstreik der Autoindustrie – und natürlich den Ölgesellschaften – werden könnte, liegt es auf der Hand, daß eine auf der Autoindustrie basierende Volkswirtschaft dadurch ernsthaft ins Schleudern geraten würde. Natürlich wünscht niemand, daß die amerikanische Volkswirtschaft in ernste Schwierigkeiten gerät, doch die Drohung mit einer solchen Maßnahme würde, wenn sie glaubhaft gemacht werden kann (z. B. durch vierwöchigen Verzicht auf Benutzung des Autos), den Verbrauchern einen mächtigen Hebel in die Hand geben, mit dem sie eine Umgestaltung des gesamten Produktionssystems erzwingen könnten. Die großen Vorteile von Verbraucherstreiks sind, daß sie kein Eingreifen der Regierung erfordern, daß sie schwer zu bekämpfen sind (es sei denn, die Regierung ginge soweit, die Bevölkerung zum Kauf von Produkten zu zwingen, die sie nicht kaufen will), und daß es sich erübrigt, auf die Zustimmung von 51 Prozent der Wahlberechtigten zu warten, wie dies bei staatlichen Maßnahmen der Fall ist. In der Tat würde schon eine Minderheit von zwanzig Prozent ausreichen, um Veränderungen herbeizuführen. Konsumentenstreiks können quer durch politische Lager und Losungen wirksam werden; sowohl konservative als auch liberale und »linke« Humanisten könnten an ihnen teilnehmen, da ein einziges Motiv sie alle vereinen würde: der Wunsch nach rationalem und menschenwürdigem Konsum. Als erster Schritt zur Beilegung des Streiks würden die radikal-humanistischen Repräsentanten der Verbraucherorganisationen mit der Großindustrie (und mit der Regierung) über die geforderten Reformen verhandeln. Sie würden sich dabei prinzipiell der gleichen Methoden bedienen wie die Gewerkschaftsvertreter bei der Beilegung eines Arbeitskampfes.

Das Problem besteht darin, den Verbrauchern 1. ihre zum Teil unbewußte Ablehnung des Konsumerismus und 2. ihre potentielle Macht bewußt zu machen, sobald eine humanistisch orientierte Verbraucherbewegung ins Leben gerufen ist. Eine derartige Bewegung wäre eine Manifestation echter Demokratie: Der einzelne nimmt direkten Einfluß auf den gesellschaftlichen Prozeß und versucht die gesellschaftliche Entwicklung in aktiver und nichtentfremdeter Weise mitzubestimmen. Und bei diesem ganzen Vorgang wären persönliche Erfahrungen, nicht politische Schlagworte das ausschlaggebende Element.

Aber selbst eine gut organisierte Verbraucherbewegung genügt nicht, solange die großen Konzerne so viel Macht besitzen, wie dies heute der Fall ist. Denn alles, was von der Demokratie noch übrig ist, wird zwangsläufig dem technokratischen Faschismus, einer Gesellschaft satter, nicht denkender Roboter zum Opfer fallen – genau jener Art von Gesellschaft, die man unter dem Namen »Kommunismus« so sehr fürchtete –, wenn es nicht gelingt, die Macht der multinationalen Konzerne über die Regierungen und die Bevölkerung (via Gedankenkontrolle durch Gehirnwäsche) zu brechen. Die Vereinigten Staaten haben eine Tradition, durch Antitrust-Gesetze die Macht der Großunternehmen einzuschränken. Die öffentliche Meinung kann durchsetzen, daß der Geist dieser Gesetze auf die bestehenden industriellen Supermächte angewandt wird und diese zu kleineren Einheiten entflochten werden.

Um eine auf dem Sein basierende Gesellschaft aufzubauen, müssen alle ihre Mitglieder sowohl ihre ökonomischen als auch ihre politischen Funktionen aktiv wahrnehmen. Das heißt, daß wir uns vom Habenmodus der Existenz nur befreien können, wenn es gelingt, die industrielle und politische Mitbestimmungsdemokratie voll zu verwirklichen. Diese Überzeugung wird von den meisten radikalen Humanisten vertreten.

Industrielle Demokratie bedeutet, daß jeder Angehörige einer großen industriellen oder sonstigen Organisation eine aktive Rolle im Leben dieser Organisation spielt; daß er umfassend informiert ist und am Entscheidungsprozeß teilnimmt, beginnend auf der Ebene des eigenen Arbeitsplatzes und der Gesundheits- und Sicherheitsmaßnahmen (dies wird in einigen schwedischen und amerikanischen Unternehmen bereits erfolgreich praktiziert) und nach und nach auch die höheren Entscheidungsebenen mit einbeziehend, auf denen die allgemeine Unternehmenspolitik bestimmt wird. Wichtig ist, daß Arbeiter und Angestellte sich selbst vertreten, und nicht durch Gewerkschaftsvertreter von außerhalb des Unternehmens in den einzelnen Mitbestimmungsgremien repräsentiert werden.

Industrielle Demokratie bedeutet weiter, daß das einzelne Unternehmen nicht nur als ökonomische und technische, sondern auch als soziale Institution begriffen wird, an deren Leben und Funktionsweise sich jedes Mitglied aktiv beteiligt und an der es daher auch interessiert ist. Die gleichen Prinzipien gelten für die Verwirklichung der politischen Demokratie. Die Demokratie kann der Bedrohung durch autoritäre Gesellschaften standhalten, wenn sie sich von einer passiven »Zuschauerdemokratie« zu einer aktiven »Teilnehmerdemokratie« wandelt, in der die Belange der Gemeinschaft für den einzelnen ebenso wichtig sind wie seine eigenen Angelegenheiten oder, noch besser, in der das Gemeinwohl von jedem Bürger als sein ureigenstes Anliegen angesehen wird. Viele Menschen haben festgestellt, daß ihr Leben interessant und anregend wurde, als sie anfingen, sich für Probleme der Gemeinschaft zu engagieren. Eine echte politische Demokratie kann in der Tat als Gesellschaftsform definiert werden, in der das Leben genau das ist – *interessant.* Im Gegensatz zu den »Volksdemokratien« oder »zentralistischen Demokratien« ist eine solche Teilnehmerdemokratie unbürokratisch und schafft ein Klima, in dem Demagogen kaum gedeihen.

Die Erarbeitung praktikabler Methoden für die Teilnehmerdemokratie ist vermutlich wesentlich schwieriger als die Konzeption einer demokratischen Verfassung im 18. Jahrhundert. Es wird ungeheurer Anstrengungen vieler fähiger Menschen bedürfen, um die neuen Grundsätze und

Durchführungsbestimmungen für den Aufbau der Teilnehmerdemokratie zu formulieren. Als eine von vielen möglichen Anregungen zur Erreichung dieses Ziels möchte ich hier einen Vorschlag anführen, den ich vor über 20 Jahren in *Der moderne Mensch und seine Zukunft* gemacht habe: Die Bildung von Hunderttausenden von Nachbarschaftsgruppen (mit je ca. 500 Mitgliedern), die sich selbst als permanente Beratungs- und Entscheidungsgremien konstituieren und über Grundsatzfragen auf den Gebieten der Wirtschaft, Außenpolitik, des Gesundheits- und Bildungswesens und des Gemeinwohls entscheiden. Diese Gruppen sind mit allen relevanten Informationen zu versorgen (auf die Art dieser Informationen wird später eingegangen); sie beraten über diese Informationen (ohne Einflußnahme von außen) und stimmen über die jeweiligen Sachfragen ab (beim heutigen Stand der Technik könnten alle abgegebenen Stimmen in einem Tag gezählt sein). Die Gesamtheit dieser Gruppen würde das »Unterhaus« bilden, dessen Beschlüsse zusammen mit denen anderer politischer Organe entscheidenden Einfluß auf die Gesetzgebung hätten.

»Wozu diese aufwendigen Pläne«, wird sich mancher fragen, »wenn die Ansichten der Bevölkerung in ebenso kurzer Zeit durch Meinungsumfragen ermittelt werden können?« Dieser Einwand berührt einen der problematischsten Aspekte dieser Form von Meinungsäußerung. Was sind denn die »Meinungen«, auf denen die Umfragen basieren, anderes als die Ansichten von Menschen, denen es an ausreichender Information und der Gelegenheit zu kritischer Reflexion und Diskussion fehlt? Außerdem wissen die Befragten, daß ihre »Meinungen« nicht zählen und somit ohne Auswirkungen bleiben. Solche Meinungen stellen nur die bewußten Ideen eines Menschen zu einem bestimmten Zeitpunkt dar; sie sagen uns nichts über die in tieferen Schichten vorhandenen Tendenzen, die unter veränderten Umständen zu den entgegengesetzten Meinungen führen könnten. Der Befragte hat ein ähnliches Gefühl wie der Wähler in einer politischen Wahl, der genau weiß, daß er in Wahrheit keinen weiteren Einfluß auf die Ereignisse nehmen kann, sobald er einem Bewerber zu einem Mandat verholfen hat. In mancher Hinsicht werden politische Wahlen unter noch ungünstigeren Umständen durchgeführt als Meinungsumfragen, da die semihypnotischen Wahlkampftechniken das Denkvermögen beeinträchtigen. Die Wahlen werden zu einem spannungsträchtigen Melodrama, bei dem es um die Hoffnungen und Ambitionen der Kandidaten, nicht um Sachfragen geht. Die Wähler können an dem Drama mitwirken, indem sie dem von ihnen favorisierten Bewerber ihre Stimme geben. Wenn auch ein großer Teil der Bevölkerung auf diese Geste verzichtet, ist doch die Mehrheit von diesem römischen Spektakel fasziniert, bei dem Politiker statt Gladiatoren in der Arena kämpfen.

Um zu echten Überzeugungen zu kommen, bedarf es zweier Voraussetzungen: *adäquate Informationen und das Bewußtsein, daß die eigene Entscheidung Folgen hat.* Die Meinungen des machtlosen Zuschauers drükken nicht dessen Überzeugungen aus, sondern sind so unverbindlich und trivial wie die Bevorzugung einer Zigarettenmarke. Aus diesen Gründen repräsentieren die in Umfragen und Wahlen geäußerten Meinungen die niedrigste, nicht die höchste Ebene menschlicher Urteilsfähigkeit. Diese Tatsache wird durch zwei Beispiele erhärtet, die von dem unausgeschöpften Potential menschlicher Urteilskraft zeugen: *Die persönlichen Entscheidungen der Menschen sind meist viel klüger als ihre politischen,* wie sich a) in ihren Privatangelegenheiten (besonders im geschäftlichen Bereich, wie Joseph Schumpeter so klar demonstrierte) und b) in ihrer Funktion als Geschworene zeigt. Die Geschworenen sind Durchschnittsbürger, die oft über sehr komplizierte und schwer durchschaubare Fälle urteilen müssen. Doch sie erhalten alle relevanten Informationen, sie haben Gelegenheit zu ausgiebiger Diskussion und sie wissen, daß ihr Urteil über Leben und Glück des Angeklagten entscheidet. Die Folge ist, daß ihre Entscheidungen im großen und ganzen von einem hohen Maß an Einsicht und Objektivität zeugen. Im Gegensatz dazu können uninformierte, halb hypnotisierte und machtlose Menschen keine ernsthaften Überzeugungen ausdrücken. Ohne Information, Gelegenheit zur Beratung und die Macht, Entscheidungen in die Tat umzusetzen, haben die in einer Demokratie geäußerten Meinungen kaum mehr Gewicht als der Applaus bei einer Sportveranstaltung.

Die aktive Teilnahme am politischen Leben erfordert maximale Dezentralisierung von Wirtschaft und Politik. Aufgrund der immanenten Logik des heutigen Kapitalismus werden sowohl die Industriekonzerne als auch die Regierungen immer größer und blähen sich schließlich zu gewaltigen bürokratischen Apparaten auf, die zentralistisch von oben regiert werden. Eine der Voraussetzungen einer humanistischen Gesellschaft besteht darin, diesen Prozeß der Zentralisierung zu stoppen und eine umfassende Dezentralisierung einzuleiten. Das hat mehrere Gründe. Sobald sich eine Gesellschaft in eine »Megamaschine« verwandelt, wie Mumford es nennt, d. h. sobald die gesamte Gesellschaft zu einer riesigen, zentral gesteuerten Maschine geworden ist, ist der Faschismus auf lange Sicht fast unvermeidbar, a) weil die Menschen zu Schafen werden, die Fähigkeit zum kritischen Denken verlieren, sich ohnmächtig fühlen, passiv sind und sich zwangsläufig nach einem starken Mann sehnen, der »weiß«, was zu tun ist – und alles übrige, was *sie* nicht wissen; und b) weil die Megamaschine von jedem, der zu ihr Zugang hat, in Gang gesetzt werden kann, einfach, indem er auf die richtigen Knöpfe drückt. Genau wie ein Automobil läuft die Megamaschine im Grunde ganz von selbst; d. h. die Person, die am Lenkrad des Autos sitzt, braucht nur die richtigen Pedale zu bedienen, zu steuern, zu bremsen und auf einige andere ebenso simple Details zu achten; was beim Auto oder einer anderen Maschine die vielen Rädchen, sind in der Megamaschine die zahlreichen Ebenen bürokratischer Verwaltung. Selbst ein Mensch von geringer Intelligenz und Befähigung kann ohne Mühe ein Staatswesen leiten, wenn er einmal an die Macht gelangt ist.

Die Regierungsfunktionen sollten nicht den Staaten – die selbst riesige Konglomerate darstellen – sondern relativ kleinen Verwaltungsbezirken übertragen werden, wo die Menschen einander kennen und entsprechend beurteilen können und wo sie deshalb aktiv an der Lösung ihrer eigenen regionalen Probleme mitwirken können. Die Dezentralisierung in der Industrie soll kleinen Sektoren eines Unternehmens mehr Entscheidungsbefugnisse verschaffen und die Riesenkonzerne in kleinere Einheiten aufbrechen.

Aktive und verantwortungsvolle Mitbestimmung ist nur möglich, wenn das bürokratische durch humanistisches Management ersetzt wird.

Die meisten Leute glauben immer noch, jeder große Verwaltungsapparat müsse zwangsläufig »bürokratisch«, d. h. eine entfremdete Form der Administration sein. Es ist ihnen gar nicht mehr bewußt, wie tödlich der bürokratische Geist ist, selbst dort, wo es nicht auf der Hand liegt, wie in der Beziehung zwischen Arzt und Patient oder zwischen Mann und Frau. Bürokratismus kann man als Methode definieren, bei der a) Menschen wie Dinge verwaltet werden und b) Dinge nach quantitativen statt qualitativen Gesichtspunkten behandelt werden, um die Quantifizierung und Kontrolle zu erleichtern und zu verbilligen. Das bürokratische Verfahren wird von statistischen Daten gesteuert; Bürokraten handeln aufgrund starrer Regeln, die auf statistischen Daten basieren, nicht in spontaner Reaktion auf die vor ihnen stehenden Personen. Sie entscheiden Sachfragen anhand der Fälle, die statistisch am häufigsten vorkommen, und nehmen dabei in Kauf, daß Minderheiten von fünf oder zehn Prozent Schaden erleiden. Der Bürokrat fürchtet persönliche Verantwortung und sucht hinter seinen Vorschriften Zuflucht; was ihm Sicherheit und Stolz gibt, ist seine Loyalität gegenüber dem Reglement, nicht seine Loyalität gegenüber den Geboten der Menschlichkeit.

Eichmann war das extreme Beispiel eines Bürokraten. Er schickte Hunderttausende von Juden in den Tod, nicht, weil er sie haßte; er haßte oder liebte niemanden. Eichmann »tat seine Pflicht«: pflichteifrig schickte er sie in den Tod; genauso pflichteifrig hatte er vorher ihre Emigration aus Deutschland organisiert. Ihm ging es nur darum, die Vorschriften zu befolgen; Schuldgefühle empfand er nur, wenn er diese verletzte. Vor Gericht erklärte er (sich selbst schadend), daß er sich nur zweimal schuldig gefühlt habe: als er als Kind die Schule schwänzte, und als er während eines Luftangriffs den Befehl ignorierte, sich in den Luftschutzkeller zu begeben. Das soll nicht heißen, daß Eichmann und viele andere Bürokraten keine sadistische Komponente hätten – die Befriedigung, andere Lebewesen in der Gewalt zu haben. Doch dieser sadistische Zug ist von sekundärer Bedeutung, verglichen mit dem Hauptmerkmal der Bürokraten: ihrem Mangel an menschlichem Mitgefühl und ihrer Vergötzung von Vorschriften.

Ich behaupte nicht, daß alle Bürokraten Eichmanns seien. Erstens sind viele Menschen in bürokratischen Positionen keine Bürokraten im charakterologischen Sinn. Zweitens hat die bürokratische Einstellung in vielen Fällen nicht die ganze Person erfaßt und ihre menschliche Seite erstickt. Wohl aber gibt es unter den Bürokraten viele Eichmanns – der einzige Unterschied ist, daß sie nicht Tausende von Menschen vernichten müssen. Wenn der Bürokrat im Krankenhaus sich weigert, einen Schwerkranken aufzunehmen, weil laut Vorschrift der Patient durch einen Arzt überwiesen werden muß, dann handelt er nicht anders als Eichmann. Das gleiche gilt für Sozialarbeiter, die lieber einen Betreuten verhungern lassen, als bestimmte Anweisungen ihres bürokratischen Reglements zu verletzen. Diese bürokratische Einstellung ist nicht nur unter Verwaltungsbediensteten verbreitet – sie ist auch unter Ärzten, Schwestern, Lehrern und Professoren zu finden – sowie unter Ehemännern und Eltern gegenüber ihren Frauen bzw. Kindern.

Sobald der lebendige Mensch zu einer Nummer reduziert ist, kann der echte Bürokrat Akte äußerster Grausamkeit begehen, nicht weil er von einem seinen Taten entsprechenden Maß an Grausamkeit dazu getrieben würde, sondern weil ihn kein menschliches Band mehr mit seinem Opfer verbindet. Obzwar die Bürokraten weniger Abscheu erregen als reine Sadisten, sind sie gefährlicher als diese, da sie nicht einmal einen Konflikt zwischen Gewissen und Pflicht auszutragen haben: ihr Gewissen *befiehlt* ihnen, ihre Pflicht zu tun; Menschen als Objekte des Mitgefühls und der Barmherzigkeit existieren für sie nicht.

Der zur Unfreundlichkeit neigende Bürokrat alten Stils ist auch heute noch in alteingesessenen Firmen und großen Organisationen wie Sozialhilfeverwaltungen, Krankenhäusern und Gefängnissen zu finden, wo der einzelne Amtsinhaber beträchtliche Macht über arme oder sonstwie machtlose Menschen ausübt. Die Bürokraten in der modernen Industrie sind keineswegs unfreundlich und haben wahrscheinlich nur geringe sadistische Tendenzen, wenn ihnen die Machtausübung über andere Menschen auch einiges Vergnügen bereiten mag. Aber auch bei ihnen finden wir die typisch bürokratische Loyalität gegenüber einer Sache – in ihrem Fall, dem *System:* sie glauben daran. Ihre Firma ist ihr Zuhause, und die dort geltenden Regeln sind unanfechtbar, weil sie »rational« sind.

Doch weder für die alten noch für die neuen Bürokraten ist in der Mitbestimmungsdemokratie Platz, denn der bürokratische Geist ist unvereinbar mit dem Prinzip aktiver Mitwirkung des einzelnen. Die künftigen Sozialwissenschaftler werden neue unbürokratische Verwaltungsmethoden vorschlagen müssen, die durch stärkeres Eingehen auf Menschen und Situationen und nicht durch starre Anwendung von Regeln gekennzeichnet sind. Unbürokratische Verwaltung ist (auch in großem Umfang) möglich, wenn wir dem Administrator Raum für spontane Reaktionen lassen und Sparsamkeit nicht zum Fetisch erheben.

Der Erfolg einer auf dem Seinsmodus basierenden Gesellschaft ist noch von vielen anderen Maßnahmen abhängig. Die folgenden Anregungen erheben keinen Anspruch auf Originalität; im Gegenteil, ich fühle mich durch die Tatsache ermutigt, daß fast alle diese Vorschläge bereits in der einen oder anderen Form von humanistischen Autoren vorgebracht worden sind.*

In der kommerziellen und politischen Werbung sind alle Methoden der Gehirnwäsche zu verbieten.

* Um das Buch nicht zu überfrachten, sehe ich davon ab, die umfangreiche Literatur zu zitieren, die ähnliche Vorschläge enthält. Viele Titel sind in der Bibliographie enthalten.

Diese Methoden der Gehirnwäsche sind nicht nur deshalb gefährlich, weil sie uns dazu verleiten, Dinge zu kaufen, die wir weder brauchen noch wollen, sondern weil sie uns veranlassen, politische Vertreter zu wählen, die wir weder brauchen noch wollen würden, wenn wir bei vollem Verstand wären. Wir sind aber nicht bei vollem Verstand, weil wir mit hypnoiden Propagandamethoden bearbeitet werden. Zur Bekämpfung dieser immer größer werdenden Gefahr *müssen wir den Einsatz aller hypnoseähnlichen Formen von Propaganda sowohl für Waren wie für Politiker verbieten.*

Die in der Werbung und der politischen Propaganda angewandten hypnoiden Methoden stellen eine ernste Gefahr für die geistige und psychische Gesundheit, speziell für das klare und kritische Denkvermögen und die emotionale Unabhängigkeit dar. Ich bezweifle nicht, daß durch gründliche Untersuchungen nachzuweisen wäre, daß der durch Drogenabhängigkeit verursachte Schaden nur einen Bruchteil der Verheerungen ausmacht, die durch unsere Suggestivmethoden angerichtet werden, von unterschwelliger Beeinflussung bis zu solchen semihypnotischen Techniken wie ständige Wiederholung oder die Ausschaltung rationalen Denkens durch Appelle an den Sexualtrieb (»I'm Linda, fly me!«). Die Bombardierung durch suggestive Methoden in der Werbung, vor allem in Fernsehspots, ist volksverdummend. Dieser Untergrabung von Vernunft und Realitätssinn ist der einzelne tagtäglich überall und zu jeder Stunde ausgeliefert: viele Stunden lang vor dem Bildschirm, auf Autofahrten, in den Wahlreden politischer Kandidaten etc. Der eigentümliche Effekt dieser suggestiven Methoden ist ein Zustand der Halbwachheit, ein Verlust des Realitätsgefühls.

Die Abschaffung des Gifts der Massensuggestion wird bei den Konsumenten einen Entzugsschock auslösen, der sich kaum von den Entzugssymptomen Drogenabhängiger unterscheiden dürfte.

Die Kluft zwischen den reichen und den armen Nationen muß geschlossen werden.

Es ist kaum zu bezweifeln, daß die Fortdauer und weitere Vertiefung dieser Kluft zu einer Katastrophe führen wird. Die armen Nationen haben aufgehört, die ökonomische Ausbeutung durch die Industriestaaten als gottgegeben hinzunehmen. Obwohl die Sowjetunion ihre eigenen Satellitenländer nach wie vor in der gleichen kolonialistischen Weise ausbeutet, unterstützt sie den Protest der Kolonialvölker und verwendet ihn als politische Waffe gegen den Westen. Die Heraufsetzung des Ölpreises war der Beginn – und ein Symbol – der Kampagne der Entwicklungsländer zur Abschaffung des Systems, das sie zwingt, Rohstoffe billig zu verkaufen und Industrieprodukte teuer einzukaufen. In ähnlicher Weise war der Vietnamkrieg ein Symbol des Anfangs vom Ende der politischen und militärischen Herrschaft des Westens über die Kolonialvölker.

Was wird geschehen, wenn wir nichts unternehmen, um die Kluft zu beseitigen? Entweder werden Epidemien auf die Festung der Weißen übergreifen, oder die armen Nationen werden durch Hungersnöte zu solcher Verzweiflung getrieben, daß sie, vielleicht unterstützt von Sympathisanten in den Industriestaaten, Terrorakte verüben werden, möglicherweise unter Verwendung nuklearer oder biologischer Waffen, die in der weißen Festung Chaos auslösen werden.

Diese Katastrophe ist nur abzuwenden, indem wir Hunger und Krankheit unter Kontrolle bringen – und dazu ist die Hilfe der Industrienationen unabdingbar. Diese Hilfe muß seitens der reichen Länder ohne Rücksicht auf Profite und politische Vorteile organisiert werden; das bedeutet auch, daß sie sich von der Vorstellung freihalten müssen, die ökonomischen und politischen Prinzipien des Kapitalismus müßten auf Afrika und Asien übertragen werden. Natürlich muß es Wirtschaftsexperten vorbehalten bleiben, die effizientesten Methoden ökonomischer Hilfeleistung herauszufinden.

Aber nur Experten können dieser Sache nützen, die nicht nur über die nötige fachliche Qualifikation verfügen, sondern deren menschliches Engagement sie motiviert, nach optimalen Lösungen zu suchen. Damit solche Experten herangezogen und ihre Empfehlungen befolgt werden, muß die Habenorientierung entscheidend geschwächt werden und ein Gefühl der Solidarität und der Verantwortung (nicht nur des Mitleids) an ihre Stelle treten. Diese Verantwortung gilt nicht nur unseren Mitmenschen auf dieser Erde, sondern auch unseren Nachkommen. Nichts ist in der Tat bezeichnender für unseren Egoismus als die Tatsache, daß wir fortfahren, die Naturschätze zu plündern, die Erde zu vergiften und für den Atomkrieg zu rüsten. Wir zögern nicht, unseren eigenen Kindern und Kindeskindern diesen geplünderten Planeten als Vermächtnis zu hinterlassen. Wird sich ein innerer Wandel vollziehen? Niemand kann diese Frage beantworten. Das eine sollte die Menschheit jedoch wissen: Falls er nicht zustande kommt, wird der Zusammenstoß zwischen armen und reichen Nationen unkontrollierbar sein.

Viele Übel der heutigen kapitalistischen und kommunistischen Gesellschaf-

*ten wären durch die Garantie eines jährlichen Mindesteinkommens zu beseitigen.**

Diesem Vorschlag liegt die Überzeugung zugrunde, daß jeder Mensch, gleichgültig, ob er arbeitet oder nicht, das bedingungslose Recht hat, nicht zu hungern und obdachlos zu sein. Er soll nicht mehr erhalten, als zum Leben nötig ist – aber auch nicht weniger. Dieses Recht scheint uns heute eine neue Auffassung auszudrücken, doch in Wirklichkeit handelt es sich um eine sehr alte Norm, die sowohl in der christlichen Lehre verankert ist als auch von vielen »primitiven« Stämmen praktiziert wird: *daß der Mensch das uneingeschränkte Recht zu leben hat, ob er seine »Pflicht gegenüber der Gesellschaft« erfüllt oder nicht.* Es ist ein Recht, das wir unseren Haustieren, nicht aber unseren Mitmenschen zugestehen.

Durch ein solches Gesetz würde die persönliche Freiheit immens erweitert; kein Mensch, der von einem anderen wirtschaftlich abhängig ist (beispielsweise von den Eltern, dem Ehemann, dem Chef), wäre weiterhin gezwungen, sich aus Angst vor dem Verhungern erpressen zu lassen; begabte Menschen, die sich auf einen neuen Lebensstil vorbereiten wollen, hätten dazu Gelegenheit, wenn sie bereit sind, eine Zeitlang ein Leben in Armut auf sich zu nehmen. Die modernen Sozialstaaten haben diesen Grundsatz – beinahe – akzeptiert, das heißt »nicht wirklich«. Die Betroffenen werden nach wie vor von einer Bürokratie »verwaltet«, kontrolliert und gedemütigt. Ein garantiertes Einkommen würde bedeuten, daß niemand einen »Bedürftigkeitsnachweis« zu erbringen braucht, um ein bescheidenes Zimmer und ein Minimum an Nahrung zu erhalten. Es wäre daher auch keine Bürokratie zur Verwaltung eines Wohlfahrtsprogramms mit ihrer typischen Verschwendung und Mißachtung der Menschenwürde vonnöten.

Das garantierte jährliche Mindesteinkommen bedeutet echte Freiheit und Unabhängigkeit. Deshalb ist es für jedes auf Ausbeutung und Kontrolle basierende System, insbesondere die verschiedenen Formen von Diktatur, unannehmbar. Es ist charakteristisch für das sowjetische System, daß Vorschläge für die Einführung des Nulltarifs (beispielsweise im öffentlichen Verkehr oder für die Abgabe von Milch) stets schon im Keime erstickt wurden. Die kostenlose Krankenversorgung bildet eine Ausnahme,

* Ich habe diesen Vorschlag bereits 1955 in *Der moderne Mensch und seine Zukunft* gemacht; der gleiche Plan wurde Mitte der sechziger Jahre auf einem Symposium unterbreitet. (Hrsg. v. R. A. Theobald, siehe Bibliographie)

aber nur scheinbar, denn auch sie ist an eine Bedingung – das Kranksein – geknüpft.

Wenn man sich die Kosten vor Augen hält, die eine weitverzweigte Sozialhilfebürokratie heute verursacht, und dazu die Kosten der Behandlung psychischer, inbesondere psychosomatischer Krankheiten sowie der Bekämpfung der Kriminalität und der Drogenabhängigkeit rechnet, so ergibt sich vermutlich, daß es billiger kommen würde, jedem, der dies wünscht, ein jährliches Mindesteinkommen zu gewähren. Dieser Gedanke wird all jenen undurchführbar oder gefährlich erscheinen, die überzeugt sind, daß »die Menschen von Natur aus faul« seien. Dieses Klischee hat jedoch keine faktischen Grundlagen; es ist einfach ein Schlagwort, das zur Rationalisierung der Weigerung dient, auf das Bewußtsein der Macht über die Schwachen und Hilflosen zu verzichten.

Die Frauen sind von der patriarchalischen Herrschaft zu befreien.

Die Befreiung der Frauen von patriarchalischer Herrschaft ist eine fundamentale Voraussetzung der Humanisierung der Gesellschaft. Die Unterdrückung der Frau durch den Mann begann erst vor etwa sechstausend Jahren in verschiedenen Teilen der Welt, als die Erwirtschaftung von Überschüssen in der Landwirtschaft die Beschäftigung und Ausbeutung von Arbeitskräften, die Organisation von Armeen und die Entstehung mächtiger Stadtstaaten begünstigte.* Seit damals wurden nicht nur die Kulturen Europas und des Nahen Ostens, sondern auch fast alle übrigen Völker der Erde von den »vereinigten Männern« erobert, die die Frauen unterwarfen. Dieser Sieg des männlichen über den weiblichen Teil der Menschheit war in der wirtschaftlichen Macht der Männer und der von ihnen geschaffenen militärischen Maschine begründet.

Der Krieg zwischen den Geschlechtern ist ebenso alt wie der Klassenkampf, aber er hat kompliziertere Formen angenommen, da die Männer stets die Frauen nicht nur als Arbeitstiere brauchten, sondern auch als Mütter, Geliebte und Trostspenderinnen. Oft tritt der Geschlechterkampf offen und brutal zutage, häufiger wird er im verborgenen ausgetragen. Die Frauen mußten sich der Macht der Männer beugen, aber sie haben mit ihren eigenen Waffen zurückgeschlagen; ihre schärfste Waffe war, die Männer lächerlich zu machen.

Die Unterjochung der einen Hälfte der Menschheit durch die andere hat beiden Geschlechtern immensen Schaden zugefügt und tut dies weiter-

* Die frühen »Matriarchate« und die darauf bezügliche Literatur habe ich in *Anatomie der menschlichen Destruktivität* eingehend erörtert.

hin: Die Männer nahmen die charakteristischen Eigenschaften des Siegers, die Frauen die des Besiegten an. Auch heute noch gibt es keine Mann-Frau-Beziehung, die frei vom Fluch des Überlegenheits- bzw. Unterlegenheitsgefühls wäre, selbst unter Menschen, die bewußt gegen die männliche Vorherrschaft protestieren. (Freud, der die männliche Überlegenheit nie in Frage stellte, kam unglücklicherweise zu dem Schluß, das Gefühl der Machtlosigkeit der Frauen sei auf deren angebliches Bedauern zurückzuführen, keinen Penis zu besitzen, und die Männer fühlten sich deshalb unsicher, weil sie in ständiger »Kastrationsangst« lebten. In Wirklichkeit sind diese Phänomene Symptome des Geschlechterkampfes, nicht biologischer und anatomischer Unterschiede als solcher.)

Viele Anzeichen deuten darauf hin, daß die Herrschaft des Mannes über die Frau in ähnlichen Bahnen verläuft wie die Unterdrückung aller anderen machtlosen Bevölkerungsgruppen. Man braucht sich nur vor Augen zu halten, ein wie ähnliches Bild die Lage der Schwarzen im Süden Amerikas vor hundert Jahren und der Frauen zur damaligen Zeit bot und selbst heute noch bietet. Sowohl die Schwarzen als auch die Frauen wurden mit Kindern verglichen und als emotional und naiv bezeichnet; man behauptete, sie hätten keinen Realitätssinn und seien daher ungeeignet, Entscheidungen zu treffen; sie galten als verantwortungslos, aber charmant. (Freud fügte diesem Katalog hinzu, daß Frauen ein weniger stark entwickeltes Gewissen [Über-Ich] hätten als Männer und narzißtischer seien als diese.)

Das Machtverhältnis gegenüber dem Schwächeren ist der Wesenskern des bestehenden Patriarchats wie auch der Herrschaft über die nichtindustrialisierten Nationen und über Kinder und Jugendliche. Die wachsende Bewegung zur Befreiung der Frau ist von unerhörter Bedeutung, weil sie das Machtprinzip bedroht, auf dem die heutige Gesellschaft (sowohl die kapitalistische wie die kommunistische) aufgebaut ist – vorausgesetzt, die Frauen meinen mit Befreiung nicht, daß sie an der Macht des Mannes über andere Gruppen, etwa die Kolonialvölker, partizipieren wollen. Falls die Frauenbewegung ihre eigene Rolle und Funktion als Vertreterin von »Antimacht« begreift, werden die Frauen einen entscheidenden Einfluß auf den Kampf um eine neue Gesellschaft ausüben können.

Die ersten Schritte zur Befreiung wurden bereits unternommen. Vielleicht werden spätere Historiker feststellen, das revolutionärste Ereignis des 20. Jahrhunderts sei der Beginn der Frauenbefreiung und der Verfall der Männerherrschaft gewesen. Doch der Kampf um die Befreiung der Frau hat eben erst begonnen und der Widerstand der Männer ist nicht zu überschätzen. Ihr gesamtes Verhältnis zu Frauen (einschließlich der sexuellen Beziehung) basierte bisher auf ihrer angeblichen eigenen Überlegenheit; sie haben bereits angefangen, sich im Umgang mit Frauen, die dem Mythos von der männlichen Überlegenheit keinen Glauben mehr schenken, recht unbehaglich und ängstlich zu fühlen.

In enger Beziehung zur Frauenbewegung steht die antiautoritäre Einstellung der jungen Generation. Dieser Trend erreichte Ende der sechziger Jahre seinen Höhepunkt; inzwischen haben sich viele der damaligen Rebellen gegen das »Establishment« infolge verschiedener Entwicklungen erneut angepaßt. Aber die frühere Bereitschaft zur Unterordnung unter Eltern und andere Autoritäten ist dahin und es scheint sicher, daß die alte »Ehrfurcht« vor der Autorität nie wiederkehren wird.

Parallel zu dieser Emanzipation von der Autorität vollzieht sich die Befreiung von sexuellen Schuldgefühlen: Sex wird nicht mehr totgeschwiegen und ist keine Sünde mehr. So sehr die Meinungen über die relativen Vorzüge mancher Aspekte der sexuellen Revolution auch auseinandergehen mögen, soviel steht fest: Die Menschen haben keine Angst mehr vor Sex; er kann nicht mehr dazu benützt werden, Schuldgefühle zu erzeugen und dadurch Unterwerfung zu erzwingen.

Ein Oberster Kulturrat ist ins Leben zu rufen, der die Aufgabe hat, die Regierung, die Politiker und die Bürger in allen Angelegenheiten, die Wissen und Kenntnis erfordern, zu beraten.

Dieses Gremium soll aus Vertretern der geistigen und künstlerischen Elite des Landes bestehen, aus Männern und Frauen, deren Integrität über jeden Zweifel erhaben ist. Sie würden zum Beispiel über die Zusammensetzung der neuen, erweiterten FDA (Food and Drug Administration) entscheiden und die Menschen auswählen, die für den Informationsfluß verantwortlich sind.

Es besteht ein weitgehender Konsens darüber, wer die hervorragendsten Repräsentanten des Geistes- und Kulturlebens sind, und ich glaube, daß es möglich sein wird, die richtigen Mitglieder für ein solches Gremium zu finden. Von entscheidender Bedeutung ist natürlich, daß in diesem Rat auch diejenigen vertreten sind, die in Opposition zu den herrschenden Meinungen stehen: beispielsweise die »Radikalen« und »Revisionisten« auf den Gebieten der Wirtschaftswissenschaft, Geschichte und Soziologie. Die Schwierigkeit besteht nicht darin, Ratsmitglieder ausfindig zu machen, sondern im *Auswahlverfahren,* denn sie können weder durch allgemeine Wahlen ermittelt werden, noch sollte die Regierung sie ernennen. Aber es lassen sich auch andere Formen finden. Beispielsweise könnte man mit einem Nukleus von drei oder vier Personen beginnen und den Rat allmählich auf seine volle Größe von etwa 50–100 Personen erweitern. Dieser Kulturrat sollte reichlich dotiert werden, damit er Untersuchungen über verschiedene Spezialprobleme in Auftrag geben kann.

Ein wirksames System zur Verbreitung von objektiven Informationen ist zu etablieren.

Ein hohes Informationsniveau ist eine entscheidende Voraussetzung für den Bestand einer echten Demokratie. Die Praxis, der Öffentlichkeit Informationen im angeblichen Interesse der »nationalen Sicherheit« vorzuenthalten oder diese zu fälschen, ist abzuschaffen. Aber selbst ohne ein solches illegitimes Zurückhalten von Informationen ändert sich nichts an der Tatsache, daß dem Durchschnittsbürger heute so gut wie keine echten und notwendigen Informationen zur Verfügung gestellt werden. Das gilt nicht nur für den Mann von der Straße, sondern, wie sich immer wieder zeigt, sind auch die meisten Abgeordneten, Regierungsmitglieder, Generäle und Wirtschaftsführer mangelhaft unterrichtet bzw. durch die Unwahrheiten, die von den verschiedenen Regierungsbehörden ausgestreut und von den Nachrichtenmedien verbreitet werden, weitgehend falsch informiert. Leider verfügen die meisten der Verantwortlichen bestenfalls über eine rein manipulative Intelligenz. Es fehlt ihnen die Gabe, die unter der Oberfläche wirksamen Kräfte zu verstehen, und daher auch die Fähigkeit, künftige Entwicklungen richtig zu beurteilen, ganz zu schweigen von ihrer Selbstsucht und Korruption, wovon wir reichlich anläßlich »Watergate« und »Lockheed« gehört haben. Doch selbst ehrliche und intelligente Bürokraten werden nicht imstande sein, die Probleme einer Welt zu lösen, welche auf eine Katastrophe zutreibt.

Mit Ausnahme einiger »großer« Zeitungen ist auch die Versorgung mit politischen, wirtschaftlichen und sozialen Daten und Fakten äußerst beschränkt. Die sogenannten großen Zeitungen informieren besser, aber sie fehlinformieren auch besser: indem sie nicht alle Nachrichten unparteilich wiedergeben; indem sie in den Schlagzeilen Partei ergreifen, abgesehen davon, daß die Überschriften oft nicht mit dem Inhalt übereinstimmen; indem sie in den Leitartikeln Partei ergreifen, die sich mit ihrer »vernünftigen« und moralisierenden Sprache den Anschein der Objektivität geben. Zeitungen, Nachrichtenmagazine, Fernsehen und Radio produzieren aus dem Rohstoff der Ereignisse die Ware: *Nachrichten.* Nur Nachrichten sind verkäuflich, und die Nachrichtenmedien bestimmen, welche Ereignisse zu Nachrichten aufbereitet werden und welche nicht. Die Informationen, die der Bürger erhält, sind bestenfalls konfektioniert und oberflächlich und geben ihm kaum die Möglichkeit, tiefer in die Materie einzudringen und die eigentlichen Ursachen von Ereignissen zu erkennen. Solange der Verkauf von Nachrichten ein Geschäft ist, kann man Zeitungen und Zeitschriften kaum daran hindern, das zu drucken, was sich gut verkauft (wobei natürlich Unterschiede hinsichtlich ihrer Skrupellosigkeit bestehen) und die Inserenten nicht vergrault.

Wenn man eine informierte und entscheidungsfähige Öffentlichkeit will, muß das Informationsproblem auf andere Weise gelöst werden. Ich will nur eine Möglichkeit als Beispiel anführen: Eine der ersten und wichtigsten Funktionen des Obersten Kulturrates wäre es, Informationen zu sammeln und zu verbreiten, die den Bedürfnissen der ganzen Bevölkerung dienen und eine geeignete Diskussionsgrundlage für die erwähnten Nachbarschaftsgruppen in einer Mitbestimmungsdemokratie abgeben. Diese Informationen müßten sowohl die wichtigsten Fakten als auch die wichtigsten Alternativen auf allen Gebieten umfassen, wo es politische Entscheidungen zu treffen gilt. Insbesondere ist darauf zu achten, daß in allen Streitfragen sowohl die Mehrheits- als auch die Minderheitsmeinung veröffentlicht und jedem Bürger, und speziell den Nachbarschaftsgruppen, zugänglich gemacht wird. Der Oberste Kulturrat hätte die Aufgabe, die Arbeit dieses neuen Kollektivs von Nachrichtenreportern zu überwachen. Selbstverständlich würden auch Rundfunk und Fernsehen eine wichtige Rolle bei der Verbreitung objektiver Nachrichten spielen.

Die Grundlagenforschung ist von der praktischen Anwendung in der Industrie und der Verteidigung zu trennen.

Zwar würde man die menschliche Entwicklung behindern, wenn man dem Erkenntnisdrang Grenzen setzte; auf der anderen Seite wäre es unerhört gefährlich, von allen Ergebnissen wissenschaftlicher Forschung praktischen Gebrauch zu machen. Wie viele Beobachter hervorhoben, besteht die Gefahr, daß bestimmte Entdeckungen auf den Gebieten der Genetik, der Gehirnchirurgie, der Psychodrogen u. v. a. zum großen Schaden der Menschheit mißbraucht werden. Dies ist unvermeidlich, solange sich industrielle und militärische Interessen ungehindert aller neuen theoretischen Entdeckungen bemächtigen können, die ihnen ins Konzept passen. Profit und militärische Nutzbarkeit müssen als Kriterien ausscheiden, nach denen über die praktische Verwertung theoretischer Erkenntnisse entschieden wird. Zu diesem Zweck ist eine Kontrollkommission einzusetzen, die die Genehmigung zur praktischen Auswertung wissenschaftlicher Entdeckungen erteilt. Es versteht sich von selbst, daß diese Kommission juristisch und psychologisch völlig unabhängig von der Industrie, der Regierung und dem Militär sein muß. Der Oberste Kulturrat hätte die Aufgabe, diese Kommission zu ernennen und ihre Tätigkeit zu überwachen.

Sind die oben genannten Vorschläge bereits schwer genug zu realisieren, so stellen sich uns mit einer weiteren unabdingbaren Voraussetzung einer neuen Gesellschaft nahezu unüberwindliche Schwierigkeiten in den Weg: mit der *atomaren Abrüstung*.

Einer der krankhaften Aspekte unserer Wirtschaft ist der, daß sie eine aufgeblähte Rüstungsindustrie braucht. Selbst heute noch müssen die Vereinigten Staaten, das reichste Land der Welt, ihre Ausgaben für Gesundheit, Sozialleistungen und Bildung einschränken, um die Rüstungslasten tragen zu können. Die Kosten gesellschaftlicher Experimente könnten niemals von einem Staat aufgebracht werden, der sich durch die Produktion von Waffen ruiniert, die zu nichts anderem als zum Selbstmord taugen. Auch können Individualismus und Aktivität nicht in einem Klima gedeihen, in dem die militärische Bürokratie täglich an Macht zunimmt und Angst und Unterwürfigkeit dadurch um sich greifen.

Hält man sich die Macht der Konzerne vor Augen, die Apathie und Machtlosigkeit des größten Teiles der Bevölkerung, die Unzulänglichkeit der führenden Politiker fast aller Länder, die Gefahr eines Atomkrieges, die ökologischen Belastungen, ganz zu schweigen von Phänomenen wie klimatischen Veränderungen, die allein schon ausreichen würden, in großen Teilen der Welt Hungersnöte hervorzurufen – *haben wir dann überhaupt eine reale Chance auf Rettung*? Jeder Geschäftsmann würde das verneinen; wer würde schon sein Vermögen aufs Spiel setzen, wenn die Gewinnchancen nur zwei Prozent betragen, oder eine große Summe in ein Geschäft investieren, das keine besseren Erfolgschancen bietet? Wenn es jedoch um Leben und Tod geht, müssen wir »reale Chance« mit »reale Möglichkeit« übersetzen, wie klein oder groß diese auch sein mag.

Das Leben ist weder ein Glücksspiel noch ein Geschäft; wir müssen uns daher unsere Maßstäbe zur Beurteilung der realen Möglichkeiten einer Rettung anderswo herholen: beispielsweise aus der Heilkunde. Wenn ein Kranker auch nur die geringste Überlebenschance hat, wird kein verantwortungsvoller Arzt sagen: »Geben wir unsere Bemühungen auf!« oder nur schmerzstillende Mittel verordnen. Er tut im Gegenteil alles, um das Leben des Kranken zu retten. Eine kranke Gesellschaft hat sicher kein geringeres Anrecht.

Die Aussichten der heutigen Gesellschaft auf Rettung vom Standpunkt des Glücksspiels oder des Geschäfts zu betrachten, ist charakteristisch für den Geist einer Welt des Kommerzes. Die gegenwärtig populäre technokratische Ansicht, daß doch nichts dagegen einzuwenden sei, uns mit Arbeit oder Vergnügen die Zeit zu vertreiben, auch wenn die Gefühle auf der Strecke bleiben, und daß der technokratische Faschismus am Ende gar nicht so übel sei, verrät wenig Weisheit. Aber das ist Wunschdenken. Der technokratische Faschismus muß zwangsläufig zu einer Katastrophe führen. Der enthumanisierte Mensch wird so verrückt werden, daß er langfristig nicht imstande sein wird, eine lebensfähige Gesellschaft aufrechtzuerhalten, und kurzfristig sich nicht des selbstmörderischen Gebrauchs nuklearer oder biologischer Waffen enthalten können wird.

Dennoch gibt es einige Faktoren, die uns etwas ermutigen. Der erste ist, daß sich immer mehr Menschen der Wahrheit bewußt werden, die Mesarovic und Pestel, Ehrlich und andere verkündeten: daß *schon aus rein ökonomischen Gründen* eine neue Ethik, eine neue Einstellung zur Natur, daß menschliche Solidarität und Kooperation notwendig sind, wenn die westliche Welt nicht ausgelöscht werden soll. Dieser Appell an die Vernunft könnte, selbst abgesehen von emotionalen und ethischen Erwägungen, die seelischen Energien nicht weniger Menschen mobilisieren. Seine Wirkung sollte nicht unterschätzt werden, obwohl die Völker in der Vergangenheit immer wieder gegen ihre zentralen Lebensinteressen und sogar gegen ihren Selbsterhaltungstrieb gehandelt haben, überredet von ihren Führern, daß sie nicht vor der Wahl von »Sein oder Nichtsein« stünden.

Ein weiterer ermutigender Aspekt ist die wachsende Unzufriedenheit mit unserer gegenwärtigen Gesellschaftsordnung. Eine zunehmende Zahl von Menschen empfindet *la malaise du siècle* trotz aller Verdrängungsversuche. Sie fühlen die Öde ihrer Isolation und die Leere ihres Zusammenseins; sie empfinden ihre Ohnmacht, die Sinnlosigkeit ihres Lebens. Viele spüren das sehr klar und bewußt; andere weniger deutlich, aber sie werden dessen gewahr, wenn jemand anderer es in Worte faßt.

In der Geschichte der Menschheit war ein auf schale Vergnügungen ausgerichtetes Leben bisher nur einer kleinen Elite vorbehalten, und diese verlor deshalb nicht ihren ganzen Verstand, weil sie Macht besaß und ihr Denken und Handeln darauf ausrichten mußte, diese Macht zu erhalten. Heute hat sich die ganze Mittelschicht, die keine wirtschaftliche und politische Macht und wenig Verantwortung hat, dem sinnlosen Konsum verschrieben. Der größere Teil der westlichen Welt kennt die Segnungen des Konsumentenglücks, und immer mehr derjenigen, die in Genuß dieses Glücks kommen, finden es unbefriedigend. Sie beginnen zu entdecken, daß viel zu haben kein Wohlbefinden schafft: Die traditionelle Ethik ist auf die Probe gestellt und durch die Erfahrung bestätigt. Nur bei jenen, die ohne die Segnungen des Mittelstandluxus auskommen müssen, ist die alte Illusion intakt geblieben: unter den Armen des Westens und bei der großen Mehrheit der Bevölkerung in den »sozialistischen« Ländern. Tatsächlich ist die Hoffnung auf »Glück durch Konsum« nirgends lebendiger als in den Ländern, die sich diesen bürgerlichen Traum noch nicht erfüllen konnten.

Einer der gewichtigsten Einwände gegen das Ziel, Habsucht und Neid zu überwinden, nämlich daß diese in der menschlichen Natur verwurzelt seien, verliert bei näherer Betrachtung stark an Bedeutung: Habsucht und Neid sind nicht von Natur aus so stark, sondern infolge des allgemeinen Drucks, ein Wolf unter Wölfen zu sein. Sobald sich das gesellschaftliche Klima, die allgemeinverbindlichen Wertmaßstäbe geändert haben, wird auch der Übergang von der Selbstsucht zum Altruismus um vieles leichter sein.

Wir kehren somit wieder zu unserer Voraussetzung zurück, daß die Seinsorientierung ein starkes Potential der menschlichen Natur ist. Nur eine kleine Minderheit wird vom Habenmodus gesteuert, während eine weitere kleine Minderheit im Seinsmodus lebt. Bei der Mehrheit kann die eine oder die andere Orientierung die Oberhand gewinnen – je nachdem, welche in der Gesellschaftsstruktur den günstigeren Nährboden findet. In einer seinsorientierten Gesellschaft werden die Habentendenzen »ausgehungert« und die Seinstendenzen »genährt«.

Doch die Existenzform des Seins ist immer präsent – wenn sie auch verdrängt wird. Kein Saulus wird zum Paulus, der nicht schon vor seiner Bekehrung ein Paulus war. Die Ablösung des Haben- durch den Seinsmodus ist ein Ausschlagen des Pendels in die andere Richtung, wenn im Verein mit gesellschaftlichen Veränderungen das Neue ermutigt und das Alte entmutigt wird. Außerdem schwebt uns nicht ein neuer Mensch vor, der so verschieden vom alten ist wie der Himmel von der Erde; es geht vielmehr um eine Richtungsänderung. Jedem Schritt in die neue Richtung folgt der nächste, und wenn die Richtung stimmt, ist jeder Schritt von größter Bedeutung.

Noch ein weiterer ermutigender Aspekt ist in Betracht zu ziehen, der paradoxerweise mit dem hohen Grad an Entfremdung zusammenhängt, der die Mehrheit der Bevölkerung einschließlich der politischen Machthaber charakterisiert. Wie in der vorangegangenen Erörterung des »Marktcharakters« bemerkt, ist die Gier, zu besitzen und zu horten, durch das Bestreben modifiziert worden, in erster Linie gut zu funktionieren und sich selbst als Ware in Tausch zu geben, und selbst nichts zu sein. Dem entfremdeten »Marktcharakter« fällt es leichter sich zu ändern, als dem hortenden Charakter, der verzweifelt an seinen Besitztümern und insbesondere an seinem Ego festhält.

Vor hundert Jahren, als die Mehrheit der Bevölkerung aus »Selbständigen« bestand, war das größte Hindernis sozialer Veränderungen die Angst vor dem Verlust von Eigentum und ökonomischer Unabhängigkeit. Marx lebte zu einer Zeit, als die Arbeiterklasse die einzige große abhängige und, wie Marx meinte, die entfremdetste Klasse war. Heute ist die überwiegende Mehrheit der Bevölkerung lohnabhängig, nahezu alle Erwerbstätigen stehen in einem abhängigen Beschäftigungsverhältnis. (Laut amerikanischer Bevölkerungsstatistik von 1970 sind nur 7,82 Prozent der gesamten erwerbstätigen Bevölkerung »Selbständige«.) Zumindest in den Vereinigten Staaten vertritt die Arbeiterschaft nach wie vor den traditionellen hortenden Charaktertypus; sie ist daher weniger zu Veränderungen bereit als die entfremdetere Mittelklasse.

All dies hat eine bedeutsame politische Konsequenz; obwohl der Sozialismus die Befreiung aller Klassen – d. h. eine klassenlose Gesellschaft – anstrebte, fand er bei der Arbeiterschaft, d. h. den manuellen Arbeitern, den unmittelbarsten Anklang; heute stellt die Arbeiterklasse prozentual eine noch geringere Minderheit dar als vor hundert Jahren. Um an die Macht zu kommen, müssen die sozialdemokratischen Parteien starke Einbrüche in die Mittelschichten erzielen, und um dieses Ziel zu erreichen, mußten sie die sozialistische Vision aus ihren Parteiprogrammen entfernen und durch liberale Reformen ersetzen. Andererseits hatte der Sozialismus, indem er die Arbeiterschaft als Träger der humanistischen Erneuerung identifizierte, zwangsläufig alle anderen Schichten gegen sich aufgebracht, die befürchteten, die Arbeiter würden ihnen ihr Eigentum und ihre Privilegien wegnehmen.

Heute zieht die Vision einer neuen Gesellschaft alle diejenigen an, die an der Entfremdung leiden, die abhängig beschäftigt sind und deren Eigentum nicht auf dem Spiel steht, mit anderen Worten, die Mehrheit der Bevölkerung, nicht bloß eine Minderheit.

Die neue Gesellschaft bedroht niemandes Eigentum, und was das Einkommen betrifft, so geht es ihr darum, den Lebensstandard der Armen zu heben. Die hohen Gehälter der Führungskräfte brauchten nicht gekürzt zu werden, aber falls das System funktioniert, werden sie nicht wünschen, Symbolfiguren der Vergangenheit zu sein.

Schließlich sind die Ideale der neuen Gesellschaft nicht parteigebunden: viele Konservative haben ihre ethischen und religiösen Wertvorstellungen noch nicht aufgegeben (Eppler nennt sie »Wertkonservative«), und das gleiche gilt von vielen Liberalen und Linken. Jede politische Partei beutet die Wähler aus, indem sie sie zu überzeugen sucht, daß sie allein die wahren Werte des Humanismus vertrete. Doch jenseits aller politischen Parteien gibt es nur zwei Lager: *die Engagierten und die Gleichgültigen.* Wenn sich alle, die dem ersten Lager angehören, von Parteiklischees freimachen und erkennen könnten, daß sie die gleichen Ziele haben, dann wären die Chancen eines Neubeginns um vieles größer; dies um so mehr, als die Menschen in zunehmendem Maß das Interesse an Parteiloyalität und Parteischlagworten verlieren. Wonach sich die Menschen heute sehnen, das sind Persönlichkeiten, die über Weisheit und Überzeugungen verfügen und den Mut haben, ihren Überzeugungen entsprechend zu handeln.

Trotz der genannten positiven Faktoren bleiben die Chancen gering, daß es zu den notwendigen menschlichen und gesellschaftlichen Veränderungen kommt. Unsere einzige Hoffnung ist die energiespendende Kraft, die von einer neuen Vision ausgeht. Diese oder jene Reform vorzuschlagen, ohne das System von Grund auf zu erneuern, ist auf lange Sicht gesehen sinnlos, denn solchen Vorschlägen fehlt die mitreißende Kraft einer starken Motivation. Das »utopische« Ziel ist realistischer als der »Realismus« unserer heutigen Politiker. Die neue Gesellschaft und der neue Mensch werden nur Wirklichkeit werden, wenn die alten Motivationen – Profit und Macht – durch neue ersetzt werden: Sein, Teilen, Verstehen; wenn der Marktcharakter durch den produktiven, liebesfähigen Charakter abgelöst wird und an die Stelle der kybernetischen Religion ein neuer radikal-humanistischer Geist tritt.

Die entscheidende Frage ist in der Tat, ob eine Konversion zu einer humanistischen »Religiosität« ohne Religion, ohne Dogmen und Institutionen zustande kommt, eine »Religiosität«, deren Wegbereiter die nontheistischen Bewegungen vom Buddhismus bis zum Marxismus waren. Wir stehen nicht vor der Alternative »selbstsüchtiger Materialismus oder christlicher Gottesbegriff«. Im Leben in der Gemeinschaft – in allen seinen Aspekten wie Arbeit, Freizeit und zwischenmenschliche Beziehungen – wird sich dieser »religiöse« Geist verwirklichen, ohne daß wir einer separaten Religion bedürften. Diese Forderung nach einer neuen nichttheistischen, nichtinstitutionalisierten »Religiosität« – ausgenommen für diejenigen Anhänger der traditionellen Religionen, die den humanistischen Kern ihrer Religion authentisch erleben – ist kein Angriff auf die bestehenden Religionen. Es ist jedoch ein Appell an die römisch-katholische Kirche, angefangen von der römischen Bürokratie, *sich selbst* zum Geist des Evangeliums zu bekehren. Es bedeutet nicht, daß die »sozialistischen Länder« »entsozialisiert« werden sollen, sondern daß ihr bürokratischer Scheinsozialismus durch einen echten, humanistischen Sozialismus ersetzt wird.

Die spätmittelalterliche Kultur blühte, weil die Vision von der *Stadt Gottes* die Menschen beflügelte. Die Gesellschaft der Neuzeit blühte, weil die Vision der *Irdischen Stadt des Fortschritts* die Menschen mit Energie erfüllte. In unserem Jahrhundert hat diese Vision jedoch die Züge des *Turms von Babel* angenommen, der jetzt einzustürzen beginnt und schließlich alle unter seinen Trümmern begraben wird. Wenn die Stadt Gottes und die Irdische Stadt *These* und *Antithese* darstellten, dann ist eine neue *Synthese* die einzige Alternative zum Chaos: die Synthese zwischen dem »religiösen« Kern der spätmittelalterlichen Welt und der Entwicklung des wissenschaftlichen Denkens und des Individualismus seit der Renaissance. Diese Synthese ist die *Stadt des Seins.*

NACHWORT

Dieses »Nachwort« findet sich als »Einführung« zu Erich Fromm *Die Kunst des Liebens* (Ullstein Buch 258, Frankfurt 1971). Wir danken dem Ullstein-Verlag für die Erlaubnis, seine Übersetzung zu benutzen.

Dieses Buch ist ein Band der »Weltperspektiven«, die sich die Aufgabe stellen, kurze Schriften der verantwortlichen zeitgenössischen Denker auf verschiedenen Gebieten herauszugeben. Die Absicht ist, grundlegende neue Richtungen in der modernen Zivilisation aufzuzeigen, die schöpferischen Kräfte zu deuten, die im Osten wie im Westen am Werke sind, und das neue Bewußtsein deutlich zu machen, das zu einem tieferen Verständnis der Wechselbeziehungen zwischen Mensch und Universum, Individuum und Gesellschaft sowie der allen Völkern gemeinsamen Werte beitragen kann. Die »Weltperspektiven« repräsentieren die Weltgemeinschaft der Ideen in einem universalen Gespräch, wobei sie das Prinzip der Einheit der Menschheit betonen, der Beständigkeit in der Wandlung.
Neue Entdeckungen in vielen Bereichen des Wissens haben unvermutete Aussichten eröffnet für ein tieferes Verständnis der menschlichen Situation und für eine richtige Würdigung menschlicher Werte und Bestrebungen. Diese Aussichten, obwohl das Ergebnis nur spezialisierter Studien auf begrenzten Gebieten, erfordern zu ihrer Analyse und Synthese einen neuen Rahmen, in dem sie erforscht, bereichert und in all ihren Aspekten zum Wohl des Menschen und der Gesellschaft gefördert werden können. Solch einen Rahmen zu bestimmen, sind die »Weltperspektiven« bemüht, in der Hoffnung, zu einer Lehre vom Menschen zu führen.
Eine Absicht dieser Reihe ist auch der Versuch, ein Grundübel der Menschheit zu überwinden, nämlich die Folgen der Atomisierung der Wissenschaft, die durch das überwältigende Anwachsen der Fakten entstanden ist, die die Wissenschaft ans Licht brachte; ferner: Ideen durch eine Befruchtung der Geister zu klären und zu verbinden, von verschiedenen Gesichtspunkten aus die gegenseitige Abhängigkeit von Gedanken, Fakten und Werten in ihrer beständigen Wechselwirkung zu zeigen: die Art, Verwandtschaft, Logik und Bewegung des Organismus der Wirklichkeit zu demonstrieren, indem sie den dauernden Zusammenhang der Prozesse des Menschengeistes zeigt, und so die innere Synthese und die organische Einheit des Lebens selbst zu enthüllen.
Die »Weltperspektiven« sind überzeugt, daß trotz der Unterschiede und Streitfragen der hier dargestellten Disziplinen eine starke Übereinstimmung der Autoren besteht hinsichtlich der überwältigenden Notwendigkeit, die Fülle zwingender wissenschaftlicher Ergebnisse und der Untersuchungen objektiver Phänomene von der Physik bis zur Metaphysik, Geschichte und Biologie zu sinnvoller Erfahrung zu verbinden.
Um dieses Gleichgewicht zu schaffen, ist es notwendig, die grundlegende Tatsache ins Bewußtsein zu rufen: daß letztlich die individuelle menschliche Persönlichkeit all die losen

Fäden zu einem organischen Ganzen verknüpfen und sich zu sich selbst, der Menschheit und Gesellschaft in Beziehung setzen muß, während sie ihre Gemeinschaft mit dem Universum vertieft und steigert. Diesen Geist zu verankern und ihn dem intellektuellen und spirituellen Leben der Menschheit, Denkenden wie Handelnden gleicherweise, tief einzuprägen, ist tatsächlich eine große, wichtige Aufgabe und kann weder gänzlich der Naturwissenschaft noch der Religion überlassen werden. Denn wir stehen der unabweisbaren Notwendigkeit gegenüber, ein Prinzip der Unterscheidung und dennoch Verwandtschaft zu entdecken, das klar genug ist, um Naturwissenschaft, Philosophie und jede andere Kenntnis zu rechtfertigen und zu läutern, indem es ihre gegenseitige Abhängigkeit annimmt. Dies ist die Krisis im Bewußtsein, die durch die Krisis der Wissenschaft deutlich wird. Dies ist das neue Erwachen.

Die »Weltperspektiven« wollen beweisen, daß grundlegendes theoretisches Wissen mit dem dynamischen Inhalt der Ganzheit des Lebens verbunden ist. Sie sind der neuen Synthese gewidmet, die Erkenntnis und Intuition zugleich ist. Sie befassen sich mit der Erneuerung der Wissenschaft in bezug auf die Natur des Menschen und sein Verständnis, eine Aufgabe für die synthetische Imagination und ihre einigenden Ausblicke. Diese Situation des Menschen ist neu, und darum muß auch seine Antwort darauf neu sein. Denn die Natur des Menschen ist auf vielen Wegen erkennbar, und all diese Pfade der Erkenntnis sind zu verknüpfen, und manche sind miteinander verknüpft wie ein großes Netz, ein großes Netz zwischen Menschen, zwischen Ideen, zwischen Systemen der Erkenntnis, eine Art rational gedachter Struktur, die menschliche Kultur und Gesellschaft bedeutet.

Wissenschaft, das wird in dieser Bücherreihe gezeigt, besteht nicht mehr darin, Mensch und Natur als gegensätzliche Mächte zu behandeln, auch nicht in der Reduzierung von Tatsachen auf eine statistische Ordnung, sondern sie ist ein Mittel, die Menschheit von der destruktiven Gewalt der Furcht zu befreien und ihr den Weg zum Ziel der Rehabilitierung des menschlichen Willens, der Wiedergeburt des Glaubens und Vertrauens zu weisen. Diese Bücherreihe will auch klarmachen, daß der Schrei nach Vorbildern, Systemen und Autoritäten weniger dringlich wird in dem Maße, wie im Osten und Westen der Wunsch nach Wiederherstellung einer Würde, Lauterkeit und Selbstverwirklichung stärker wird, die unveräußerliche Rechte des Menschen sind. Denn er ist keine Tabula rasa, der durch äußere Umstände alles willkürlich aufgeprägt werden kann, sondern er besitzt die einzigartige Möglichkeit der freien Schöpferkraft. Dadurch unterscheidet sich der Mensch von den anderen Formen des Lebens, daß er im Lichte rationaler Erfahrung mit bewußter Zielsetzung Wandel schaffen kann.

Die »Weltperspektiven« planen, Einblick in die Bedeutung des Menschen zu gewinnen, der nicht nur durch die Geschichte bestimmt wird, sondern selbst die Geschichte bestimmt. Geschichte soll dabei so verstanden werden, daß sie sich nicht nur mit dem Leben des Menschen auf diesem Planeten beschäftigt, sondern auch die kosmischen Einflüsse umfaßt, die unsere Menschenwelt durchdringen. Die jetzige Generation entdeckt, daß die Geschichte nicht den sozialen Optimismus der modernen Zivilisation bestätigt und daß die Organisation menschlicher Gemeinschaften und die Setzung von Freiheit, Gerechtigkeit und Frieden nicht nur intellektuelle Taten, sondern auch geistige und moralische Werke sind. Sie verlangen die Pflege der Ganzheit menschlicher Persönlichkeit, die »spontane Ganzheit von Fühlen und Denken«, und stellen eine unaufhörliche Forderung an den Menschen, der aus dem Abgrund von Sinnlosigkeit und Leiden emporsteigt, um in der Ganzheit seines Daseins erneuert und vollendet zu werden.

Die »Weltperspektiven« sind sich dessen bewußt, daß allen großen Wandlungen eine lebendige geistige Neubewertung und Reorganisation vorangeht. Unsere Autoren wissen, daß man die Sünde der Hybris vermeiden kann, indem man zeigt, daß der schöpferische Prozeß selbst nicht frei ist, wenn wir unter frei willkürlich oder unverbunden mit dem kosmischen Gesetz verstehen. Denn der schöpferische Prozeß im Menschengeist, der Entwicklungsprozeß in der organischen Natur und die Grundgesetze im anorganischen Bereich sind vielleicht nur verschiedene Ausdrücke eines universalen Formungsprozesses. So hoffen die »Weltperspektiven« auch zu zeigen, daß in der gegenwärtigen apokalyptischen Periode, obwohl voll von außerordentlichen Spannungen, doch auch eine ungewöhnliche Bewegung zu einer kompensierenden Einheit hin am Werke ist, welche die sittliche Urkraft nicht stören kann, die das Universum durchdringt, diese Kraft, auf die sich jede menschliche Anstrengung schließlich stützen muß. Auf diesem Wege gelangen wir vielleicht zum Verständnis dafür, daß eine Unabhängigkeit geistigen Wachstums existiert, die wohl durch Umstände bedingt, doch niemals von den Umständen bestimmt wird. Auf diese Art mag der große Überfluß menschlichen Wissens in Wechselbeziehung gebracht werden zur Einsicht in das Wesen der menschlichen Natur, indem man ihn auf den tiefen und vollen Klang menschlicher Gedanken und Erfahrungen abstimmt. Denn was uns fehlt, ist nicht das Wissen um die Struktur des Universums, sondern das Bewußtsein von der qualitativen Einzigartigkeit menschlichen Lebens.

Und endlich ist das Thema dieser »Weltperspektiven«, daß der Mensch im Begriff ist, ein neues Bewußtsein zu entwickeln, das trotz scheinbarer geistiger und moralischer Knechtschaft das Menschengeschlecht vielleicht über die Furcht, die Unwissenheit, die Brutalität und die Isolierung erheben kann, die es heute bedrücken. Diesem entstehenden Bewußtsein, diesem Begriff des Menschen, aus einer neuen Sicht der Wirklichkeit geboren, sind die »Weltperspektiven« gewidmet.

Ruth Nanda Anshen

BIBLIOGRAPHIE

Die Bibliographie umfaßt alle im Text zitierten Bücher und Veröffentlichungen, nicht jedoch alle bei der Vorbereitung des Werkes benutzten Quellen. Nach Möglichkeit wurde auf deutschsprachige Ausgaben verwiesen. Bücher, die der Verfasser zur ergänzenden Lektüre besonders empfiehlt, sind mit einem bzw. zwei (für Leser mit wenig Zeit) Sternchen gekennzeichnet.

Arieti, Silvano (Hrsg.), *American Handbook of Psychiatry,* Bd. 2, New York 1959.

Aristoteles, *Nikomachische Ethik,* Übers. u. Nachw. v. Franz Dirlmeyer, Anm. v. Ernst A. Schmidt, Stuttgart 1969.

Artz, Frederick B., *The Mind of the Middle Ages. An Historical Survey. A. D. 200 – 1500,* 3. überarb. Aufl., New York 1959.

Auer, Alfons, *Die Autonomie des Sittlichen nach Thomas von Anquin* (unveröffentlicht).

-, *Autonome Moral und christlicher Glaube,* Düsseldorf 1971.

-, »Ist die Sünde eine Beleidigung Gottes?«, in: *Theol. Quartalschrift,* München, Freiburg i. Br. 1975.

** -, *Utopie, Technologie, Lebensqualität,* Zürich 1976.

** Bachofen, Johann Jakob, *Mutterrecht und Urreligion,* eine Auswahl hrsg. v. Rudolf Marx, Stuttgart 1954. (Originalausg.: *Das Mutterrecht,* Basel 1861.)

Becker, Carl L., *Der Gottesstaat der Philosophen des 18. Jahrhunderts,* Würzburg 1946.

Benveniste, Emile, *Probleme der allgemeinen Sprachwissenschaft,* München 1974.

Benz, Ernst, s. Eckhart (Meister).

Bloch, Ernst, *Das Prinzip Hoffnung,* Frankfurt/M. 1959 (als Taschenbuch 1973).

-, *Über Karl Marx,* Frankfurt/M. 1968.

** -, *Atheismus im Christentum,* Reinbek b. Hamburg 1970.

Cloud of Unknowing, The. s. Underhill, E.

Darwin, Charles, *The Autobiography of Charles Darwin 1809–1882,* hrsg. v. Nora Barlow, New York 1969 (zit. in E. F. Schumacher, a.a.O.).

Delgado, J. M. R., »Aggression and Defense under Cerebral Radio Control«, in: *Aggression and Defense, Neural Mechanisms and Social Patterns, Brain Function,* Bd. 5, hrsg. v. C. D. Clemente and D. B. Lindsley, Berkeley 1967.

De Lubac, Henry, *Katholizismus als Gemeinschaft,* übertr. v. Hans-Urs von Balthasar, Einsiedeln, Köln 1943.

De Mause, Lloyd (Hrsg.), *The History of Childhood,* New York 1974.

Diogenes Laertius, *Leben und Meinungen berühmter Philosophen,* übers. u. erl. v. Otto Apelt, 2. Aufl., Hamburg 1956.

Du Marais, César Chesneau, *Les véritables principes de la grammaire*, in: *Œuvres Choisies*, Bd. 1, Stuttgart 1972.

Dumoulin, Heinrich, *Östliche Meditation und Christliche Mystik*, Freiburg i. Br., München 1966.

Eckhart (Meister), *Schriften*, in: Franz Pfeiffer, *Deutsche Mystiker*, Bd. 2, Leipzig 1857.

* -, *Deutsche Predigten und Traktate*, hrsg. u. übers. v. Josef Quint, München 1955.

-, *Die deutschen Werke*, hrsg. im Auftr. d. Dt. Forschungsgemeinschaft v. Josef Quint, Stuttgart 1958ff.

-, *Die lateinischen Werke*, hrsg. im Auftr. d. Dt. Forschungsgemeinschaft v. Ernst Benz u. a., Stuttgart 1956ff.

* Ehrlich, Paul R., u. Anne H. Ehrlich, *Bevölkerungswachstum und Umweltkrise*, Frankfurt/M. 1972.

Engels, Friedrich, s. Marx, K., u. F. Engels.

Eppler, Erhard, *Ende oder Wende*, Stuttgart 1975.

Farner, Konrad, »Christentum und Eigentum bis Thomas von Aquin«, in: *Mensch und Gesellschaft*, hrsg. v. K. Farner, Bd. 12, Bern 1947.

Finkelstein, Louis, *The Pharisees. The Sociological Background of Their Faith*, Bd. 1 u. 2, Philadelphia 1946.

Fromm, Erich, »Die psychoanalytische Charakterologie und ihre Bedeutung für die Sozialpsychologie«, in: *Zeitschrift für Sozialforschung* 1 (1932), 253–277.

-, *Escape from Freedom*, New York 1941; dt. *Die Furcht vor der Freiheit*, Frankfurt/M. 1966.

-, »Faith as a Character Trait«, in: *Psychiatry* 5 (1942), 307–319; dt. (leicht verändert) in: E. Fromm, *Psychoanalyse und Ethik*, Zürich 1954, 213–228.

* -, »Sex and Character«, in: *Psychiatry* 6 (1943), 21–31; dt. »Geschlecht und Charakter«, in: E. Fromm, *Das Christusdogma und andere Essays*, München 1965, 101–120.

* -, *Man for Himself. An Inquiry into the Psychology of Ethics*, New York 1947; dt. *Psychoanalyse und Ethik*, Zürich 1954.

-, *Psychoanalysis and Religion*, New Haven 1950; dt. *Psychoanalyse und Religion*, Zürich 1966.

-, *The Forgotten Language. An Introduction to the Understanding of Dreams, Fairy Tales, and Myths*, New York 1951; dt. *Märchen, Mythen und Träume. Eine Einführung zum Verständnis von Träumen, Märchen und Mythen*, Zürich 1956.

* -, *The Sane Society*, New York 1955; dt. *Der moderne Mensch und seine Zukunft*, Frankfurt/M. 1960.

-, *The Art of Loving*, New York 1956; dt. *Die Kunst des Liebens*, Frankfurt/M. 1971.

-, »On the Limitations and Dangers of Psychology«, in: W. Leibrecht (Hrsg.), *Religion and Culture. Essays in Honor of Paul Tillich*, New York 1959, 31–36; dt. in: E. Fromm, *Das Christusdogma und andere Essays*, München 1965, 171–180.

** -, *Marx's Concept of Man*, New York 1961; dt. *Das Menschenbild bei Marx*, Frankfurt/M. 1963.

-, *The Dogma of Christ and Other Essays on Religion, Psychology, and Culture*, London 1963; dt. *Das Christusdogma und andere Essays*, München 1965.

-, *The Heart of Man*, New York 1964; dt. *Das Menschliche in uns*, Zürich 1967.

-, (Hrsg.), *Socialist Humanism*, New York 1965.

-, *You Shall Be as Gods*, New York 1966; dt. *Die Herausforderung Gottes und des Menschen*, Zürich 1970.

* -, *The Revolution of Hope,* New York 1968; dt. *Die Revolution der Hoffnung,* Stuttgart 1971.

-, *The Crisis of Psychoanalysis, Essays on Freud, Marx, and Social Psychology,* New York 1970; dt. *Analytische Sozialpsychologie und Gesellschaftstheorie,* Frankfurt/M. 1970.

** -, *The Anatomy of Human Destructiveness,* New York 1973; dt. *Anatomie der menschlichen Destruktivität,* Stuttgart 1974.

-, u. Michael Maccoby, *Social Character in a Mexican Village,* Englewood Cliffs, N. J. 1970.

-, D. T. Suzuki u. R. de Martino, *Zen Buddhism and Psychoanalysis,* New York 1960; dt. *Zen Buddhismus und Psychoanalyse,* Frankfurt/M. 1972.

* Galbraith, John Kenneth, *Gesellschaft im Überfluß,* München 1959.

* -, *Die moderne Industriegesellschaft,* München 1973.

-, *Wirtschaft für Staat und Gesellschaft,* München 1974.

Habermas, Jürgen, *Theorie und Praxis,* Neuwied und Berlin 1963.

-, *Toward a Rational Society,* Boston 1971.

Harich, Wolfgang, *Kommunismus ohne Wachstum,* Reinbek b. Hamburg 1975.

Hebb, D. O., »Drives and the CNS«, *Psych.Rev.* 62, 244.

Heß, Moses, »Philosophie der Tat«, in: M. Heß, *Ökonomische Schriften,* hrsg. v. D. Horster, Darmstadt 1972. (Originalausg.: »Philosophie der Tat«, in: *Einundzwanzig Bogen aus der Schweiz,* hrsg. v. G. Herwegh, Zürich 1843.)

* Illich, Ivan, *Entschulung der Gesellschaft,* München 1972.

-, *Die Enteignung der Gesundheit,* Reinbek b. Hamburg 1975.

* Kropotkin, P. A., *Mutual Aid. A Factor of Evolution,* London 1902.

Lange, Winfried, *Glückseligkeitsstreben und uneigennützige Lebensgestaltung bei Thomas von Aquin,* Diss. Freiburg i. Br. 1969.

Leibrecht, W. (Hrsg.), *Religion and Culture. Essays in Honor of Paul Tillich,* New York 1959.

Lobkowicz, Nicholas, *Theory and Practice. The History of a Concept from Aristotle to Marx,* Notre Dame, Ind. 1967.

* Maccoby, Michael, *The Gamesmen. The New Corporate Leaders* (angekündigt für Herbst 1976 im Verlag Simon and Schuster, New York).

Maimonides, Moses, *The Code of Maimonides,* übers. aus dem Hebräischen (ins Amerik.) v. Abraham M. Hershman, New Haven 1963.

* Marcel, Gabriel, *Sein und Haben,* Paderborn 1954.

Marx, Karl, *Ökonomisch-Philosophische Manuskripte* (1844), in: Karl Marx und Friedrich Engels, *Historisch-kritische Gesamtausgabe (MEGA),* I. Abtlg. Bd. 3, hrsg. v. V. Adoratskij, Berlin 1932.

-, *Das Kapital,* Berlin 1972.

-, *Grundrisse der Kritik der politischen Ökonomie,* Frankfurt/M. 1971.

-, u. Friedrich Engels, *Die heilige Familie oder Kritik der kritischen Kritik,* Berlin 1971.

Mayo, Elton, *The Human Problems of an Industrial Civilization,* New York 1933.

Meadows, Dennis, u. a., *Die Grenzen des Wachstums,* Stuttgart 1972.

* Mesarović, Mihailo D., u. Eduard Pestel, *Menschheit am Wendepunkt,* Stuttgart 1974.

Mieth, Dietmar, *Die Einheit von Vita activa und Vita contemplativa,* Regensburg 1969.

* -, *Christus. Das Soziale im Menschen,* Düsseldorf 1971.

Mill, John Stuart, *Grundsätze der politischen Ökonomie mit einigen ihrer Anwendungen auf die Sozialphilosophie,* nach der Ausgabe letzter Hand (7. Aufl., 1871) übers. v. Wilhelm Gehrig u. eingel. v. Heinrich Woentig, Jena 1921–1924.

Morgan, L. H., *Systems of Sanguinity and Affinity of the Human Family,* Washington D. C. 1870.

* Mumford, Lewis, *Mythos der Maschine, Kultur, Technik und Macht,* Wien 1974.

** Nyanaponika Mahatera, *Geistestraining durch Achtsamkeit,* 2. Aufl., Konstanz 1975.

* -, (Hrsg.), *Pathways of Buddhist Thought. Essays from the Wheel,* London 1971, New York 1972.

Phelps, Edmund S. (Hrsg.), *Altruism, Morality and Economic Theory,* New York 1975.

Piaget, Jean, *Das moralische Urteil beim Kinde,* Zürich 1954.

Quint, Josef, s. Eckhart (Meister).

* Rumi, Dschelaladdin, *Aus dem Diwan,* UNESCO-Sammlung repräsentativer Werke, Asiatische Reihe, übertr. u. eingel. v. Annemarie Schimmel, Stuttgart 1964.

Schecter, David E., »Infant Development«, in: Arieti, S. a.a.O.

Schilling, Otto, *Reichtum und Eigentum in der altkirchlichen Literatur,* Freiburg i. Br. 1908.

Schulz, Siegfried, *Q. Die Spruchquelle der Evangelisten,* Zürich 1972.

* Schumacher, E. F., *Es geht auch anders. Technik und Wirtschaft nach Menschenmaß. Jenseits des Wachstums,* München 1974.

Schumpeter, Joseph A., *Kapitalismus, Sozialismus und Demokratie,* 3. Aufl., München 1975.

Schweitzer, Albert, *Verfall und Wiederaufbau der Kultur,* in: *Gesammelte Werke in 5 Bänden,* Bd. 2, Zürich 1973.

* -, *Kultur und Ethik,* in: *Gesammelte Werke in 5 Bänden,* Bd. 2, Zürich 1973.

-, *Die Schuld der Philosophie an dem Niedergang der Kultur,* in: *Gesammelte Werke in 5 Bänden,* Bd. 2, Zürich 1973.

Simmel, Georg, *Hauptprobleme der Philosophie,* Berlin 1950.

Sommerlad, T., *Das Wirtschaftsprogramm der Kirche des Mittelalters,* Leipzig 1903 (zit. in O. Schilling, a.a.O.).

Spinoza, Benedict de, *Ethik,* in: Philosophische Bibliothek Band 92, Leipzig 1910.

* Staehelin, Balthasar, *Haben und Sein,* 8. Aufl., Zürich 1971.

Stirner, Max, *Der Einzige und sein Eigentum,* Stuttgart 1972.

Suzuki, D. T., s. E. Fromm, D. T. Suzuki u. R. de Martino.

Swoboda, Helmut, *Die Qualität des Lebens,* Stuttgart 1973.

* Tawney, R. H., *The Acquisitive Society,* New York 1920.

Technologie und Politik, aktuell-Magazin, hrsg. v. Freimut Duve, Reinbek b. Hamburg, Juli 1975.

Theobald, Robert A. (Hrsg.), *The Guaranteed Income. Next Step in Economic Evolution,* New York 1966.

Thomas von Aquin, *Summa Theologica,* vollst., ungek., dt.-lat. Ausg., hrsg. v. d. Albertus Magnus-Akademie Walberberg b. Köln v. Heinrich M. Christmann u. a., Bd. 18, Heidelberg u. Graz 1953.

Titmuss, Richard, *The Gift Relationship. From Human Blood to Social Policy,* London 1971.

Underhill, Evelyn (Hrsg.), *A Book of Contemplation the which is Called The Cloud of Unknowing,* 6. Aufl., London 1956; dt. *Kontemplative Meditation. Die Wolke des Nichtwissens,* hrsg. v. Willi Massa, Mainz 1974.

Utz, A. F., »Recht und Gerechtigkeit«, in: Thomas von Aquin, a.a.O.

Yerkes, R. M., u. A. V. Yerkes, *The Great Apes. A Study of Anthropoid Life,* New Haven 1929.

REGISTER